So holen Sie sich den Führerschein zurück

Zum Buch

Die Gesetze werden immer strenger, dementsprechend erhöht sich die Gefahr, den Führerschein zu verlieren. Ihn zurückzubekommen kann schwierig und teuer werden. Um so wichtiger, daß Sie alle Ihre Rechte kennen und sich optimal auf die Medizinisch-Psychologische-Untersuchung vorbereiten. Mit diesem Buch wissen Sie genau, womit Sie rechnen müssen und wie Sie Ihre Rechte durchsetzen.

Zu den Autoren

Heinz-Wilhelm Vogel ist Rechtsanwalt in Hamburg. Im Econ & List Taschenbuch Verlag hat er zahlreiche Bücher vor allem zu Steuer- und Rechtsfragen veröffentlicht. Matthias Müller-Michaelis hat ein Redaktionsbüro in Hamburg. Er hat ebenfalls schon zahlreiche Bücher veröffentlicht.

Heinz-Wilhelm Vogel

So holen Sie sich den Führerschein zurück

- Rechtliche Grundlagen
- Erfolgreicher Umgang mit Polizei und Gericht
- Trainingsprogramm für den »Idiotentest«

Mit dem Trainingsprogramm für die Medizinisch-Psychologische-Untersuchung von Matthias Müller-Michaelis

Econ & List Taschenbuch Verlag

Veröffentlicht im Econ & List Taschenbuch Verlag
Der Econ & List Taschenbuch Verlag ist ein Unternehmen der Econ & List Verlagsgesellschaft, München
Originalausgabe

Umschlagkonzept: Büro Meyer & Schmidt, München – Jorge Schmidt
Titelkonzept und Umschlaggestaltung: Petra Soeltzer, Düsseldorf
Titelabbildung: Mauritius – Grasser

Gesetzt aus der Rotis, Linotype
Satz: Josefine Urban – KompetenzCenter, Düsseldorf
Druck und Bindung: Ebner Ulm
Printed in Germany
ISBN 3-612-21418-7

Inhalt

Anhang

TEIL I

1. Kapitel: Warum der Führerschein so wichtig ist

»Das Auto ist der Deutschen liebstes Kind«, so heißt es im Volksmund. Und die Statistik belegt es eindrucksvoll: Ende 1997 waren mehr als 42 Millionen Personenkraftwagen in der Bundesrepublik Deutschland zugelassen. Doch nicht jeder, dem ein Fahrzeug gehörte, durfte dieses auch fahren. Rund 499 000 Autofahrer mußten ihre Karosse zumindest vorübergehend stehenlassen: Entweder hatten sie ein Fahrverbot abzusitzen oder aber ihnen war die Fahrerlaubnis entzogen worden.

Teilnahme am öffentlichen Straßenverkehr

Daran führt nun einmal kein Weg vorbei: Ungetrübten Fahrspaß kann nur genießen, wer den Lappen in der Tasche hat, wie der Führerschein auch gern genannt wird. Denn ihn brauchen Sie immer dann, wenn Sie als Autofahrer am öffentlichen Straßenverkehr teilnehmen wollen. Was sich hier so einfach und logisch anhört, ist es überhaupt nicht. Wann ist ein Straßenverkehr öffentlich? Und wann nehmen Sie daran teil? Das sind Fragen, die man erst einmal klären muß.

Die Antwort lautet allerdings: fast immer. Der Grund: Öffentlich im Sinne des Straßenverkehrsrechts sind alle für den Straßenverkehr oder für einzelne Arten des Straßenverkehrs bestimmten Flächen.

Wann Verkehrsflächen öffentlich sind

Was die Juristen gewohnt umständlich formulieren, bedeutet im Klartext: Öffentlich sind sämtliche Wege, Straßen und Plätze, die jedermann benutzen kann, und zwar ohne Rücksicht auf die Eigentumsverhältnisse. Genau das macht es manchmal so schwierig zu entscheiden, ob es sich im konkreten Einzelfall um einen öffentlichen oder privaten Platz oder Weg handelt. Geht es um eine öffentliche Fläche, kann ein Verkehrsverstoß zum Verlust des Führerscheins führen. Ereignet sich das Ganze dagegen auf dem privaten Grundstück, »kräht kein Hahn danach«, jedenfalls nicht die Verkehrsbehörde und auch nicht der Staatsanwalt.

Dieser Unterschied zwischen privaten und öffentlichen Wegen und Plätzen ist es, der manch einen in Konflikt mit der Verkehrsbehörde und der Staatsanwaltschaft bringt, noch bevor er überhaupt den Führerschein gemacht hat. Ein typisches Beispiel bietet der Anfänger, der die praktischen Fahrschulstunden dadurch abkürzen will, daß er mit einem Auto seiner Eltern, Geschwister oder Freunde übt. Geschieht das am Wochenende auf dem abgesperrten Betriebsgelände der elterlichen Firma, ist dies weder eine Verkehrsordnungswidrigkeit noch eine Straftat. Wer seine Fahrkünste dagegen auf öffentlicher Straße trainiert, mag diese auch noch so abgelegen sein, riskiert eine Geldstrafe und eine Führerscheinsperre wegen Fahrens ohne Fahrerlaubnis. Der kleine Unterschied macht es eben.

Öffentlich im Sinne des Straßenverkehrsrechts sind vor allem folgende Straßen, Wege und Flächen:

- Bundesautobahnen
- Bundesstraßen
- Landesstraßen
- Kreisstraßen

- Gemeine Straßen
- Straßen, die nur für den Anliegerverkehr freigegeben sind
- Fußgängern und/oder Radfahrern vorbehaltene Wege
- Seitenstreifen, die entlang von Straßen und Wegen verlaufen
- Parkplätze von Gastwirtschaften
- Parkplätze von Kauf- und Warenhäusern
- Firmenparkplätze, die ausdrücklich oder stillschweigend für jedermann zugelassen sind und auch tatsächlich so genutzt werden
- allgemein zugängliche Parkplätze, Parkhäuser und Tiefgaragen
- Parkplätze von Bahnhöfen und Flughäfen

Wer eine Fahrerlaubnis benötigt

Welche zentrale Bedeutung der Führerschein für die Teilnahme mit einem Kraftfahrzeug am öffentlichen Straßenverkehr hat, machen am besten die wenigen Ausnahmen von der Erlaubnispflicht deutlich. Diese Ausnahmen betreffen das Führen von

- einspurigen, einsitzigen Fahrrädern mit Hilfsmotor, wenn sie bauartbedingt eine Höchstgeschwindigkeit von maximal 25 km/h erreichen. Dabei dürfen Sitze für die Mitnahme von Kindern unter sieben Jahren angebracht sein.
- motorisierten Krankenfahrstühlen und anderen Fahrzeugen, die zum Gebrauch durch körperlich gebrechliche oder behinderte Personen bestimmt sind. Das Leergewicht darf nicht über 300 kg und ihre Höchstgeschwindigkeit nicht über 25 km/h liegen. Dabei darf es sich nicht um einen gedrosselten Pkw handeln.
- selbstfahrenden Arbeitsmaschinen oder Zugmaschinen für land- und forstwirtschaftliche Zwecke sowie Flurförderzeuge,

jeweils mit einer Höchstgeschwindigkeit von 6 km/h. Alle anderen Fahrzeuge mit einer bauartbestimmten Geschwindigkeit von 6 km/h sind in die jeweilige Klasse eingeordnet.
- einachsigen Zug- und Arbeitsmaschinen, die von Fußgängern an Holmen geführt werden.

Diese Auflistung zeigt: Ohne Fahrerlaubnis kommen Sie einfach nicht aus. Das heißt: Egal, welches andere Fahrzeug Sie auch immer durch den öffentlichen Straßenverkehr lenken wollen, Sie benötigen eine amtliche Bescheinigung, den Führerschein. Sie müssen ihn bei jeder noch so kurzen Fahrt mitführen. Geraten Sie in eine Verkehrskontrolle und können den Lappen nicht vorzeigen, riskieren Sie ein Verwarnungsgeld von 20 DM.

Die einzelnen Führerscheinklassen

Seit Anfang 1999 gilt der neue EU-Führerschein. Betroffen davon sind in erster Linie all diejenigen, die ihren Führerschein erst noch machen wollen. Auswirkungen haben die Neuregelungen aber auch auf so manchen Autofahrer, der schon seit Jahrzehnten auf den Straßen unterwegs ist.

Wichtig: Auch wenn seit dem 1. Januar 1999 nur noch Führerscheine im neuen Scheckkartenformat ausgegeben werden, bleiben alte Führerscheine nach wie vor gültig. Von Sonderfällen abgesehen, brauchen diese nicht in einen neuen Führerschein umgetauscht werden. Das gilt auch für DDR-Führerscheine.

Praxis-Tip: Natürlich können Sie Ihren alten Führerschein jederzeit gegen einen neuen eintauschen. Das kostet Sie 50 DM Verwaltungsgebühr und zwölf Wochen Wartezeit. Zuständig für die Umtauschaktion ist die örtliche Kfz-Zulassungsstelle. Dort bekommen Sie auch die Antragsformulare.

Nach der Neuregelung gibt es in der Bundesrepublik Deutschland jetzt folgende Fahrerlaubnisklassen (vgl. Tabelle 1):

Klasse A:
Krafträder mit oder ohne Beiwagen

Klasse A1:
Krafträder mit einem Hubraum von nicht mehr als 125 cm^3 und einer Motorleistung von nicht mehr als 11 kW (Leichtkrafträder). Für 16- und 17jährige Leichtkraftradfahrer gilt eine durch die Bauart bestimmte Höchstgeschwindigkeit von nicht mehr als 80 km/h.

Klasse B:
Kraftfahrzeuge mit einer zulässigen Gesamtmasse von nicht mehr als 3 500 kg und nicht mehr als acht Sitzplätzen außer dem Führersitz (auch mit Anhänger bis 750 kg Gesamtmasse oder bis zur Höhe der Leermasse des Zugfahrzeugs bei einer zulässigen Gesamtmasse der Kombination von nicht mehr als 3 500 kg)

Klasse C:
Kraftfahrzeuge – ausgenommen jene der Klasse D – mit einer zulässigen Gesamtmasse von mehr als 3 500 kg (auch mit Anhänger bis 750 kg Gesamtmasse)

Klasse C1:
Kraftfahrzeuge – ausgenommen jene der Klasse D – mit einer zulässigen Gesamtmasse von mehr als 3 500 kg, aber nicht mehr als 7 500 kg (auch mit Anhänger bis 750 kg Gesamtmasse)

Klasse D:
Kraftfahrzeuge zur Personenbeförderung mit mehr als acht Sitzplätzen außer dem Führersitz (auch mit Anhänger bis 750 kg Gesamtmasse)

Klasse D1:
Kraftfahrzeuge zur Personenbeförderung mit mehr als acht Sitzplätzen außer dem Führersitz, aber nicht mehr als 16 Sitzplätzen (auch mit Anhänger bis 750 kg Gesamtmasse)

Klasse BE, CE, C1E, DE, D1E:
Kraftfahrzeuge der Klassen B, C, C1, D oder D1 mit Anhänger mit einer zulässigen Gesamtmasse von mehr als 750 kg. (Ausnahme bei Klasse B. Bei den Klassen C1E und D1E darf die zulässige Gesamtmasse der Kombination 12 000 kg und die zulässige Gesamtmasse des Anhängers die Leermasse des Zugfahrzeugs nicht übersteigen. Bei der Klasse D1E darf der Anhänger außerdem nicht zur Personenbeförderung verwendet werden.)

Klasse M:
Kleinkrafträder und Fahrräder mit Hilfsmotor mit einer durch die Bauart bestimmten Höchstgeschwindigkeit von nicht mehr als 45 km/h und einem Hubraum von nicht mehr als 50 cm

Klasse T:
Zugmaschinen mit einer durch die Bauart bestimmten Höchstgeschwindigkeit von nicht mehr als 60 km/h und selbstfahrende Arbeitsmaschinen mit einer durch die Bauart bestimmten Höchstgeschwindigkeit von nicht mehr als 40 km/h, die jeweils nach ihrer Bauart zur Verwendung für land- oder forstwirtschaftliche Zwecke bestimmt sind und für solche Zwecke eingesetzt werden (jeweils auch mit Anhängern)

Klasse L:
Zugmaschinen, die nach ihrer Bauart zur Verwendung für land- oder forstwirtschaftliche Zwecke bestimmt sind und für solche Zwecke eingesetzt werden, mit einer durch die Bauart bestimmten Höchstgeschwindigkeit von nicht mehr als 32 km/h und Kombinationen aus diesen Fahrzeugen und Anhängern, wenn sie

mit einer Geschwindigkeit von nicht mehr als 25 km/h geführt werden und, sofern die durch die Bauart bestimmte Höchstgeschwindigkeit des ziehenden Fahrzeugs mehr als 25 km/h beträgt, sie für eine Höchstgeschwindigkeit von nicht mehr als 25 km/h durch Geschwindigkeitsschilder gekennzeichnet sind. Entsprechendes gilt für selbstfahrende Arbeitsmaschinen und Flurförderzeuge (z. B. Gabelstapler) mit einer durch die Bauart bestimmten Höchstgeschwindigkeit von nicht mehr als 25 km/h und Kombinationen aus diesen Fahrzeugen und Anhängern.

Für Autofahrer, die ihren Führerschein vor der Einführung der Neuregelung erworben haben, bleibt grundsätzlich alles beim alten. Ihre Fahrerlaubnis ist weiterhin im bisherigen Umfang gültig. Allerdings sind für einige Autofahrer ärztliche Wiederholungsuntersuchungen vorgeschrieben. Einzelheiten dazu lesen Sie auf Seite 22.

Bei einem Umtausch des Führerscheins werden im neuen Führerschein die neuen Klassen eingetragen, die den alten entsprechen. Tabelle 1 enthält eine Gegenüberstellung der alten Fahrerlaubnisklassen mit den neuen Führerscheinklassen:

Tabelle 1: Gegenüberstellung der Fahrerlaubnisklassen

Fahrerlaubnisklassen alt	Fahrerlaubnisklassen neu
1. Leistungsunbeschränkte Krafträder 1 a: Krafträder bis 25 kW, nicht mehr als 0,16 kW/kg Erwerb der Klasse 1 nur möglich nach mindestens 2jährigem Besitz der Klasse 1a und ausreichender Fahrpraxis (mindestens 4 000 km)	A. Leistungsbeschränkte Krafträder  Berechtigung zum Führen leistungsunbeschränkter Krafträder erst nach zwei Jahren Fahrerfahrung auf Krafträdern bis 25 kW, nicht mehr als 0,16 kw/kg »Direkteinstieg« in die unbeschränkte Klasse A ab 25 Jahren möglich
1 b: Krafträder bis 125 cm^3, bis 11 kW; für 16- und 17jährige 80 km/h bauartbedingte Höchstgeschwindigkeit	A1: Inhalt unverändert 
2. Kfz über 7 500 kg Züge mit mehr als drei Achsen	C: Kfz über 3 500 kg mit Anhänger bis 750 kg  CE: Kraftfahrzeuge über 3 500 kg mit Anhänger über 750 kg 

Fahrerlaubnisklassen alt	Fahrerlaubnisklassen neu
3. Kfz bis 7 500 kg Züge mit nicht mehr als 3 Achsen (d. h., es kann ein einachsiger Anhänger mitgeführt werden; Achsen mit einem Abstand von weniger als 1 m voneinander gelten als eine Achse)	B: Kraftfahrzeuge bis 3 500 kg mit Anhänger bis 750 kg oder mit Anhänger über 750 kg, sofern die zulässige Gesamtmasse des Anhängers die Leermasse des Zugfahrzeugs und die zulässige Gesamtmasse des Zuges 3 500 kg nicht überschreiten  BE: Kombinationen aus einem Zugfahrzeug der Klasse B und einem Anhänger, die nicht in die Klasse B fällt  C1: Kfz zwischen 3 500 kg und 7 500 kg mit Anhänger bis 750 kg  C1E: Kfz der Klasse C1 mit Anhänger über 750 kg, sofern die zulässige Gesamtmasse des Anhängers die Leermasse des Zugfahrzeugs und die zulässige Gesamtmasse der Kombination 12 000 kg nicht überschreiten

Fahrerlaubnisklassen alt	Fahrerlaubnisklassen neu
2,3: je nach dem zulässigen Gesamtgewicht des Fahrzeugs + Fahrerlaubnis zur Fahrgastbeförderung in Kraftomnibussen	D: Kraftfahrzeuge mit mehr als 8 Plätzen  DE: Kraftfahrzeuge der Klasse D mit Anhänger über 750 kg  D1: Kraftomnibusse mit mehr als 8, aber nicht mehr als 16 Sitzplätzen  D1E: Kraftfahrzeuge der Klasse D1 mit Anhänger über 750 kg, sofern die zulässige Gesamtmasse des Anhängers die Leermasse des Zugfahrzeugs und die zulässige Gesamtmasse der Kombination 12 000 kg nicht überschreiten. Der Anhänger darf nicht zur Personenbeförderung verwendet werden. 

Nationale Fahrerlaubnisklassen für Fahrzeuge, die nicht unter die Richtlinie fallen

4. Kleinkrafträder und Fahrräder mit Hilfsmotor bis 50 cm^3	M: Kleinkrafträder und Fahrräder mit Hilfsmotor bis 50 cm^3
5: Krankenfahrstühle, Arbeitsmaschinen bis 25 km/h, Zugmaschinen bis 32 km/h, mit Anhängern bis 25 km/h	L: selbstfahrende Arbeitsmaschinen und Flurförderzeuge (z. B. Gabelstapler u. ä.) mit Anhänger bis 25 km/h; land- und forstwirtschaftliche Zugmaschinen bis 32 km/h, mit Anhängern bis 25 km/h T: land- und forstwirtschaftliche Zugmaschinen bis 60 km/h und selbstfahrende land- und forstwirtschaftliche Arbeitsmaschinen bis 40 km/h, jeweils auch mit Anhängern
Fahrerlaubnis zur Fahrgastbeförderung in Taxen, Mietwagen und Krankenkraftwagen sowie PKW bei gewerbsmäßigen Aus-	flugsfahrten und Ferienziel-Reisen bleibt unverändert, künftig aber auch erforderlich für Pkw im Linienverkehr
Mofa: Fahrrad mit Hilfsmotor bis 25 km/h	Mofa bleibt unverändert Krankenfahrstühle bis 25 km/h werden Mofas gleichgestellt

Quelle: Bundesministerium für Verkehr

Achten Sie auf folgende Übergangsregelungen

Eine der wichtigsten Übergangsregelungen betrifft ärztliche Untersuchungen, soweit Inhaber einer Fahrerlaubnis der Klasse 3 keine Fahrzeugkombinationen führen wollen, die nach neuem Recht in die Klasse CE fallen. Sie brauchen sich keiner ärztlichen Untersuchung zu unterziehen. Bei einem Umtausch ihrer Fahrerlaubnis erhalten sie neben den Klassen B und BE auch die Klassen C1 und C1E ohne Befristung.

Die Berechtigung, mit Klasse 3 auch Fahrzeugkombinationen zu führen, die nach neuem Recht zur Klasse CE gehören, erlischt mit Vollendung des 50. Lebensjahrs. Bei einem Umtausch vor Vollendung des 50. Lebensjahrs wird auf Antrag zusätzlich zu den Klassen B, BE, C1 und C1E die Klasse CE zugeteilt, allerdings beschränkt auf Züge, die bisher in Klasse 3 fielen, und befristet bis zur Vollendung des 50. Lebensjahrs.

Praxis-Tip: *Wenn Sie diese Berechtigung dann weiter behalten wollen, müssen Sie – falls Sie noch einen alten Führerschein haben – diesen umtauschen und hierbei auch die Klasse CE mit Beschränkung auf bisher in Klasse 3 fallende Züge beantragen. Sollten Sie Ihren Führerschein bereits umgetauscht haben, müssen Sie einen Antrag auf Verlängerung der eingeschränkten Klasse CE stellen.*

Achtung: *Voraussetzung für den Erhalt bzw. die Verlängerung der Fahrerlaubnis der beschränkten Klasse CE ist der Nachweis über ausreichendes Sehvermögen und eine ärztliche Bescheinigung, aus der hervorgeht, daß keine für das sichere Führen eines Kraftfahrzeugs bedeutsamen Beeinträchtigungen vorliegen. Die Fahrerlaubnis wird jeweils für fünf Jahre verlängert.*
Für Inhaber einer Fahrerlaubnis der Klasse 3, die am 1. 1. 1999 bereits das 50. Lebensjahr vollendet hatten, gilt eine Sondervorschrift. Sie dürfen mit Klasse 3 noch bis zum 31. 12. 2000 Fahrzeugkombinationen führen, die in Klasse CE fallen.

Praxis-Tip: *Wollen Sie diese Berechtigung auch danach weiter nutzen, müssen Sie diese wie sonst auch verlängern lassen.*
Auch für die Erteilung der Fahrerlaubnis nach altem oder neuem Recht gilt eine Stichtagsregelung. Bis zum 30. Juni 1999 kann die Führerscheinprüfung nach altem Recht durchgeführt werden, sofern der Führerscheinantrag noch 1998 eingereicht wurde. Wird die Fahrerlaubnis bis dahin erteilt, erhält der Bewerber die neuen Klassen, die der beantragten Klasse entsprechen.

Beispiel: *Wer einen Führerscheinantrag auf Erteilung der Klasse 3 gestellt hat, erhält einen Führerschein der Klassen B und BE sowie der Klassen C1 und C1E befristet bis zum 50. Lebensjahr, aber ohne ärztliche Untersuchung. Und wer einen Führerschein der Klasse 2 beantragt hat, bekommt den EU-Führerschein mit den Klassen C und CE befristet auf fünf Jahre.*

In den Fällen hingegen, in denen der Führerscheinantrag noch aus dem Jahr 1998 stammt, die Führerscheinprüfung allerdings nicht bis zum 30. Juni 1999 absolviert wurde, wird der Führerschein wie in Tabelle 2 umgedeutet:

Tabelle 2: Veränderungen beim Führerschein

Antrag auf Führerscheinklasse (alt)	im Antrag auf Führerscheinklasse (neu)
1 a	A beschränkt
1 b	A1
3	B
2 ohne Vorbesitz der Klasse 3	B, C und CE
2 mit Vorbesitz der Klasse 3	C und CE
4	M
5	L
Fahrerlaubnis zur Fahrgastbeförderung in Kraftomnibussen ohne Beschränkung	D
Fahrerlaubnis zur Fahrgastbeförderung in Kraftomnibussen beschränkt auf höchstens 24 Plätze und/oder 7,5 t zulässiges Gesamtgewicht	D1

Quelle: Gesetzestext

Achtung: In den vorgenannten Fällen erfolgen sowohl die Fahrausbildung als auch die Führerscheinprüfung nach neuem Recht.
Das bedeutet also beispielsweise bei einem Antrag auf Klasse 2 ohne Vorbesitz der Klasse 3: Für die neuen Führerscheinklassen B, C und CE müssen jeweils getrennte Prüfungen abgelegt werden.

Die Geltungsdauer einer Fahrerlaubnis

Die Fahrerlaubnis der Klassen A, A1, B, BE, L, M und T wird unbefristet erteilt. Im übrigen gilt aber: Nichts währt ewig! Die Fahrerlaubnis der weiteren Führerscheinklassen wird jeweils längstens für folgende Zeiträume erteilt:

- Klassen C1, C1E bis zur Vollendung des 50. Lebensjahrs, danach für fünf Jahre
- Klassen C und CE für fünf Jahre
- Klassen D, D1, DE und D1E für fünf Jahre, längstens jedoch bis zur Vollendung des 50. Lebensjahrs, danach für fünf Jahre

Die Sache mit der Eignung

Die meisten Autofahrer verdrängen es gern, wenn sie erst einmal den Führerschein haben: Es genügt nicht zu wissen, wie Gaspedal, Kupplung und Bremse betätigt werden. Erforderlich ist stets auch, daß der Autofahrer zum Lenken von Kraftfahrzeugen geeignet ist. Manch ein Autofahrer mußte schon erleben, daß sich die Frage nach seiner Eignung schneller stellt, als er jemals angenommen hatte. Das gilt nicht nur dann, wenn es darum geht, nach dem Verlust des Führerscheins einen neuen zu bekommen. Auch wer in sonstiger Weise auffällig wird, ohne gleich den Führerschein zu verlieren, muß sich unter Umständen Fragen der Verkehrsbehörde danach gefallen lassen, ob er noch zum Lenken eines Kraftfahrzeugs im Straßenverkehr geeignet sei. Grundsätzlich gilt: Ein Autofahrer muß zum Führen von Kraftfahrzeugen körperlich, geistig und charakterlich geeignet sein:

- Körperliche Mängel beeinträchtigen die Eignung zum Führen von Kraftfahrzeugen nur, wenn sie nicht durch geeignete Hilfsmittel, wie beispielsweise durch eine Brille bei mangelhafter Sehkraft, ausgeglichen werden können.
- Die Frage nach geistigen Mängeln stellt sich beispielsweise bei organischen Geisteskrankheiten, schweren Nervenleiden, einer psychopathischen Veranlagung mit einer Neigung zu Alkoholmißbrauch oder bei schweren psychischen Störungen.
- Charakterliche Mängel äußern sich vor allem darin, daß der Autofahrer beharrlich und wiederholt Verkehrsverstöße begeht oder das Fahrzeug zur Begehung von Straftaten mißbraucht. Auch eine größere Anzahl leichterer Verkehrsverstöße kann auf eine mangelnde charakterliche Eignung hindeuten. Dies gilt insbesondere bei einer wiederholten Bestrafung wegen Trunkenheit im Verkehr. Allerdings kommt es auch hier immer auf das Gesamtverhalten des Autofahrers an.
- Wenn die Verkehrsbehörde Zweifel daran hat, daß der betreffende Autofahrer noch zum Führen von Kraftfahrzeugen geeignet ist, kann sie eine Begutachtung anordnen. Voraussetzung dafür sind allerdings stets konkrete Ausfallerscheinungen. Allgemeine Vermutungen oder Annahmen reichen grundsätzlich nicht. Das gilt insbesondere auch für (hoch)betagte Autofahrer. Hohes Alter allein ist grundsätzlich kein Grund, um die körperliche Eignung des Autofahrers in Frage zu stellen.

Ein Thema ist das Alter des Autofahrers hingegen dann, wenn es um das Mindestalter für die Erteilung einer bestimmten Fahrerlaubnis geht. Im einzelnen muß folgendes Mindestalter erreicht sein:

- 16 Jahre für die Berechtigung zum Führen von Leicht- bzw. Kleinkrafträdern, land- oder forstwirtschaftlichen Zugmaschinen (Klassen A1, L, M und T)
- 18 Jahre für die Erlaubnis zum Führen größerer Krafträder (zwei Jahre lang beschränkt auf eine Nennleistung von höchstens 25 kW), für Pkw oder Lkw (Klassen A bei stufenweisem Zugang, B, C, C1, BE, CE und C1E)
- 21 Jahre für die Fahrerlaubnis zur Fahrgastbeförderung (Klassen D, D1, DE und D1E)
- 25 Jahre für die stufenlose Erlaubnis zum Führen großer Motorräder

Entschließt sich die Verkehrsbehörde, eine Begutachtung anzuordnen, kann sie festlegen, wen sie mit der Begutachtung beauftragen will. Es kann sich um einen Facharzt mit verkehrsmedizinischer Qualifikation handeln. Aber auch ein Arzt des Gesundheitsamts beispielsweise vermag eingeschaltet zu werden. Alternativ kommt auch noch ein Arzt mit der Gebietsbezeichnung »Arbeitsmedizin« oder der Zusatzbezeichnung »Betriebsmedizin« in Betracht.

Achtung: *Ein medizinisch-psychologisches Gutachten dagegen darf die Verkehrsbehörde nur in ganz bestimmten Fällen anfordern.*

So verhält es sich beispielsweise, wenn die bisherigen ärztlichen Feststellungen die Einholung eines Gutachtens notwendig machen. Oder beispielsweise auch dann, wenn der Autofahrer Straftaten begangen hat, die im Zusammenhang mit dem Straßenverkehr oder mit der Kraftfahrereignung stehen bzw. bei denen Anhaltspunkte für ein hohes Aggressionspotential existieren, darf ein Gutachten in Auftrag gegeben werden.

Ein Thema für sich ist in diesem Zusammenhang die Trunkenheit im Verkehr. Besteht die begründete Annahme einer Alkoholabhängigkeit oder wurde die Fahrerlaubnis wegen Alkoholabhängigkeit entzogen, führt kein Weg daran vorbei: In diesen Fällen fordert die Verkehrsbehörde stets ein Gutachten an. Einzelheiten dazu lesen Sie ab Seite 135.

Zurück zur körperlichen Eignung: Es müssen schon gravierende körperliche Beeinträchtigungen bzw. Krankheiten vorliegen, wenn die körperliche Eignung des betreffenden Autofahrers zum Führen eines Kraftfahrzeugs ernsthaft in Frage gestellt werden soll. Die nachfolgende Übersicht enthält körperliche Mängel und Erkrankungen, die häufiger vorkommen und die die Eignung zum Führen von Kraftfahrzeugen beeinträchtigen oder aufheben können. Beachten Sie hierzu jedoch, daß es sich um Regelfälle handelt. Entscheidend bleiben stets die konkreten Umstände des Einzelfalls. Die Übersicht in Tabelle 3 kann deshalb nur eine – wenn auch wertvolle – Orientierungshilfe sein.

Tabelle 3: Körperliche Beeinträchtigungen und die Folgen für den Führerschein

Krankheiten, Mängel	Eignung oder bedingte Eignung		Beschränkungen/Auflagen bei bedingter Eignung	
	Klassen A, A1, B, BE, M, L, T	Klassen C, C1, CE, C1E, D, D1, DE, D1E, FzF	Klassen A, A1, B, BE, M, L, T	Klassen C, C1, CE, C1E, D, D1, DE, D1E, FzF
1. Mangelndes Sehvermögen: Bitte einen Augenarzt befragen				
2. Schwerhörigkeit und Gehörlosigkeit				

Krankheiten, Mängel	Eignung oder bedingte Eignung		Beschränkungen/Auflagen bei bedingter Eignung	
2.1 Hochgradige Schwerhörigkeit (Hörverlust von 60 Prozent und mehr), beidseitig sowie Gehörlosigkeit, beidseitig	ja, wenn nicht gleichzeitig andere schwerwiegende Mängel (z. B. Sehstörungen, Gleichgewichtsstörungen)	ja (bei C, C1, CE, C1E) sonst nein	–	vorherige Bewährung von 3 Jahren Fahrpraxis auf Kfz der Klasse B
2.2 Gehörlosigkeit einseitig oder beidseitig oder hochgradige Schwerhörigkeit einseitig oder beidseitig	ja, wenn nicht gleichzeitig andere schwerwiegende Mängel (z. B. Sehstörungen, Gleichgewichtsstörungen)	ja, (bei C, C1, CE, C1E) sonst nein	–	wie 2.1
2.3 Störungen des Gleichgewichts (ständig oder anfallsweise auftretend)	nein	nein	–	–
3. Bewegungsbehinderungen	ja	ja	ggf. Beschränkung auf bestimmte Fahrzeugarten oder Fahrzeuge, gegebenenfalls mit besonderen technischen Vorrichtungen gemäß ärztlichem Gutachten, evtl. zusätzlich medizinisch-psychologisches Gutachten und/oder Gutachten eines amtlich anerkannten	

Krankheiten, Mängel	Eignung oder bedingte Eignung		Beschränkungen/Auflagen bei bedingter Eignung	
			Sachverständigen oder Prüfers. Auflage: regelmäßige ärztliche Kontrolluntersuchungen; können entfallen, wenn Behinderung sich stabilisiert hat.	
4. Herz- und Gefäßkrankheiten				
Herzrhythmusstörungen mit anfallsweiser Bewußtseinstrübung oder Bewußtlosigkeit	nein	nein	–	–
4.1 – Nach erfolgreicher Behandlung durch Arzneimittel oder Herzschrittmacher	ja	ausnahmsweise ja	regelmäßige Kontrollen	regelmäßige Kontrollen
4.2 Hypertonie (zu hoher Blutdruck)				
4.2.1 Bei ständigem diastolischen Wert von über 130 mmHg	nein	nein	–	–

Krankheiten, Mängel	Eignung oder bedingte Eignung		Beschränkungen/Auflagen bei bedingter Eignung	
4.2.2 Bei ständigem diastolischen Wert von über 100 bis 130 mmHg	ja	ja, wenn keine anderen prognostisch ernsten Symptome vorliegen	Nachuntersuchungen	Nachuntersuchungen
4.3 Hypotonie (zu niedriger Blutdruck)				
4.3.1 In der Regel kein Krankheitswert	ja	ja	–	–
4.3.2 Selteneres Auftreten von hypotoniebedingten, anfallsartigen Bewußtseinsstörungen	ja, wenn durch Behandlung die Blutdruckwerte stabilisiert sind	ja, wenn durch Behandlung die Blutdruckwerte stabilisiert sind	–	–
4.4 Koronare Herzkrankheit (Herzinfarkt)				
4.4.1 Nach erstem Herzinfarkt	ja, bei komplikationslosem Verlauf	ausnahmsweise ja	Nachuntersuchung	–
4.4.2 Nach zweitem Herzinfarkt	ja, wenn keine Herzinsuffizienz oder gefährliche Rhythmusstörungen vorliegen	nein	Nachuntersuchung	–

Krankheiten, Mängel	Eignung oder bedingte Eignung		Beschränkungen/Auflagen bei bedingter Eignung	
4.5 Herzleistungsschwäche durch angeborene oder erworbene Herzfehler oder sonstige Ursachen				
4.5.1 In Ruhe auftretend	nein	nein	–	–
4.5.2 Bei gewöhnlichen Alltagsbelastungen und bei besonderen Belastungen	ja	nein	regelmäßige ärztliche Kontrolle, Nachuntersuchung in bestimmten Fristen, Beschränkung auf einen Fahrzeugtyp, Umkreis- und Tageszeitbeschränkungen	–
4.6 Periphere Gefäßerkrankungen	ja	ja	–	–
5. Zuckerkrankheit				
5.1 Neigung zu schweren Stoffwechselentgleisungen	nein	nein	–	–
5.2 Bei erstmaliger Stoffwechselentgleisung oder neuer Einstellung	ja, nach Einstellung	ja, nach Einstellung	–	–

Krankheiten, Mängel	Eignung oder bedingte Eignung		Beschränkungen/Auflagen bei bedingter Eignung	
5.3 Bei ausgeglichener Stoffwechsellage unter Therapie mit Diät oder oralen Antidiabetika	ja	ja, ausnahmsweise, bei guter Stoffwechselführung ohne Unterzuckerung über etwa 3 Monate	–	Nachuntersuchung
5.4 Mit Insulin behandelte Diabetiker	ja	wie 5.3	–	regelmäßige Kontrollen
5.5 Bei Komplikationen siehe auch Nummer 1, 4, 6 und 10				
6. Krankheiten des Nervensystems				
6.1 Erkrankungen und Folgen von Verletzungen des Rückenmarks	ja, abhängig von der Symptomatik	nein	bei fortschreitendem Verlauf Nachuntersuchungen	–
6.2 Erkrankungen der neuromuskulären Peripherie	ja, abhängig von der Symptomatik	nein	bei fortschreitendem Verlauf Nachuntersuchungen	–

Krankheiten, Mängel	Eignung oder bedingte Eignung		Beschränkungen/Auflagen bei bedingter Eignung	
6.3 Parkinsonsche Krankheit	ja, bei leichten Fällen und erfolgreicher Therapie	nein	Nachuntersuchungen in Abständen von 1, 2 und 4 Jahren	–
6.4 Kreislaufabhängige Störungen der Hirntätigkeit	ja, nach erfolgreicher Therapie und Abklingen des akuten Ereignisses ohne Rückfallgefahr	nein	Nachuntersuchungen in Abständen von 1, 2 und 4 Jahren	–
6.5 Zustände nach Hirnverletzungen und Hirnoperationen, angeborene und frühkindlich erworbene Hirnschäden				
6.5.1 Schädelhirnverletzungen oder Hirnoperationen ohne Substanzschäden	ja, in der Regel nach 3 Monaten	ja, in der Regel nach 3 Monaten	bei Rezidivgefahr nach Operationen von Hirnkrankheiten Nachuntersuchung	bei Rezidivgefahr nach Operationen von Hirnkrankheiten Nachuntersuchung

Krankheiten, Mängel	Eignung oder bedingte Eignung		Beschränkungen/Auflagen bei bedingter Eignung	
6.5.2 Substanzschäden durch Verletzungen oder Operationen	ja, unter Berücksichtigung von Störungen der Motorik, chron.-hirnorganischer Psychosyndrome und hirnorganischer Wesensänderungen	ja, unter Berücksichtigung von Störungen der Motorik, chron.-hirnorganischer Psychosyndrome und hirnorganischer Wesensänderungen	bei Rezidivgefahr nach Operationen von Hirnkrankheiten Nachuntersuchung	bei Rezidivgefahr nach Operationen von Hirnkrankheiten Nachuntersuchung
6.5.3 Angeborene oder frühkindliche Hirnschäden Siehe Nummer 6.5.2				
6.6 Anfallsleiden	ausnahmsweise ja, wenn kein wesentliches Risiko von Anfallsrezidiven mehr besteht, z. B. 2 Jahre anfallsfrei	ausnahmsweise ja, wenn kein wesentliches Risiko von Anfallsrezidiven mehr besteht, z. B. 5 Jahre anfallsfrei ohne Therapie	Nachuntersuchungen in Abständen von 1, 2 und 4 Jahren	Nachuntersuchungen in Abständen von 1, 2 und 4 Jahren
7. Psychische (geistige Störungen)				
7.1 Organische Psychosen				
7.1.1 Akut	nein	nein	–	–

Krankheiten, Mängel	Eignung oder bedingte Eignung		Beschränkungen/Auflagen bei bedingter Eignung	
7.1.2 Nach Abklingen	ja, abhängig von der Art und Prognose des Grundleidens, wenn bei positiver Beurteilung des Grundleidens keine Restsymptome und kein 7.2	ja, abhängig von der Art und Prognose des Grundleidens, wenn bei positiver Beurteilung des Grundleidens keine Restsymptome und kein 7.2	in der Regel Nachuntersuchung	in der Regel Nachuntersuchung
7.2 Chronische hirnorganische Psychosyndrome				
7.2.1 Leicht	ja, abhängig von Art und Schwere	ausnahmsweise ja	Nachuntersuchung	Nachuntersuchung
7.2.2 Schwer	nein	nein	–	–
7.3 Schwere Altersdemenz und schwere Persönlichkeitsveränderungen durch pathologische Alterungsprozesse	nein	nein	–	–
7.4 Schwere Intelligenzstörungen/geistige Behinderung				

Krankheiten, Mängel	Eignung oder bedingte Eignung		Beschränkungen/Auflagen bei bedingter Eignung	
7.4.1 Leicht	ja, wenn keine Persönlichkeitsstörung	ja, wenn keine Persönlichkeitsstörung	–	–
7.4.2 Schwer	ausnahmsweise ja, wenn keine Persönlichkeitsstörung (Untersuchung der Persönlichkeitsstruktur und des individuellen Leistungsvermögens)	ausnahmsweise ja, wenn keine Persönlichkeitsstörung (Untersuchung der Persönlichkeitsstruktur und des individuellen Leistungsvermögens)	–	–
7.5 Affektive Psychosen				
7.5.1 Bei allen Manien und schweren Depressionen	nein	nein	–	–
7.5.2 Nach Abklingen der manischen Phase und der relevanten Symptome einer sehr schweren Depression	ja, wenn nicht mit einem Wiederauftreten gerechnet werden muß, gegebenenfalls unter medikamentöser Behandlung	ja bei Symptomfreiheit	regelmäßige Kontrollen	regelmäßige Kontrollen

Krankheiten, Mängel	Eignung oder bedingte Eignung		Beschränkungen/Auflagen bei bedingter Eignung	
7.5.3 Bei mehreren manischen oder sehr schweren depressiven Phasen mit kurzen Intervallen	nein	nein	–	–
7.5.4 Nach Abklingen der Phasen	ja, wenn Krankheitsaktivität geringer und mit einer Verlaufsform in der vorangegangenen Schwere nicht mehr gerechnet werden muß	nein	regelmäßige Kontrollen	–
7.6 Schizophrene Psychosen				
7.6.1 Akut	nein	nein	–	–
7.6.2 Nach Ablauf	ja, wenn keine Störungen nachweisbar sind, die das Realitätsurteil erheblich beeinträchtigen	ausnahmsweise ja, nur unter besonders günstigen Umständen	–	–

Krankheiten, Mängel	Eignung oder bedingte Eignung		Beschränkungen/Auflagen bei bedingter Eignung	
7.6.3 Bei mehreren psychotischen Episoden	ja	ausnahmsweise ja, nur unter besonders günstigen Umständen	regelmäßige Kontrollen	regelmäßige Kontrollen
8. Alkohol				
8.1 Mißbrauch (das Führen von Kraftfahrzeugen und ein die Fahrsicherheit beeinträchtigender Alkoholkonsum kann nicht hinreichend sicher getrennt werden)	nein	nein	–	–
8.2 Nach Beendigung des Mißbrauchs	ja, wenn die Änderung des Trinkverhaltens gefestigt ist	ja, wenn die Änderung des Trinkverhaltens gefestigt ist	–	–
8.3 Abhängigkeit	nein	nein	–	–
8.4 Nach Abhängigkeit (Entwöhnungsbehandlung)	ja, wenn die Abhängigkeit nicht mehr besteht und in der Regel ein Jahr Abstinenz nachgewiesen ist	ja, wenn die Abhängigkeit nicht mehr besteht und in der Regel ein Jahr Abstinenz nachgewiesen ist	–	–

Krankheiten, Mängel	Eignung oder bedingte Eignung		Beschränkungen/Auflagen bei bedingter Eignung	
9. Betäubungsmittel, andere psychoaktiv wirkende Stoffe und Arzneimittel				
9.1 Einnahme von Betäubungsmitteln im Sinne des Betäubungsmittelgesetzes (ausgenommen Cannabis)	nein	nein	–	–
9.2 Einnahme von Cannabis				
9.2.1 Regelmäßige Einnahme von Cannabis	nein	nein	–	–
9.2.2 Gelegentliche Einnahme von Cannabis	ja, wenn Trennung von Konsum und Fahren und kein zusätzlicher Gebrauch von Alkohol oder anderen psychoaktiv wirkenden Stoffen, keine Störung der Persönlichkeit, kein Kontrollverlust	ja, wenn Trennung von Konsum und Fahren und kein zusätzlicher Gebrauch von Alkohol oder anderen psychoaktiv wirkenden Stoffen, keine Störung der Persönlichkeit, kein Kontrollverlust	–	–

Krankheiten, Mängel	Eignung oder bedingte Eignung		Beschränkungen/Auflagen bei bedingter Eignung	
9.3 Abhängigkeit von Betäubungsmitteln im Sinne des Betäubungsmittelgesetzes oder von anderen psychoaktiv wirkenden Stoffen	nein	nein	–	–
9.4 Mißbräuchliche Einnahme (regelmäßig übermäßiger Gebrauch) von psychoaktiv wirkenden Arzneimitteln und anderen psychoaktiv wirkenden Stoffen	nein	nein	–	–
9.5 Nach Entgiftung und Entwöhnung	ja, nach einjähriger Abstinenz	ja, nach einjähriger Abstinenz	regelmäßige Kontrollen	regelmäßige Kontrollen
9.6 Dauerbehandlung mit Arzneimitteln				
9.6.1 Vergiftung	nein	nein	–	–

Krankheiten, Mängel	Eignung oder bedingte Eignung		Beschränkungen/Auflagen bei bedingter Eignung	
9.6.2 Beeinträchtigung der Leistungsfähigkeit zum Führen von Kraftfahrzeugen unter das erforderliche Maß	nein	nein	–	–
10. Nierenerkrankungen				
10. 1 Schwere Niereninsuffizienz mit erheblicher Beeinträchtigung	nein	nein	–	–
10.2 Niereninsuffizienz in Dialysebehandlung	ja, wenn keine Komplikationen oder Begleiterkrankungen	ausnahmsweise ja	ständige ärztliche Betreuung und Kontrolle, Nachuntersuchung	ständige ärztliche Betreuung und Kontrolle, Nachuntersuchung
10.3 Erfolgreiche Nierentransplantation mit normaler Nierenfunktion	ja	ja	ärztliche Betreuung und Kontrolle, jährliche Nachuntersuchung	ärztliche Betreuung und Kontrolle, jährliche Nachuntersuchung

Krankheiten, Mängel	Eignung oder bedingte Eignung		Beschränkungen/Auflagen bei bedingter Eignung	
10.4 Bei Komplikationen oder Begleiterkrankungen siehe auch Nummer 1, 4 und 5				
11. Verschiedenes				
11.1 Organtransplantation, die Beurteilung richtet sich nach den Beurteilungsgrundsätzen zu den betroffenen Organen				
11.2 Lungen- und Bronchialerkrankungen				
11.2.1 Unbehandelte Schlafapnoe mit ausgeprägter Vigilanzbeeinträchtigung	nein	nein	–	–
11.2.2 Behandelte Schlafapnoe	ja	ja	regelmäßige Kontrolle	regelmäßige Kontrolle

Krankheiten, Mängel	Eignung oder bedingte Eignung		Beschränkungen/Auflagen bei bedingter Eignung	
11.2.3 Sonstige schwere Erkrankungen mit schweren Rückwirkungen auf die Herz-Kreislauf-Dynamik	nein	nein	–	–

Quelle: Gesetzestext

Das ist neu beim Führerschein auf Probe

Wer zum ersten Mal den Führerschein macht, bekommt ihn nur auf Probe. Die Probezeit dauert zwei Jahre und gilt für die Klassen A, B, C, D und E, nicht aber für die Klassen M, L und T. Die Probezeit kann nicht verlängert, wohl aber verkürzt werden. Im letzteren Fall endet die Probezeit eher abrupt, nämlich deshalb, weil die Fahrerlaubnis dem Führerscheinneuling entzogen wird.

Achtung: *Wird Ihnen später die Fahrerlaubnis erneut erteilt, beginnt eine neue Probezeit. Diese dauert dann allerdings nicht wiederum zwei Jahre, sondern sie läuft nur noch für den Rest der alten Probezeit.*

Beispiel: *14 Monate nach Ablegen der Führerscheinprüfung wird die Fahrerlaubnis entzogen und nach einer Sperrfrist von zwölf Monaten schließlich wieder erteilt. Auf die neue Probezeit werden die 14 Monate der alten Probezeit angerechnet, so daß die neue Probezeit keine zwei Jahre, sondern nur noch zehn Monate dauert.*

Während der Probezeit wirft die Verkehrsbehörde ein besonderes Auge auf den jungen Autofahrer. In Flensburg werden die Straftaten und Ordnungswidrigkeiten gespeichert und der zuständigen Verkehrsbehörde gemeldet. Sie sind im Katalog der schwerwiegenden Verkehrsverstöße aufgelistet.

Katalog der schwerwiegenden Verkehrsverstöße*

1. *Straftaten, soweit sie nicht bereits zur Entziehung der Fahrerlaubnis geführt haben*

1.1 Straftaten nach dem Strafgesetzbuch (StVG):

- Unerlaubtes Entfernen vom Unfallort
- Fahrlässige Tötung**
- Fahrlässige Körperverletzung**
- Nötigung
- Gefährliche Eingriffe in den Straßenverkehr
- Gefährdung des Straßenverkehrs
- Trunkenheit im Verkehr
- Vollrausch
- Unterlassene Hilfeleistung

1.2 Straftaten nach dem Straßenverkehrsgesetz:

- Führen oder Anordnen oder Zulassen des Führens eines Kraftfahrzeugs ohne Fahrerlaubnis, trotz
- Fahrverbots oder trotz Verwahrung, Sicherstellung oder Beschlagnahme des Führerscheins.

* Quelle: Gesetzestext

** Für die Einordnung einer fahrlässigen Tötung oder fahrlässigen Körperverletzung in Abschnitt A oder B ist die Einordnung des der Tat zugrunde liegenden Verkehrsverstoßes maßgebend.

1.3 Straftaten nach den Pflichtversicherungsgesetzen:

- Gebrauch oder Gestatten des Gebrauchs unversicherter Kraftfahrzeuge oder Anhänger

2. *Ordnungswidrigkeiten nach §§ 24 und 24 a des Straßenverkehrsgesetzes*

2.1 Verstöße gegen die Vorschriften der Straßenverkehrsordnung (StVO) über

- das Rechtsfahrgebot,
- die Geschwindigkeit,
- den Abstand,
- das Überholen,
- die Vorfahrt,
- das Abbiegen, Wenden und Rückwärtsfahren,
- die Benutzung von Autobahnen und Kraftfahrstraßen,
- das Verhalten an Bahnübergängen,
- das Verhalten an öffentlichen Verkehrsmitteln und Schulbussen,
- das Verhalten an Fußgängerüberwegen,
- übermäßige Straßenbenutzung,
- das Verhalten an Wechsellichtzeichen, Dauerlichtzeichen und Zeichen 206 (Halt! Vorfahrt gewähren!) sowie gegenüber Haltzeichen von Polizeibeamten.

2.2 Verstöße gegen die Vorschriften der Straßenverkehrszulassungsordnung (StVZO) über den Gebrauch oder das Gestatten des Gebrauchs von Fahrzeugen ohne die erforderliche Zulassung oder ohne die erforderliche Betriebserlaubnis.

2.3 Verstöße gegen § 24 a des Straßenverkehrsgesetzes (Alkohol, berauschende Mittel).

2.4 Verstöße gegen die Vorschriften der Fahrerlaubnisverordnung über das Befördern von Fahrgästen ohne die erforderliche Fahrerlaubnis zur Fahrgastbeförderung oder das Anordnen oder Zulassen solcher Beförderungen.

Katalog der weniger schwerwiegenden Verkehrsverstöße

1. *Straftaten, soweit sie nicht bereits zur Entziehung der Fahrerlaubnis geführt haben*

   1.1 Straftaten nach dem Strafgesetzbuch:

- Fahrlässige Tötung*
- Fahrlässige Körperverletzung*
- Sonstige Straftaten, soweit im Zusammenhang mit der Teilnahme am Straßenverkehr begangen und nicht in Abschnitt A aufgeführt

   1.2 Straftaten nach dem Straßenverkehrsgesetz:

- Kennzeichenmißbrauch

2. *Ordnungswidrigkeiten nach § 24 des Straßenverkehrsgesetzes*

   Ordnungswidrigkeiten nach § 24 des Straßenverkehrsgesetzes, soweit nicht in Abschnitt A aufgeführt: Die Fahrerlaubnis auf Probe bleibt bestehen. Allerdings verlängert sie sich für diejenigen, die in der Probezeit mit einem schweren oder zwei weniger schweren Verkehrsverstößen auffallen und die deshalb an einem Aufbauseminar teilnehmen müssen, um zwei auf vier Jahre. Außerdem sind die Maßnahmen an das Punktsystem angeglichen worden (vgl. Tabelle 4).

* Für die Einordnung einer fahrlässigen Tötung oder fahrlässigen Körperverletzung in Abschnitt A oder B ist die Einordnung des der Tat zugrunde liegenden Verkehrsverstoßes maßgebend.

Tabelle 4: Wie sich Verkehrsverstöße während der Probezeit auswirken

Zuwiderhandlungen	Maßnahmen
Eine schwerwiegende oder zwei weniger schwerwiegende Zuwiderhandlungen	Anordnung, an einem Aufbauseminar (Nachschulung) teilzunehmen
Nach Teilnahme an einem Aufbauseminar erneut ein schwerwiegender oder zwei weniger schwerwiegende Zuwiderhandlungen	Verwarnung; Empfehlung, innerhalb von zwei Monaten an einer verkehrspsychologischen Beratung teilzunehmen
Nach Ablauf dieser Frist erneut eine schwerwiegende oder zwei weniger schwerwiegende Zuwiderhandlungen	Entziehung der Fahrerlaubnis

Quelle: Gesetzestext

Eine Neuerteilung der Fahrerlaubnis ist frühestens nach drei Monaten möglich. Wie bisher gilt jedoch, daß nur solche Zuwiderhandlungen zu Maßnahmen nach den Regelungen für die Fahrerlaubnis auf Probe führen können, die in das Verkehrszentralregister eingetragen werden, also mindestens mit 80 DM Geldbuße geahndet worden sind.

Welchen Vorteil Dienstführerscheine bieten

Grundsätzlich gilt: Die von den Dienststellen der Bundeswehr, des Bundesgrenzschutzes und der Polizei erteilten Fahrerlaubnisse berechtigen jeweils nur zum Führen von Dienstfahrzeugen. Wer eine solche Dienstfahrerlaubnis besitzt, darf nur während des Dienstes und für die Dauer des Dienstverhältnisses davon Gebrauch machen. Endet das Dienstverhältnis, ist es auch mit der Dienstfahrerlaubnis vorbei (vgl. Tabelle 5).

Praxis-Tip: Wer eine Dienstfahrerlaubnis besitzt, kann jedoch eine allgemeine Fahrerlaubnis beantragen. Eine gesonderte Fahrausbildung und Führerscheinprüfung ist dabei nicht erforderlich. Selbst wenn das Dienstverhältnis bereits beendet ist, kann der Antrag noch gestellt werden. Dies muß allerdings innerhalb von zwei Jahren nach Dienstende geschehen.

Tabelle 5: Wozu der Dienstführerschein der Bundeswehr berechtigt und worin er umgeschrieben werden kann

Erteilte Klasse der Dienstfahrerlaubnis	Berechtigt auch zum Führen von Dienstfahrzeugen der Klasse(n)	Zu erteilende allgemeine Fahrerlaubnis
A (unbeschränkt)	AY	A
A (beschränkt)	AY	A
AY	A1	A1
A1	M	A1
B	M und L	B
BE		BE
C1	Fahrzeuge der Klasse D1 ohne Fahrgäste	C1
C1E	BE sowie Fahrzeuge der Klasse D1E ohne Fahrgäste	C1E
C	C1, G sowie Fahrzeuge der Klasse D ohne Fahrgäste	C
CE	BE, C1E und GE sowie Fahrzeuge der Klasse DE ohne Fahrgäste, T	CE
D1	P	D1
D1E		D1E
D	D1	D

Erteilte Klasse der Dienstfahrerlaubnis	Berechtigt auch zum Führen von Dienstfahrzeugen der Klasse(n)	Zu erteilende allgemeine Fahrerlaubnis
DE	D1E	DE
L		L
M		M
T	M und L	T

Quelle: Gesetzestext

2. Kapitel: Wie Verkehrsverstöße geahndet werden

Ihr Führerschein kann immer nur dann aufs Spiel gesetzt werden, wenn Sie gegen bestimmte Verkehrsregeln verstoßen. Das sind per Definition gesetzliche Vorschriften, die sich auf die Teilnahme am Straßenverkehr beziehen. Sie sind in verschiedenen Gesetzen geregelt.

Die wichtigsten Vorschriften finden sich im Straßenverkehrsgesetz, der Straßenverkehrsordnung und der Straßenverkehrszulassungsordnung.

Das Straßenverkehrsgesetz soll der Sicherung des Straßenverkehrs dienen, um Gefahren von anderen Verkehrsteilnehmern und Dritten abzuwehren. Es enthält insbesondere Vorschriften über

- die Zulassung von Personen und Fahrzeugen zum Verkehr,
- das Punktesystem,
- die zivilrechtliche Haftung für Schäden,
- Strafen und Bußgelder,

- das Verkehrszentralregister,
- das Fahrerlaubnisregister,
- das Zentrale Informationssystem (ZEVIS).

Die Straßenverkehrsordnung regelt das Verhalten im Straßenverkehr. In erster Linie geht es um die Erhaltung der Ordnung und Sicherheit im öffentlichen Straßenverkehr. Geschützt sind deshalb vor allem die allgemeine Verkehrssicherheit, bisweilen aber auch lediglich die Interessen bestimmter Personengruppen (ZB Behinderte) oder bestimmte Bereiche (ZW Verkehrsbeschränkungen und Einrichtung von Parkmöglichkeiten bei Großveranstaltungen). Die Grundregel, die jeder Führerscheinbewerber lernt und manch einer schnell wieder vergißt, lautet: »Jeder Verkehrsteilnehmer hat sich so zu verhalten, daß kein anderer geschädigt, gefährdet oder mehr, als nach den Umständen unvermeidbar, behindert oder belästigt wird.«

Die Straßenverkehrszulassungsordnung enthält die Vorschriften über

- die Zulassung von Personen zum Straßenverkehr,
- die Voraussetzungen zum Führen von Kraftfahrzeugen,
- die Zulassung von Fahrzeugen,
- den Betrieb, die Beschaffenheit und Ausrüstung von Fahrzeugen und Fahrzeugteilen.

Wer gegen Verkehrsregeln verstößt, muß damit rechnen, daß dies nicht ohne Folgen bleibt. Wie diese aussehen (können), ist höchst unterschiedlich. Generell gilt der Verhältnismäßigkeitsgrundsatz. Das bedeutet: Es kommt immer auf die konkreten Umstände des Einzelfalls an. Ob und in welcher Höhe eine Geldbuße oder Strafe verhängt wird und ob es damit getan ist, wird stets gesondert geprüft. Maßgebliche Kriterien sind beispielsweise

- die Beweggründe des Autofahrers,
- das Maß der Pflichtwidrigkeit,
- die Art der Ausführung des Verkehrsverstoßes,
- die Auswirkungen des Verkehrsverstoßes,
- Voreintragungen des Autofahrers im Verkehrszentralregister,
- das Verhalten nach dem Verkehrsverstoß.

Wann es bei einer Verwarnung bleibt

Handelt es sich lediglich um einen geringfügigen Verkehrsverstoß, kann die Polizei bzw. Verkehrsbehörde mit einer Verwarnung reagieren. Diese kann sie mit einem Verwarnungsgeld verbinden, muß sie aber nicht. In der Regel geschieht es aber. Das Verwarnungsgeld beträgt mindestens 10 DM und höchstens 75 DM. Die Verwarnung mit Verwarnungsgeld setzt voraus, daß der betroffene Autofahrer mit ihr einverstanden ist und das Verwarnungsgeld entweder sofort oder innerhalb einer bestimmten Frist zahlt.

Beispiel: *Sie stehen mit Ihrem Wagen halb auf einem Gehweg, ohne jemanden zu behindern oder zu gefährden. Dann müssen Sie mit einer Verwarnung und einem Verwarnungsgeld von 10 DM rechnen. Treffen Sie den Polizeibeamten vor Ort an, können Sie das Verwarnungsgeld sofort bezahlen. So sparen Sie wenigstens die Überweisungsgebühr.*

Praxis-Tip: *Falls Sie gerade dazukommen, während der Ordnungshüter seinen Verwarnungszettel hinter Ihr Wischblatt klemmt oder sich noch in der Nähe befindet: Sprechen Sie ihn an, wenn Sie sich ungerecht behandelt fühlen. Bitten Sie ihn, zumindest vom Verwarnungsgeld abzusehen. Dazu ist er berechtigt. Denn: Er muß nicht etwa allein nur deshalb an der Verwarnung und dem Ver-*

warnungsgeld festhalten, weil er sich zunächst einmal so entschieden hat.

Achtung: *Zuständig für die Erteilung einer Verwarnung sind die Verkehrsbehörden oder Beamte des Außen- und Polizeidienstes, die hierzu ausdrücklich ermächtigt wurden. Dazu zählen insbesondere auch Politessen, nicht aber Beamte der Bahnpolizei außerhalb des Bahngeländes.*

Kommt es zu einer gebührenpflichtigen Verwarnung, so haben Sie als Autofahrer eine Woche lang Zeit, um zu überlegen, wie Sie darauf reagieren wollen. Grundsätzlich stehen Ihnen drei Möglichkeiten offen: Sie zahlen das Verwarnungsgeld innerhalb der Ihnen mitgeteilten Frist, Sie gehen gegen die Verwarnung vor, oder Sie zahlen nicht.

Entschließen Sie sich, das Verwarnungsgeld rechtzeitig zu zahlen, ist die Sache für Sie erledigt. Ein Ordnungswidrigkeitenverfahren kann dann nicht mehr gegen Sie eingeleitet werden. Insbesondere entstehen Ihnen über das Verwarnungsgeld hinaus auch keine Gebühren oder Auslagen. Sind Sie dagegen der Meinung, daß für die Verwarnung und demzufolge auch für das Verwarnungsgeld kein Grund besteht, setzen Sie sich am besten mit der Verkehrsbehörde in Verbindung. Welche das ist, können Sie aus dem Briefkopf des Schreibens entnehmen, das die Verwarnung enthält.

Achtung: *Ein Anruf beim zuständigen Sachbearbeiter bringt in der Regel nichts. Wenn er bereit ist, auf Ihre Argumente einzugehen, wird er Sie ohnehin auffordern, sich schriftlich zu äußern. Also machen Sie Ihren Widerspruch am besten von vornherein schriftlich aktenkundig.*

Praxis-Tip: Widerstand gegen eine schriftliche Verwarnung mit Verwarnungsgeld hat nur dann Sinn, wenn Sie wirklich gute Argumente haben. Ansonsten steht der mit dem Schriftverkehr verbundene Zeitaufwand in keinem Verhältnis zur Höhe des Verwarnungsgeldes. Bedenken Sie in diesem Zusammenhang auch immer, daß Verwarnungsgelder, die unterhalb der 80-DM-Grenze liegen, im Verkehrszentralregister ohnehin nicht eingetragen werden.

Die Verkehrsbehörde kann in diesen Fällen wie folgt reagieren:

- Sie stellt das Verfahren ein, weil sie zu der Überzeugung gekommen ist, daß tatsächlich triftige Gründe gegen eine Verwarnung mit Verwarnungsgeld sprechen. In diesem Fall ist die Sache ebenfalls für Sie erledigt.
- Sie beharrt auf ihrem Standpunkt und leitet das Verwarnungsin ein Bußgeldverfahren über.

Reagieren Sie überhaupt nicht und zahlen auch kein Verwarnungsgeld, kommt ebenfalls ein Bußgeldverfahren in Gang. Wenige Wochen später werden Sie einen Bußgeldbescheid in der Post vorfinden.

Auch das ist ein typischer Fall aus der Praxis: Ein Autofahrer akzeptiert die Verwarnung, nicht aber die Höhe des Verwarnungsgeldes. Wer dann lediglich einen Teil des Verwarnungsgeldes überweist, zahlt unter Umständen sogar drauf. Der Grund: Die Verwarnung wird nur wirksam, wenn das festgesetzte Verwarnungsgeld in voller Höhe gezahlt wird. Wer lediglich einen Teil des Betrags überweist, erhält fast immer einen Bußgeldbescheid über die ursprüngliche Höhe des Verwarnungsgeldes. Hinzu kommen Gebühren und Auslagen in Höhe von 36 DM.

Beispiel: *Sie haben länger als 15 Minuten in »zweiter Reihe« geparkt. Deshalb sollen Sie ein Verwarnungsgeld von 60 DM zahlen. Sie überweisen statt dessen aber nur 40 DM. Die Folge ist ein Bußgeldbescheid über 60 DM plus 36 DM für Gebühren und Auslagen, so daß Sie insgesamt 96 DM zahlen müssen.*

Wie das Bußgeldverfahren abläuft

Verkehrsverstöße, die nicht (mehr) geringfügig sind und deshalb auch nicht lediglich durch eine Verwarnung geahndet werden können, führen zu einem Bußgeldverfahren. Entsprechendes gilt, wenn der Autofahrer das festgesetzte Verwarnungsgeld nicht innerhalb der gesetzten Frist zahlt. Der betroffene Autofahrer erhält einen Anhörungsbogen. Darin werden Angaben zur Person und zur Sache abgefragt.

Achtung: *Egal, ob Sie den Ihnen vorgeworfenen Verkehrsverstoß begangen haben oder nicht, Sie sind verpflichtet, die Fragen zu Ihrer Person vollständig und richtig zu beantworten, soweit die erforderlichen Daten im Anschriftenfeld nicht, nicht richtig oder nicht vollständig vorhanden sind. Verweigern Sie die erforderlichen Angaben zur Person, riskieren Sie allein schon deshalb (zusätzlich) eine Geldbuße.*

Praxis-Tip: *Die Auskunftspflicht beschränkt sich auf folgende Angaben zu Ihrer Person: Vorname, Familienname, Geburtsname, Postleitzahl, Wohnort, Straße, Hausnummer, Geburtstag, Geburtsort und bei Wehrpflichtigen die Standortanschrift. Demgegenüber müssen Sie nicht mitteilen, wie Sie telefonisch erreichbar sind, und zwar selbst dann nicht, wenn ausdrücklich danach gefragt wird.*

Es steht Ihnen völlig frei, sich in der Sache selbst zu äußern. Sie sind in keiner Weise verpflichtet, Angaben zur Sache selbst zu machen. Wenn Sie sich nicht zu dem Vorwurf äußern, geht die Verkehrsbehörde davon aus, daß Sie von Ihrem Äußerungsrecht kein Gebrauch machen wollen. Ebenfalls nimmt die Verkehrsbehörde an, daß Sie nicht bestreiten wollen, die Ordnungswidrigkeit selbst begangen zu haben. Die Folge: Die Verkehrsbehörde erläßt in der Regel ohne weiteren Schriftverkehr einen Bußgeldbescheid gegen Sie.

Achtung: *Soweit es sich um einen Halt- oder Parkverstoß handelt, können Ihnen als Halter des Kraftfahrzeugs die Kosten des Bußgeldverfahrens auferlegt werden. Voraussetzung ist allerdings, daß nicht ermittelt werden kann, wer das Fahrzeug gefahren hat, oder aber daß die Ermittlung des Fahrers einen unangemessenen Aufwand erfordern würde.*

Ein Bußgeldbescheid kommt immer dann in Betracht, wenn der Verkehrsverstoß noch keine Straftat darstellt, aber auch nicht mehr lediglich als geringfügige Ordnungswidrigkeit gewertet werden kann. Abgesehen von den Fällen, in denen eine Verwarnung mit Verwarnungsgeld nicht zustande kommt, haben Bußgelder eine Mindesthöhe von 80 DM. Außerdem führt der Verkehrsverstoß zu einer Eintragung in das Verkehrszentralregister. In bestimmten Fällen müssen Sie zusätzlich mit einem Fahrverbot von bis zu drei Monaten rechnen.

In gewöhnlichen Regelfällen muß sich die Verkehrsbehörde bei der Festsetzung der Geldbuße nach dem Bußgeldkatalog richten. Dadurch soll sichergestellt werden, daß gleiche Verkehrsverstöße bundesweit möglichst gleichmäßig geahndet werden. Hat die Verkehrsbehörde einen Bußgeldbescheid erlassen, so wird er Ihnen als dem betroffenen Autofahrer zugestellt. Innerhalb von zwei Wochen nach Zustellung können Sie bei der Verkehrsbehörde Einspruch einlegen.

Achtung: *Für die Rechtzeitigkeit des Einspruchs kommt es auf den Zugang bei der Verkehrsbehörde an. Es genügt also nicht, daß Sie den Einspruch innerhalb der Zweiwochenfrist lediglich absenden. Das Schreiben muß innerhalb dieser Zeit bei der Verkehrsbehörde eintreffen.*

Praxis-Tip: *Wenn die Zeit knapp wird, weil die Frist der Verkehrsbehörde abläuft, bleibt auch immer noch die Möglichkeit, den Einspruch per Telegramm oder Fax zu erklären. Das muß auch nicht innerhalb der üblichen Dienstzeiten der Verkehrsbehörde geschehen. In diesem Fall reicht es völlig aus, wenn der Einspruch am letzten Tag der Frist bis 24 Uhr zugegangen ist.*

Vorsicht: *Gerade dann, wenn Sie den Einspruch per Fax erklären wollen, sollten Sie sich nicht unbedingt darauf verlassen, daß Sie Ihren Einspruch problemlos an die Verkehrsbehörde senden können. Speziell abends ist die Faxnummer oftmals blockiert, weil auch andere Betroffene, und vor allem auch Rechtsanwälte, den Faxanschluß der Verkehrsbehörde intensiv nutzen.*

Und auch das ist möglich: Die Verkehrsbehörden verfügen über einen Hausbriefkasten, oftmals auch einen speziellen Nachtbriefkasten. In diesem Briefkasten können Sie auch noch nach Dienstschluß Post einwerfen. Briefsendungen, die dort nach Dienstschluß bis spätestens 24 Uhr eingeworfen werden, gelten noch als rechtzeitig zugegangen.

Übrigens: Sie müssen den Einspruch auch nicht unbedingt selbst oder durch einen Rechtsanwalt einlegen. Sie können auch persönlich in der Verkehrsbehörde erscheinen und Ihren Einspruch bei dem zuständigen Beamten zur Niederschrift erklären. Das bedeutet: Sie sagen ihm, gegen welchen Bußgeldbescheid Sie Einspruch einlegen wollen, und der Beamte muß das dann schriftlich festhalten.

Wichtig: *Einen Einspruch müssen Sie nicht begründen. Eine Begründung kann später ohne weiteres nachgereicht werden. Das ermöglicht Ihnen, zunächst einmal fristwahrend Einspruch einzulegen, um zu verhindern, daß der Bußgeldbescheid rechtskräftig wird. Das weitere Vorgehen können Sie dann in aller Ruhe überlegen und gegebenenfalls mit einem Rechtsanwalt abstimmen.*

Praxis-Tip: *Sie können gegen den Bußgeldbescheid insgesamt Einspruch einlegen. Falls Sie den Verkehrsverstoß zugeben, mit der Höhe des Bußgeldes oder beispielsweise der Anordnung eines Fahrverbots nicht einverstanden sind, haben Sie aber ebenso die Möglichkeit, Ihren Einspruch darauf zu beschränken. Der Vorteil: In diesem Fall vereinfacht sich das weitere Verfahren. Hinzu kommt, daß sich unter Umständen teure Zeugenanhörungen und kostspielige Sachverständigengutachten erübrigen.*

Wurde der Einspruch fristgerecht eingelegt, prüft die Verkehrsbehörde nochmals die Sach- und Rechtslage. Dazu ist sie übrigens auch dann verpflichtet, wenn der Einspruch nicht begründet wird.

Praxis-Tip: *Legen Sie großen Wert darauf, den Einspruch detailliert zu begründen. Wenn Sie dies in dem Einspruchsschreiben noch nicht können oder wollen, weil Sie beispielsweise zunächst anwaltlichen Rat einholen wollen, empfiehlt es sich, die Verkehrsbehörde darauf hinzuweisen, daß die Begründung innerhalb von zwei oder drei Wochen nachgereicht wird.*

Auch dann, wenn Sie sich noch nicht abschließend entschieden haben, ob ein Einspruch gegen den Bußgeldbescheid wirklich sinnvoll ist, müssen Sie innerhalb der Zweiwochenfrist handeln. Legen Sie in diesem Fall vorsorglich zur Fristwahrung Einspruch ein. Andernfalls riskieren Sie, daß der Bußgeldbescheid rechtskräftig wird, wie die Juristen sagen. Das bedeutet für Sie: Der

Bußgeldbescheid ist dann uneingeschränkt wirksam. Sie können sich gegen ihn nicht mehr wehren.

Aber auch dann, wenn Sie die Einspruchsfrist versäumt haben, besteht für Sie in bestimmten Fällen doch noch die Möglichkeit, den beanstandeten Bußgeldbescheid korrigieren zu lassen. Dazu ist ein »Antrag auf Wiedereinsetzung in den vorigen Stand« erforderlich. Haben Sie mit diesem Antrag Erfolg, werden Sie so gestellt, als hätten Sie die Einspruchsfrist nicht versäumt. Das bedeutet: Sie können den Einspruch gegen den Bußgeldbescheid dann doch noch einlegen. Folgende Voraussetzungen müssen vorliegen:

- Sie müssen die Einspruchsfrist versäumt haben.
- Sie müssen die Frist ohne eigenes Verschulden versäumt haben.

Örtliche Abwesenheit und darauf beruhendes Fristversäumnis akzeptiert die Verkehrsbehörde als Entschuldigung:

- wenn Ihre Abwesenheit nur vorübergehend ist. »Vorübergehend« bedeutet höchstens sechs Wochen. Treten Sie beispielsweise einen fünfwöchigen Urlaub an und können Sie wegen Ihrer urlaubsbedingten Abwesenheit gegen den Bußgeldbescheid nicht rechtzeitig Einspruch einlegen, geht das nicht zu Ihren Lasten.

Bei länger andauernder Abwesenheit müssen Sie allerdings Vorkehrungen treffen. Beauftragen Sie in einem solchen Fall eine Person Ihres Vertrauens, beispielsweise einen Familienangehörigen, fristwahrend Einspruch einzulegen.

- Den Antrag auf Wiedereinsetzung in den vorigen Stand müssen Sie innerhalb einer Woche stellen, nachdem der Umstand weggefallen ist, der Sie am Einspruch gehindert hat. Kehren Sie beispielsweise am 6. Juni aus dem Urlaub zurück, beginnt mit Ihrer Rückkehr die einwöchige Frist für den Antrag auf Wiedereinsetzung in den vorigen Stand zu laufen.

- Sie müssen Ihren Antrag begründen und die Schilderung des Sachverhalts »glaubhaft machen«. Am besten ist es, wenn Sie Ihrem Antrag Belege beifügen. Im Falle einer Urlaubsreise können das beispielsweise die Reiseunterlagen (Reisebestätigung des Reisebüros, Hotelrechnungen, Flugtickets, Mietvertrag über Ferienhaus) sein.
- Innerhalb der Wochenfrist müssen Sie nicht nur den Antrag auf Wiedereinsetzung stellen, sondern zusätzlich auch Einspruch gegen den Bußgeldbescheid einlegen, gegen den Sie sich wehren wollen. Versäumen Sie den Einspruch innerhalb dieser neuen Frist ein weiteres Mal, können Sie endgültig nichts mehr erreichen.

Hat die Verkehrsbehörde Ihren Fall überprüft und will sie den Bußgeldbescheid aufrechterhalten, werden die Akten der Staatsanwaltschaft übersandt. Gesetzlich ist geregelt, daß die Staatsanwaltschaft den Fall dann nochmals überprüft. Auch die Staatsanwaltschaft kann das Verfahren einstellen. Geschieht dies nicht, wird die Bußgeldakte dem Gericht vorgelegt. Zuständig ist das Amtsgericht, in dessen Bezirk sich der Verkehrsverstoß ereignet hat. Bei dem jeweiligen Gericht kümmert sich ein Amtsrichter um den Fall. Er hat zwei Möglichkeiten, den Fall zu entscheiden – entweder durch Beschluß oder durch Urteil.

Wenn der Richter die Bußgeldsache durch Beschluß entscheiden möchte, gilt folgendes: In diesem Fall kann der Amtsrichter von der im Bußgeldbescheid getroffenen Entscheidung nicht zum Nachteil des Betroffenen abweichen. Das bedeutet für Sie also: Schlimmer als im (angefochtenen) Bußgeldbescheid kann es nicht mehr kommen.

Eine Entscheidung durch Beschluß bedeutet insbesondere auch, daß keine Hauptverhandlung stattfindet. Wenn Sie anwaltlich vertreten sind, kann es durchaus sinnvoll sein, sich mit einem Beschluß zufriedenzugeben. Dies gilt jedenfalls dann, wenn der Sachverhalt ohnehin bereits so eindeutig geklärt ist, daß Ihr Rechtsanwalt die zu Ihrer Entlastung dienenden Fakten und Kriterien ebensogut in einem ausführlichen Schriftsatz darstellen kann.

Der Vorteil: Die teilweise beträchtlichen Kosten, die mit der Durchführung einer Hauptverhandlung verbunden sind, entfallen völlig. Daran ist – schon aus wirtschaftlichen Gründen – immer dann zu denken, wenn das Bußgeld nicht besonders hoch ist.

Hinzu kommt: Sie können Ihre Zustimmung zu einer Entscheidung durch Beschluß auch unter einer Einschränkung erteilen. In Betracht kommt hier insbesondere, Ihre Zustimmung davon abhängig zu machen, daß eine Geldbuße unterhalb der Eintragungsgrenze (80 DM) verhängt wird oder daß davon abgesehen wird, ein Fahrverbot anzuordnen.

Will der Amtsrichter dagegen durch Urteil entscheiden, beraumt er einen Termin zur Hauptverhandlung an. Als Betroffener sind Sie grundsätzlich zum Erscheinen in der Hauptverhandlung verpflichtet. Das gilt selbst dann, wenn Sie anwaltlich vertreten sind.

Sie können bei Gericht beantragen, daß Sie von der Anwesenheitspflicht entbunden werden. Erfolg verspricht der Antrag allerdings nur, wenn Sie sich zur Sache schon geäußert oder aber erklärt haben, daß Sie in der Hauptverhandlung keine Sachangaben machen. Weitere Voraussetzung ist, daß Ihre Anwesenheit nach Auffassung des Gerichts zur Aufklärung wesentlicher Gesichtspunkte des Sachverhalts nicht erforderlich ist. Der Antrag ist an keine Frist gebunden, kann also insbesondere auch noch kurz vor der Hauptverhandlung gestellt werden.

Achtung: *Haben Sie (oder Ihr Rechtsanwalt für Sie) den Antrag nicht gestellt, und nehmen Sie dennoch an dem Termin nicht teil, muß das Gericht Ihren Einspruch verwerfen. Die Sache wird also gar nicht erst verhandelt. Der Bußgeldbescheid wird rechtskräftig.*

Gegen die Zurückweisung des Einspruchs können Sie innerhalb einer Woche nach Zustellung der Entscheidung des Gerichts Wiedereinsetzung in den vorigen Stand beantragen, wenn Sie ohne Verschulden daran gehindert waren, an der Hauptverhandlung teilzunehmen. Das ist beispielsweise bei einer schweren Erkrankung der Fall. Bitten Sie Ihren behandelnden Arzt, Ihnen ein Attest auszustellen, das dann dem Gericht vorgelegt wird.

Es ist ein großer Irrtum, zu glauben, in der Hauptverhandlung würden auf jeden Fall alle denkbaren Zeugen vernommen werden. Unter Umständen findet eine Beweisaufnahme überhaupt nicht statt. Das liegt daran, daß der Amtsrichter einen Beweisantrag als verspätet zurückweisen kann, wenn er den Sachverhalt für geklärt hält und die Beweiserhebung zur Aussetzung der Hauptverhandlung führen würde. Das gilt nicht etwa nur bei geringfügigen Ordnungswidrigkeiten, sondern generell bei jedem Einspruch gegen einen Bußgeldbescheid. Demgegenüber darf eine Ablehnung des Beweisantrags aber nicht erfolgen, wenn nicht eine Aussetzung, sondern lediglich eine Unterbrechung der Hauptverhandlung die Folge wäre.

Das Gericht hat verschiedene Möglichkeiten, über den Einspruch gegen den Bußgeldbescheid zu entscheiden. Hier die drei Versionen:

- Das Gericht kommt – gegebenenfalls nach einer Beweisaufnahme – zu dem Ergebnis, daß Ihnen der im Bußgeldbescheid zur Last gelegte Vorwurf nicht nachgewiesen werden kann. In diesem Fall erfolgt ein Freispruch. Das bedeutet dann, daß die im Bußgeldbescheid festgelegte Geldbuße und ein gegebenenfalls angeordnetes Fahrverbot entfallen. Außerdem trägt die Staatskasse sämtliche Verfahrenskosten. Zu den sogenannten Auslagen des betroffenen Autofahrers gehören insbesondere auch die Kosten des Rechtsanwalts.

- Ist der Amtsrichter demgegenüber der Überzeugung, daß der dem Bußgeldbescheid zugrunde liegende Sachverhalt zutreffend ist, kommt es zu einer Verurteilung des betroffenen Autofahrers. Für den Fall, daß der Amtsrichter durch Beschluß entscheidet, kann die Geldbuße jetzt nicht höher ausfallen als im Bußgeldbescheid festgesetzt.
- Hat dagegen eine Hauptverhandlung stattgefunden, kann die Geldbuße dann auch höher ausfallen als im Bußgeldbescheid festgesetzt. Das kommt insbesondere dann in Betracht, wenn sich aufgrund der Beweisaufnahme in der Hauptverhandlung ergeben hat, daß der Verkehrsverstoß weitaus schwerwiegender war, als die Verkehrsbehörde bei Erlaß des Bußgeldbescheids angenommen hatte.
- Schließlich kann der Amtsrichter das Verfahren auch einstellen. Die Entscheidung darüber trifft er nach pflichtgemäßem Ermessen. Eine Einstellung des Verfahrens kommt insbesondere dann in Betracht, wenn der Verkehrsverstoß nur von geringer Bedeutung ist oder eine Gefährdung bzw. Behinderung anderer Verkehrsteilnehmer ausgeschlossen war. Gleiches gilt auch dann, wenn eine Vorschrift erst kurze Zeit in Kraft ist und der Betroffene sie noch nicht kannte.

Im Falle der Einstellung des Verfahrens werden die Verfahrenskosten von der Staatskasse übernommen. Der Betroffene muß seine notwendigen Auslagen meist allerdings selbst aus eigener Tasche tragen.

Achtung: *Es macht keinen Sinn, deshalb Einspruch gegen den Bußgeldbescheid einzulegen, weil Sie auf diese Art und Weise eine Gerichtsentscheidung und insbesondere eine Urteilsbegründung erzwingen wollen. Unter folgenden Voraussetzungen entfällt eine schriftliche Urteilsbegründung:*

- Sie haben beantragt, von der Anwesenheitspflicht entbunden zu werden. Das Gericht hat Ihrem Antrag entsprochen.
- Im Verlauf der Hauptverhandlung sind Sie von einem Rechtsanwalt vertreten worden.
- Das Gericht hat im Urteil eine Geldbuße von nicht mehr als 500 DM festgesetzt.

Wichtig: *Anders als im Strafverfahren ist es im Bußgeldverfahren nicht möglich, gegen das Urteil Berufung einzulegen. Allein zulässig ist das Rechtsmittel der Rechtsbeschwerde. Darüber entscheidet dann das Oberlandesgericht.*

Die Frist für die Einlegung der Beschwerde beträgt eine Woche nach Verkündung des Urteils bzw. Zustellung des Beschlusses. Hat eine Hauptverhandlung stattgefunden und hat der Amtsrichter in Ihrer Abwesenheit entschieden, beginnt die Frist zur Einlegung der Beschwerde (erst) mit der Zustellung des Urteils. Lassen Sie die Beschwerdefrist verstreichen, wird der Beschluß bzw. das Urteil rechtskräftig.

Wichtig: *Die Einlegung der Rechtsbeschwerde ist nur möglich, wenn gegen den Betroffenen eine Geldbuße von mehr als 500 DM oder ein Fahrverbot verhängt worden ist. Daneben ist die Rechtsbeschwerde nur zulässig, wenn sie auf einen entsprechenden Antrag hin ausdrücklich zugelassen worden ist. Das kommt in der Praxis nur sehr selten vor, beispielsweise dann, wenn dies zur Fortbildung des Rechts oder zur Sicherung einer einheitlichen Rechtsprechung erforderlich ist und keine höhere Geldbuße als 200 DM festgesetzt ist.*

Achtung: Entgegen eines weitverbreiteten Irrtums ermöglicht es eine Rechtsbeschwerde lediglich, Verfahrensfehler oder Gesetzesverstöße zu prüfen. Eine nochmalige Überprüfung aller Tatsachen – wie etwa bei der Berufung gegen ein Urteil – ist nicht möglich.

3. Kapitel: Wenn der Staatsanwalt gegen Sie ermittelt

Bei Verkehrsverstößen, die über eine Ordnungswidrigkeit hinausgehen, tritt der Staatsanwalt auf den Plan. Er übernimmt die Ermittlungen, und es wird gegebenenfalls ein normales Strafverfahren durchgeführt.

Typische Straftaten im Straßenverkehr

Im Straßenverkehr kommt es vor allem zu folgenden Straftaten:

- Fahrlässige Tötung (§ 222 StGB)
- Fahrlässige Körperverletzung (§ 230 StGB)
- Unerlaubtes Entfernen vom Unfallort (§ 142 StGB)
- Beleidigung (§ 185 StGB)
- Nötigung (§ 240 StGB)
- Gefährlicher Eingriff in den Straßenverkehr (§ 315 b StGB)
- Gefährdung des Straßenverkehrs (§ 315 c StGB)
- Trunkenheit im Verkehr (§ 316 StGB)
- Vollrausch (§ 323 a StGB)
- Unterlassene Hilfeleistung (§ 323 c StGB)
- Fahren ohne Fahrerlaubnis (§ 21 StVG)
- Kennzeichenmißbrauch (§ 22 StVG)

- Verstoß gegen das Pflichtversicherungsgesetz (beispielsweise das Fahren mit einem unversicherten Kraftfahrzeug oder Anhänger)

Es ist oftmals purer Zufall, ob ein Verkehrsverstoß unbemerkt bleibt, als Verkehrsordnungswidrigkeit geahndet wird oder ein Strafverfahren nach sich zieht. Nehmen Sie als Beispiel nur den Rotlichtverstoß. Das bedeutet im Klartext: Sie fahren bei Rot über die Ampel, aber in den seltensten Fällen wird ein solcher Verstoß aktenkundig.

Bruchteile von Sekunden entscheiden über einen Verkehrsverstoß

Ein Fahrfehler bleibt bestenfalls ohne Folgen, im schlimmsten Fall führt er zu einer Anklage wegen fahrlässiger Tötung. Zwischen Glück und Unglück liegen manchmal Bruchteile von Sekunden, wie folgende Geschehensabläufe bei einem Rotlichtverstoß beweisen:

- Es ist mitten in der Nacht, und Sie sind weit und breit der einzige Verkehrsteilnehmer. Dann kommen Sie mit einen Schrecken davon.
- Ist die Kreuzung kameraüberwacht, wird Ihnen früher oder später ein Anhörungsbogen der Verkehrsbehörde ins Haus flattern. Ihnen drohen ein Bußgeld, ein Fahrverbot und Punkte in Flensburg.
- Auf der Kreuzung stoßen Sie mit einem anderen Fahrzeug zusammen. Für den Unfallgegner zeigte die Ampel »Grün«. Er ist leicht verletzt, sein Fahrzeug erheblich beschädigt. Statt einer Geldbuße droht hier eine Geldstrafe wegen fahrlässiger Körperverletzung.
- Sie übersehen einen Fußgänger, der gerade den Zebrastreifen überquert. Er wird durch die Luft geschleudert und bleibt

15 Meter weiter schwerverletzt liegen. Auf dem Weg ins Krankenhaus stirbt der Fußgänger. Strafrechtlich drohen folgende Konsequenzen: Verurteilung wegen fahrlässiger Tötung, Verlust des Führerscheins, längere Sperre für die Wiedererteilung der Fahrerlaubnis, sieben Punkte in Flensburg.

Achtung: *Die unterschiedlichen Ausgänge einer Handlung, die sich so oder ähnlich immer wieder im Straßenverkehr ereignen, zeigen anschaulich, wieviel Glück oftmals dabei ist, wenn ein Verkehrsverstoß – im Sinne des Wortes – folgenlos bleibt. Wer nicht gerade durch eine geistesgegenwärtige Reaktion Schlimmeres verhindert hat, sollte sich deshalb besser niemals mit den Worten verteidigen: »Es ist ja nichts passiert.« Selbst wenn es nicht so gemeint ist, besteht die Gefahr, daß manch ein Strafrichter eine solche Bemerkung als Ausdruck eines arroganten, selbstgefälligen oder verantwortungslosen Verhaltens bewertet.*

Lesen Sie hier die wichtigsten Bestimmungen und Praxis-Tips zu den Delikten, die im Straßenverkehr eine besonders große Rolle spielen. Verkehrsverstöße, die im Zusammenhang mit Alkoholgenuß oder Drogenmißbrauch stehen, bleiben in diesem Zusammenhang unberücksichtigt. Sie werden ausführlich im 4. Kapitel dargestellt werden.

Fahrlässige Körperverletzung

Neben der fahrlässigen Tötung ist die fahrlässige Körperverletzung mit der schwerwiegendste Vorwurf, der einem Autofahrer gemacht werden kann. Ist dann auch noch Alkohol im Spiel, befindet er sich in einer strafrechtlich sehr schwierigen Situation. Anwaltliche Hilfe ist unverzichtbar. Ganz klar: Ob und wie eine fahrlässige Körperverletzung bestraft wird, hängt immer von den konkreten Umständen des Einzelfalls ab. Das Strafmaß orientiert sich am Grad des Verschuldens und an den Folgen des Verkehrsverstoßes.

Auffahrunfall vor der Ampel

Handelt es sich beispielsweise um einen leichten Auffahrunfall vor der Ampel oder beim Stop-and-go-Verkehr, liegt das Verschulden im untersten Bereich der Bestrafungsmöglichkeit. Sind dann auch noch die Verletzungen des Unfallgegners geringfügig, hat er also beispielsweise nur leichte Prellungen davongetragen, ist die Wahrscheinlichkeit groß, daß die Staatsanwaltschaft das Ermittlungsverfahren wegen geringer Schuld einstellt. Das gilt jedenfalls dann, wenn Sie bisher im Straßenverkehr noch nicht aufgefallen sind.

Achtung: *Die Einstellung des Verfahrens wird in diesen Fällen in der Regel mit einer Auflage verbunden. Danach ist ein bestimmter Geldbetrag an eine gemeinnützige Einrichtung oder die Staatskasse zu bezahlen. Alternativ kommt auch in Betracht, daß die Staatsanwaltschaft das Verfahren wegen geringer Schuld einstellt, ohne dies mit einer Auflage zu verbinden. Statt dessen gibt die Staatsanwaltschaft die Akte an die Verkehrsbehörde ab. Sinn und Zweck dieses Vorgehens: Die Verkehrsbehörde soll überprüfen, ob der Verkehrsverstoß als Verkehrsordnungswidrigkeit zu ahnden ist.*

Entschuldigung: Nicht nur aus Höflichkeit!

Große Unsicherheit besteht in der Praxis immer wieder darüber, ob es nachteilig ist, sich bei einem Verkehrsopfer nach seinem Gesundheitszustand zu erkundigen oder ihm sogar eine kleine Aufmerksamkeit zukommen zu lassen. Manch ein Unfallfahrer sieht nur deshalb davon ab, weil er befürchtet, ein derartiges Verhalten könnte als Schuldeingeständnis gewertet werden. Diese Einschätzung ist weitverbreitet, aber nicht richtig.

Es ist ein Gebot der Höflichkeit und deshalb ohne weiteres verständlich, wenn Sie sich danach erkundigen, wie es dem Unfallgegner geht. Auch dann, wenn die Sach- und Rechtslage unklar ist, insbesondere auch den Unfallgegner ein Mitverschulden oder vielleicht sogar das überwiegende Verschulden treffen kann, bleibt es Ihnen unbenommen, beim Unfallgegner selbst oder bei dessen Familie anzurufen.

Praxis-Tip: *Lassen Sie sich aber in keine Diskussion über den Unfallhergang und die Verschuldensfrage verwickeln. Ziehen Sie sich auf den Standpunkt zurück, daß die Polizei schon ermitteln wird, wie es zu dem Unfall gekommen ist und wen ein Verschulden daran trifft. Beruhigend wirkt in aller Regel auch der Hinweis, daß Sie den Unfall Ihrer Kfz-Haftpflichtversicherung bereits (vorsorglich) gemeldet haben. Damit signalisieren Sie, daß Sie alles Erforderliche in die Wege geleitet haben, damit Ihre Versicherung den Schadensfall gegebenenfalls zügig regulieren kann.*

Ihr Ziel: Strafantrag vermeiden

Achtung: *Es ist für Sie ratsam, mit dem Unfallgegner Kontakt aufzunehmen: Die fahrlässige Körperverletzung ist ein sogenanntes Privatklagedelikt. Das bedeutet, daß dieser Tatbestand nur dann strafrechtlich verfolgt wird, wenn ein Strafantrag vorliegt und ein öffentliches Interesse an der Strafverfolgung besteht.*

Zunächst einmal hat es also der Unfallgegner in der Hand, ob überhaupt ein Ermittlungsverfahren eingeleitet wird. Erfahren Polizei und Staatsanwaltschaft nichts von der Verkehrsstraftrat, kann auch niemand verfolgt werden. Anders verhält es sich dagegen naturgemäß, wenn die Polizei den Verkehrsunfall aufnimmt. Dann wird die fahrlässige Körperverletzung aktenkundig.

Aber auch dann kann das Ermittlungsverfahren schnell zu Ende sein, nämlich wenn der Verletzte innerhalb einer Frist von drei Monaten keinen Strafantrag stellt. In diesem Fall verneint die Staatsanwaltschaft dann vielfach das öffentliche Interesse, so daß das Ermittlungsverfahren nicht weiter verfolgt wird. Mit anderen Worten: Zumindest strafrechtlich ist die Angelegenheit für den Unfallfahrer erledigt.

Praxis-Tip: *Lassen Sie die Dreimonatsfrist nicht ungenutzt verstreichen. Versuchen Sie zu erreichen, daß der Unfallgegner davon absieht, einen Strafantrag zu stellen. Sichern Sie dem Unfallgegner zu, daß Sie alles in Ihrer Macht Stehende veranlassen werden, um Ihre Kfz-Versicherung zu einer zügigen Regulierung zu veranlassen. Setzen Sie sich dann aber auch wirklich mit Ihrer Versicherung in Verbindung, um ihr alle Informationen zu liefern, die diese benötigt, um den Schadensfall abwickeln zu können.*

Wichtig: *Ein Strafantrag kann auch zurückgenommen werden. Dies hat allerdings nicht automatisch zur Folge, daß die Staatsanwaltschaft ihre Ermittlungen einstellt. In einer großen Anzahl von Fällen geschieht dies aber. Ausnahme: Der Unfallfahrer ist einschlägig vorbestraft, oder er hat den Verkehrsunfall durch leichtfertiges Verhalten verursacht, oder die Folgen des Verkehrsunfalls sind nicht lediglich unerheblich. In diesen Fällen wird die Staatsanwaltschaft das Ermittlungsverfahren aufnehmen, auch wenn kein Strafantrag gestellt ist, beziehungsweise fortsetzen, auch wenn der Strafantrag zurückgenommen wurde.*

Unerlaubtes Entfernen vom Unfallort

Im wirklichen Leben ist es fast so wie im Fernsehkrimi: Wer versucht, sich durch Verkehrsunfallflucht der Feststellung seiner Person und der Art seiner Beteiligung an einem Unfall zu entziehen, hat kaum noch eine Chance, davonzukommen. Die modernen Ermittlungsmethoden der Polizei sind so weit vorangeschritten, daß die Täter in der überwiegenden Anzahl aller Fälle gefunden werden.

Die Folgen sind sozusagen hammerhart und gelegentlich sogar existenzvernichtend. Das liegt daran, daß die betreffenden Autofahrer nicht nur ihren Führerschein verlieren und eine hohe Geldstrafe kassieren. Es kommt noch viel schlimmer: Wer als Autofahrer Unfallflucht begeht, ist seinen Versicherungsschutz los. Er muß dann nicht nur seinen eigenen, sondern vor allem auch den Schaden des Unfallgegners und aller sonstigen Beteiligten aus eigener Tasche regulieren. Das kann finanziell den Ruin bedeuten.

Stets erforderlich: erheblicher Sachschaden

Grundsätzlich gilt: Die Unfallaufnahme dient der Sicherung der zivilrechtlichen Schadensersatzansprüche Unfallgeschädigter sowie der Abwehr unberechtigter Schadensersatzansprüche. Dies bedeutet, daß der Straftatbestand nur dann vorliegen kann, wenn durch einen Unfall im Straßenverkehr ein erheblicher Fremdschaden verursacht wurde. Wer dagegen nur sein eigenes Fahrzeug beschädigt oder gegebenenfalls auch zu Schrott fährt, ohne anderen Schaden zuzufügen, kann tatbestandlich keine Unfallflucht begehen.

Der Straftatbestand der Unfallflucht ist – wie selbst Juristen einräumen – »kompliziert gestrickt«. Natürlich kommt es immer auf die konkreten Umstände des Einzelfalls an. Hier aber das Wichtigste in Kürze:

- Der Unfall muß sich im Straßenverkehr oder im Zusammenhang damit ereignet haben. Lesen Sie dazu noch einmal die Hinweise im ersten Kapitel ab Seite 11. Eine Tiefgarage, die nur den Mietern zugänglich ist, oder ein öffentliches Parkhaus außerhalb der normalen Betriebszeit sind keine öffentlichen Verkehrsflächen. Das gilt auch für Fähren und Fährschiffe während des Übersetzens. Kommt es dagegen beim Herunterfahren von der Fähre zu einem Verkehrsunfall und macht sich der Unfallfahrer aus dem Staub, sieht es anders aus: In diesem Moment ist die Fähre wieder allgemein zugänglich und damit öffentliche Verkehrsfläche.

- Es muß ein erheblicher Fremdschaden vorliegen. Was unter »erheblich« zu verstehen ist, ist gesetzlich nirgends geregelt. Im allgemeinen werten Gerichte einen Schaden als erheblich, wenn dieser den Betrag von zirka 1 500 DM übersteigt. Das ist aber lediglich als ungefähre Richtschnur zu verstehen. Von Gerichtsbezirk zu Gerichtsbezirk gelten unterschiedliche Gepflogenheiten. Bei Körperverletzungen bleiben geringfügige Beeinträchtigungen ebenfalls unberücksichtigt. Dazu zählen beispielsweise geringe Hautabschürfungen oder leichte Prellungen.
- Es muß sich um einen Verkehrsunfall handeln. Das setzt voraus, daß ein nicht völlig belangloser fremder Sachschaden oder eine fremde Körperverletzung vorliegt. Bloße Behinderungen oder Belästigungen stellen keinen Unfall dar.
- Nicht nur ein Unfallfahrer kann Unfallflucht begehen, sondern jeder Unfallbeteiligte, sofern nicht auszuschließen ist, daß er den Unfall mit verursacht haben könnte. Das gilt grundsätzlich ohne Rücksicht darauf, ob das jeweilige Verhalten verkehrswidrig ist oder nicht. Das bedeutet, daß insbesondere auch Bei- und Mitfahrer sowie Radfahrer und Fußgänger Unfallflucht begehen können. Auch auf die Schuld des Unfallbeteiligten kommt es nicht an, sondern nur darauf, ob ein Verhalten nach allen Umständen unmittelbar zur Unfallverursachung beigetragen haben kann.

Fall und Folgen: Unfallflucht in drei Varianten

Bei Unfallflucht ist stets zwischen drei Varianten zu unterscheiden:

- Der Unfallfahrer entfernt sich vom Unfallort, bevor er zugunsten der Geschädigten und anderer Unfallbeteiligter die Feststellung seiner Person, seines Fahrzeugs und der Art seiner Beteiligung durch seine Anwesenheit und durch die Angabe, daß er am Unfall beteiligt ist, ermöglicht hat.
- Oder: Es kommt zu einem Verkehrsunfall mit erheblichem Sachschaden. Der Geschädigte ist am Unfallort nicht anwesend. Der Unfallfahrer entfernt sich, ohne eine nach den Umständen angemessene Zeit gewartet zu haben, um die erforderlichen Feststellungen zu ermöglichen.
- Oder: Der Unfallfahrer hat sich berechtigt oder entschuldigt vom Unfallort entfernt, versäumt es aber, unverzüglich nachträgliche Feststellungen zu ermöglichen (vgl. Tabelle 6).

Praxis-Tip: *Sie sind lediglich verpflichtet, Feststellungen zu Ihrer Person, dem von Ihnen gefahrenen Fahrzeug und der Art Ihrer Beteiligung zu ermöglichen. Darüber hinaus müssen Sie keine Angaben machen, schon gar nicht Angaben zum Unfallhergang und zu einem etwaigen Verschulden. Das gilt gerade auch gegenüber den Polizeibeamten, die den Verkehrsunfall aufnehmen.*

Tabelle 6: Wie lange Sie am Unfallort warten müssen

Unfallschaden	Unfallzeit/-ort	Wartedauer
Beschädigung einer Blinkanlage, 1 600 DM Schaden	Nachts auf einer Bundesstraße	30 Minuten
600 DM Schaden	Nachts in belebter Wohngegend	20 Minuten reichen nicht aus
Rund 300 DM Schaden an privatem Begrenzungspfosten	Tagsüber innerorts	5 Minuten
600 DM Schaden an einer Autobahnbrücke	Mittags innerorts	30 Minuten
1 000 DM Sachschaden bei eindeutiger Haftungslage und Zurücklassen des Fahrzeugs	Nachts innerorts	20 Minuten
Blechschaden	Abends innerorts	5 Minuten reichen nicht aus
Beschädigung eines Baums, rund 300 DM Schaden	Nachts	30 Minuten
Unfall auf einsamer, kaum befahrener Straße	Nachts	30 Minuten

Quelle: Gesetzestext

Praxis-Tip: *Wenn Sie sich berechtigt oder entschuldigt vom Unfallort entfernt haben, liegt keine Unfallflucht vor. Hierzu zählen beispielsweise folgende Fälle:*

- Sie einigen sich mit dem Geschädigten, zur nächstgelegenen Gaststätte oder zum nächstgelegenen Parkplatz zu fahren, um die Regulierung dort zu besprechen.
- Sie verlassen die Unfallstelle, um die ärztliche Versorgung Ver-

letzter sicherzustellen; die Hilfspflicht geht der Wartepflicht vor.

- Sie müssen dringend erst eigene Verletzungen ärztlich versorgen lassen.
- Beim Warten müßten Sie mit schweren gesundheitlichen Schäden rechnen, wie beispielsweise bei völliger Durchnässung in einer Winternacht.

Achtung: *Wer Zeuge eines Unfalls ist, kann unter Umständen maßgeblich zur Aufklärung eines Unfallhergangs – und insbesondere dann auch der Verschuldensfrage – beitragen. Deshalb ist es eine Selbstverständlichkeit, zumindest die eigenen Personalien am Unfallort zu hinterlassen, wenn nicht ohnehin Erste Hilfe erforderlich ist. Abgesehen davon sind Zeugen aber nicht verpflichtet, an der Unfallstelle zu bleiben. Ein Zeuge kann sich deshalb also nicht wegen Unfallflucht strafbar machen.*

Wichtig: *Auch wer erst nach Weiterfahrt vom Unfall Kenntnis erlangt, entfernt sich entschuldigt. Hierauf baut sich die Hoffnung unzähliger Verkehrssünder auf, die wegen unerlaubten Entfernens vom Unfallort vor die Schranken des Gerichts zitiert werden. »Ich habe überhaupt nichts bemerkt«, das ist eine der meistgebrauchten Ausreden, die in der Praxis allerdings so gut wie nie Erfolg hat. Das liegt daran, daß sich die meisten betroffenen Autofahrer keine Vorstellung davon machen, wie groß der Erkenntnisstand der Sachverständigen ist. Ist der Unfallhergang als solcher erst einmal einwandfrei geklärt, sind Sachverständige meist ohne weiteres in der Lage, festzustellen, ob der Unfallfahrer den Verkehrsunfall sehen, hören oder sonstwie bemerken mußte.*

Wenn Sie den Unfall nachträglich melden

Keine Unfallflucht begehen Sie, wenn Sie die erforderlichen Feststellungen unverzüglich nachträglich ermöglichen. Damit sind die Fälle gemeint, in denen

- Sie sich berechtigt oder entschuldigt vom Unfallort entfernt haben, bevor Feststellungen getroffen werden konnten oder
- andere Beteiligte die Möglichkeit dazu nicht genutzt haben.

Die entscheidende Frage lautet: Was bedeutet »unverzüglich«? Sie werden es bereits ahnen: Es kommt auf die konkreten Umstände des Einzelfalls an. Grundsätzlich bedeutet »unverzüglich« ohne schuldhaftes Zögern. Etwaige Hilfspflichten gehen immer vor.

Beispiel: *Keine Unfallflucht liegt vor, wenn Sie einen Verletzten ins Krankenhaus fahren und danach die erforderlichen Feststellungen unverzüglich ermöglichen.*
Ansonsten kommt es insbesondere auf Art und Zeit des Unfalls sowie die Höhe des verursachten Fremdschadens an. Bei einem nächtlichen Unfall mit Sachschaden reicht es in der Regel noch aus, wenn sich der Unfallfahrer in den Morgenstunden des nächsten Tages beim Geschädigten oder bei der Polizei meldet. Voraussetzung ist allerdings, daß die Haftungslage eindeutig ist. Das bedeutet, daß die des betreffenden Autofahrers eindeutig feststeht. Zusätzlich kommt es immer darauf an, ob sich das Fahrzeug noch am Unfallort befindet, so daß etwaigen Unklarheiten auch noch nachträglich nachgegangen werden kann.

Nötigung

Wer auf der Autobahn von Hamburg nach München fährt, erlebt vermutlich mehr gefährliche Situationen als jeder Abenteuerurlauber. Das liegt ganz maßgeblich daran, daß sich einige Autofahrer aufführen, als seien sie im Wilden Westen. Die Fahrbahn ist die Prärie. Der PS-Stärkere setzt sich durch. Schwächere werden von der Fahrspur gehupt, geblinkt und durch Auffahren bis unmittelbar an die hintere Stoßstange weggedrängt. Wer als vorausfahrender Autofahrer nicht sofort spurt, spielt mit seinem Leben. Kein Wunder also, daß Polizei, Staatsanwaltschaft und Gerichte gegen solche Verkehrsrowdys hart durchgreifen. Allerdings nicht mit durchschlagender Wirkung, denn es kommt lediglich ein geringer Bruchteil aller Vorfälle zur Anzeige.

Der alltägliche Wahnsinn auf den Straßen

Grundsätzlich gilt: Eine strafbare Nötigung begeht, wer einen anderen rechtswidrig mit Gewalt oder durch Drohung mit einem empfindlichen Übel zu einer Handlung, Duldung oder Unterlassung nötigt. Rechtswidrig ist die Tat, wenn die Anwendung der Gewalt oder die Androhung des Übels zu einem angestrebten Zweck als verwerflich anzusehen ist. Speziell in folgenden Situationen, die auf Deutschlands Straßen alltäglich zu beobachten sind, kommt eine Nötigung in Betracht:

- Absichtliches Verhindern des Überholens
- Andauerndes Aufblenden
- Andauerndes Blinken
- Andauerndes Hupen
- Ausbremsen des nachfolgenden Autofahrers
- Plötzliches wiederholtes Ausscheren nach links
- Schneiden des überholten Fahrzeugs beim Wiedereinscheren nach rechts
- Wiederholtes Versperren der Überholspur

Achtung: *Auch der Kampf um einen freien Parkplatz erfüllt oftmals den Tatbestand der Nötigung. Ein klassischer Fall: Ein Autofahrer hat nach längerem Suchen eine Parklücke entdeckt. Der Beifahrer springt aus dem Auto und reserviert den Parkplatz, indem er als lebende Absperrung fungiert. Wie das Leben so spielt, nähert sich in diesem Moment ein anderer Autofahrer, der die Parklücke natürlich für sich reklamiert und damit beginnt, den Passanten mit Motorgewalt wegzudrängen.*

Hier entscheiden die Gerichte in der Regel wie folgt: Auch der Passant, der die Parklücke versperrt, wendet Gewalt an. Sein Verhalten ist aber nicht verwerflich und damit keine Nötigung. Demgegenüber wird das Verhalten des Autofahrers in einem derartigen Fall immer als Nötigung beurteilt.

Fahren ohne Fahrerlaubnis

Wer keine Fahrerlaubnis hat, darf nicht auf öffentlichen Straßen, Wegen und Plätzen fahren. Das gilt zunächst für diejenigen Autofahrer, die überhaupt keinen Führerschein haben. Was viele Autofahrer nicht wissen oder auch nicht wissen wollen: Wer das Fahrzeug einer Führerscheinklasse führt, für die seine Fahrerlaubnis nicht gilt, fährt ohne Fahrerlaubnis.

Achtung: *Erst mit Aushändigung des Führerscheins ist die Fahrerlaubnis erteilt. Das bedeutet beispielsweise, daß auch derjenige ohne Fahrerlaubnis fährt, der zwar die Führerscheinprüfung bestanden hat, dem der Führerschein aber noch nicht ausgehändigt wurde. In einem solchen Fall gilt die Schuld allerdings als gering.*

Vorsicht: *Wer eine beschränkte Fahrerlaubnis hat und sich nicht daran hält, fährt ebenfalls ohne Fahrerlaubnis. Um eine beschränkte Fahrerlaubnis handelt es sich, wenn sie für eine bestimmte Fahrzeugart oder Fahrzeugklasse, für ein bestimmtes Fahrzeug oder für Fahrzeuge mit bestimmten technischen Einrichtungen erteilt ist.*

Beispiel: *Der Führerschein berechtigt zum Fahren von Automatikfahrzeugen. Wer sich statt dessen in ein Fahrzeug mit Schaltgetriebe setzt und davonbraust, fährt ohne Fahrerlaubnis.*

Auch ein alltäglicher Fall: Die Fahrerlaubnis wird nur unter einer Auflage erteilt. Ein typisches Beispiel bildet die Auflage, beim Autofahren eine Brille zu tragen. Wer sich nicht daran hält, begeht eine Verkehrsordnungswidrigkeit. Die Fahrerlaubnis entfällt dadurch aber nicht.

Ohne Fahrerlaubnis fährt auch, wer seinen »Lappen« verloren hat. Auch mit der Einziehung des Führerscheins ist die Fahrerlaubnis erloschen.

Vorsicht: *Das gilt nicht nur für die Dauer der Sperrfrist, sondern auch für die Zeit danach – und zwar so lange, bis eine neue Fahrerlaubnis erteilt ist. Dabei macht es keinen Unterschied, ob die Verkehrsbehörde oder das Gericht die Fahrerlaubnis entzogen hat. Auch die »nur« vorläufige Entziehung der Fahrerlaubnis wirkt sich in gleicher Weise aus. Von dem Zeitpunkt an, zu dem der gerichtliche Beschluß verkündet, zugestellt oder formlos mitgeteilt wird, dürfen Sie kein Fahrzeug mehr im Straßenverkehr führen.*

Das gilt auch für denjenigen, gegen den rechtskräftig ein Fahrverbot verhängt wurde. Das Fahrverbot wird dann für Kraftfahrzeuge jedweder Art ausgesprochen Es beginnt, sobald die Entscheidung rechtskräftig ist.

Vorsicht: *Auch dann, wenn Sie als Halter des Wagens vorsätzlich anordnen oder zulassen, daß jemand das Fahrzeug führt, der keine Fahrerlaubnis oder der Fahrverbot hat, können Sie sich wegen Fahrens ohne Fahrerlaubnis strafbar machen. Ein klassischer Fall: Nach einer feuchtfröhlichen Feier sind Sie so angetrunken, daß Sie selbst nicht mehr fahren können und wollen. Ihr Fahrzeug wollen Sie aber auch nicht stehenlassen. Deshalb überreden Sie einen Freund, Sie nach Hause zu fahren. Der ist zwar nüchtern, hat dafür aber keinen Führerschein. Wenn Sie trotzdem mit ihm fahren, machen Sie sich strafbar.*

Auch folgender Fall gehört in diese Kategorie: Ihr Sohn macht den Führerschein. Er kann es gar nicht abwarten, bis er den ersehnten Schein in Händen hält. Eines Abends schnappt er sich Ihren Autoschlüssel und braust davon. Prompt gerät er in eine Verkehrskontrolle. Anders als im ersten Fall können Sie hier damit rechnen, daß Sie ungeschoren davonkommen. Der Grund: Was die Verwahrung der Fahrzeugschlüssel betrifft, dürfen die an einen Halter zu stellenden Sorgfaltspflichten nicht überzogen hoch angesetzt werden. Eine besondere Verwahrung der Autoschlüssel wird von den Gerichten nicht verlangt, wenn es dazu keinen Anlaß aus früherer Zeit gibt.

So läuft ein Strafverfahren ab

Wenn die Einstellung des Ermittlungsverfahrens durch die Staatsanwaltschaft nicht erreicht werden kann, steht zunächst einmal fest: Das Verfahren wird erst durch eine Entscheidung des Gerichts beendet. Der Weg dorthin kann unterschiedlich verlaufen:

- Das Gericht kann auf Antrag der Staatsanwaltschaft einen Strafbefehl erlassen. Einzelheiten dazu lesen Sie in diesem Kapitel weiter unten ab Seite 86.
- Statt dessen kann die Staatsanwaltschaft auch öffentliche Klage erheben, indem sie die Anklageschrift dem Gericht zuschickt. Dieses wiederum stellt die Anklageschrift dem Autofahrer zu.

Achtung: *Auch vor Gericht kann es noch zu einer Einstellung des Verfahrens kommen, meist allerdings unter einer Auflage. Dazu gehört die Wiedergutmachung des durch die Verkehrsstraftat verursachten Schadens oder die Zahlung eines Geldbetrags zugunsten einer gemeinnützigen Einrichtung. In Betracht kommt auch die Auflage, gemeinnützige Leistungen zu erbringen.*

Praxis-Tip: *Die Einstellung des Verfahrens macht fast immer Sinn. Das Prinzip »Alles oder nichts« – wobei Sie verständlicherweise nur »alles«, nämlich den Freispruch, im Auge haben – ist ein schlechter Ratgeber. Bestehen Sie darauf, daß Ihr Verteidiger seine Strategie vor der Hauptverhandlung ausführlich mit Ihnen bespricht. In jedem Falle ist eine Einstellung des Verfahrens nach Klageerhebung immer nur mit Ihrer Zustimmung möglich.*

Wichtig: *Wenn Sie von Ihrem Verteidiger eine optimale Leistung erwarten wollen, dann müssen Sie ihn zuvor entsprechend informieren. Wer seinem eigenen Rechtsanwalt gegenüber mit verdeckten Karten spielt und ihm nicht die Wahrheit erzählt, darf sich nicht wundern, wenn die Hauptverhandlung zum Fiasko wird. Hinzu kommt: Ihr Verteidiger kommt Ihnen ohnehin früher oder später auf die Schliche, wenn Ihre Schilderung unvollständig oder unwahr ist. Spätestens wenn er Gelegenheit hatte, die amtliche Ermittlungsakte einzusehen, weiß er, ob Sie offen und ehrlich zu ihm sind – oder eben nicht.*

Wie Sie sich auf die Hauptverhandlung vorbereiten

Praxis-Tip: *Nutzen Sie das Gespräch mit Ihrem Verteidiger, indem Sie sich auf die Hauptverhandlung vorbereiten, bestmöglich. Selbst wenn Sie sich persönlich als abgeklärt und selbstbewußt einschätzen, wird Sie die herannahende Hauptverhandlung im allgemeinen nicht kalt lassen. Um in der Aufregung nicht zu übersehen, was Sie noch wissen oder fragen wollten, fertigen Sie am besten einen Stichwortzettel oder einen Fragenkatalog an, den Sie dann gemeinsam mit Ihrem Verteidiger durchgehen.*

Vor allem auch folgende Punkte sollten Sie ansprechen:

- Lassen Sie sich erklären, wie die Hauptverhandlung abläuft. Stellen Sie so lange Fragen, bis Ihnen wirklich alles klar ist. Schließlich geht es um Sie und um nichts anderes.

- Besprechen Sie mit Ihrem Verteidiger, ob und in welchem Umfang Sie Angaben zur Sache machen. Insbesondere dann, wenn Sie dazu neigen, ausschweifende Erklärungen abzugeben und vom Hundertsten zum Tausendsten zu kommen, ist es wichtig, in diesem Punkt Klarheit zu schaffen. Schließlich gilt es zu vermeiden, daß Sie sich um Kopf und Kragen reden.
- Vorsicht: Ein Irrtum ist es, an den Erfolg bruchstückhafter Erinnerungen zu glauben. Wer sich nur an einzelne entlastende Tatsachen erinnern kann, ansonsten aber (bewußt) Erinnerungslücken hat oder die Aussage verweigert, kommt damit vor Gericht nicht durch. In einem solchen Fall müssen Sie damit rechnen, daß das Gericht aus Ihrem Auftreten nachteilige Schlußfolgerungen zieht.
- Apropos Auftritt: Besprechen Sie mit Ihrem Verteidiger auch die Kleiderordnung. Ist beispielsweise eine Geldstrafe zu erwarten und kommt es Ihnen und Ihrem Verteidiger darauf an, den Tagessatz unter Hinweis auf Ihre beengten wirtschaftlichen Verhältnisse zu drücken, dürfen Sie natürlich nicht im Designeranzug oder mit einer protzigen goldenen Armbanduhr am Handgelenk zur Gerichtsverhandlung erscheinen. Mit anderen Worten: Ihr äußeres Erscheinungsbild muß zur Verteidigungsstrategie passen.

Auch nach einer Anklage läßt sich selten der Lauf der Zeit aufhalten. Früher oder später ist der Tag der Hauptverhandlung gekommen. Für Sie ist es möglicherweise der wichtigste Tag des Jahres, für das Gericht sind Sie ein Fall wie jeder andere. Das bedeutet, daß sich der äußere Ablauf der Hauptverhandlung so gestaltet wie sonst auch.

Der Aufruf: Das Startsignal für Ihren Auftritt

Ihre Strafsache wird aufgerufen. »In der Strafsache Marenke bitte eintreten«, knarrt es aus dem Lautsprecher. Das ist das Startsignal für Ihren Auftritt. Zusammen mit Ihrem Verteidiger betreten Sie den Verhandlungssaal. Dort erwarten Sie bereits der Richter, der Staatsanwalt und der Protokollführer. Der Richter vernimmt Sie zur Person. Dazu gehört auch, daß er sich nach Ihren Einkommensverhältnissen erkundigt.

Vorsicht: Diese Frage dient dazu, die Berechnungsgrundlage für eine etwaige Geldstrafe zu ermitteln. Völlig verfehlt wäre es deshalb, mit einem hohen Gehalt zu prahlen. Wenn nach Ihrem monatlichen Gehalt gefragt wird, beantworten Sie ausschließlich diese Frage. Daß Sie eventuell noch Urlaubs- und Weihnachtsgeld beziehen, müssen Sie nur mitteilen, wenn Sie ausdrücklich danach gefragt werden.

Praxis-Tip: *Anders verhält es sich dagegen, wenn Sie Schulden haben, die Sie monatlich tilgen. Wenn Sie der Richter nicht danach fragt und auch Ihr Verteidiger Sie nicht darauf anspricht, ist es Ihr gutes Recht, von allein darauf hinzuweisen. Eine andere Frage ist, ob diese bei der Ermittlung des anrechenbaren Nettoeinkommens auch in Ansatz gebracht werden können. Nur was das Gericht erfährt, kann es auch berücksichtigen. Und Tatsachen, die sich für Sie nur positiv auswirken können, können Sie gar nicht genug erzählen.*

Nach der Vernehmung zur Person verliest der Staatsanwalt die Anklageschrift. Auch wenn Sie selbst ganz genau wissen, worum es geht, empfiehlt es sich, genau hinzuhören. Lassen Sie sich dabei auch nicht davon irritieren, daß der Staatsanwalt die Anklageschrift »herunterleiert«. Entscheidend ist, daß das Verlesen der Anklageschrift Ihnen die Chance gibt, sich innerlich zu sammeln und zu konzentrieren.

Anschließend belehrt Sie das Gericht darüber, daß Sie nicht verpflichtet sind, Angaben zur Sache zu machen, und daß es Ihnen freisteht, sich ganz, teilweise oder auch gar nicht zu äußern. Wie

Sie sich jetzt verhalten, ist zu diesem Zeitpunkt keine Frage mehr. Schließlich haben Sie sich mit Ihrem Verteidiger auf diesen Moment in Ruhe vorbereitet. Entsprechend der Absprache mit Ihrem Verteidiger sollten Sie sich jetzt verhalten: Entweder Sie äußern sich, oder aber Sie schweigen.

Achtung: Sie müssen nicht befürchten, daß Schweigen Ihnen zu Ihrem Nachteil ausgelegt wird, wenn Sie sich zur Sache nicht äußern wollen. Niemand ist verpflichtet, sich selbst zu belasten.

Praxis-Tip: Im Zweifel gilt: Machen Sie Angaben zur Sache. Das gilt grundsätzlich immer dann, wenn der Sachverhalt auch ohne Ihre Mithilfe aufgeklärt werden kann, nämlich mit Hilfe von Zeugen und Sachverständigen. In einem solchen Fall ist es wesentlich besser, wenn Sie an der Aufklärung des Sachverhalts entscheidend mitwirken. Und ein (rechtzeitiges) Geständnis wirkt sich immer strafmildernd aus.

Im Anschluß an Ihre Schilderung des Tatgeschehens folgt die Beweisaufnahme. Die geladenen Zeugen werden nacheinander vernommen. Neben dem Richter haben nicht nur der Staatsanwalt, Ihr Verteidiger und – soweit ebenfalls anwesend – der Sachverständige die Zeugen zu befragen. Auch Sie selbst dürfen die Zeugen befragen.

Achtung: Fragen heißt nicht erklären. Wenn Sie Ihr Fragerecht dazu mißbrauchen, Erklärungen abzugeben, werden Sie nicht weit kommen. Vor allem können Sie sich auch in dieser Phase um Kopf und Kragen reden, weil Sie in der Aufregung meist nicht übersehen können, ob und inwieweit Sie sich mit Ihrer Erklärung selbst belasten. Die Abgabe von Erklärungen ist Sache Ihres Verteidigers.

Praxis-Tip: *Bleiben Sie vor allem stets sachlich, mag es Ihnen auch noch so schwerfallen. Sie tun sich keinen Gefallen damit, wenn Sie die Beherrschung verlieren oder ausfallend werden.*

Während oder nach der Vernehmung der Zeugen kann der Richter auch Beweisurkunden verlesen. Typische Beispiele hierfür sind der Bericht des Arztes über eine Blutentnahme und das Ergebnisprotokoll über den festgestellten Blutalkoholgehalt sowie die Rückrechnung auf den Tatzeitpunkt.

Im Anschluß daran hat der Sachverständige das Wort. Seinen Ausführungen kommt große Bedeutung zu. In Hauptverhandlungen über Verkehrsdelikte sind Sachverständige vielfach mit von der Partie. Speziell dann, wenn es um Trunkenheit oder Drogen im Straßenverkehr oder um die Rekonstruktion eines Verkehrsunfalls geht, kommen die Sachverständigen zum Einsatz.

Stellt sich heraus, daß der Sachverhalt noch weiter aufgeklärt werden muß, werden weitere Zeugen geladen. Dies kann das Gericht von sich aus anordnen. Sowohl der Staatsanwalt als auch Ihr Verteidiger haben aber unabhängig davon auch das Recht, Beweisanträge zu stellen. Gibt der Richter diesen Anträgen statt, werden die genannten Zeugen ebenfalls geladen. Um sie vernehmen zu können, muß die Hauptverhandlung vertagt werden.

In den meisten Fällen ist eine Fortsetzung der Hauptverhandlung aber nicht erforderlich. Auch die Vorstellung, die Verhandlung werde sich über mehrere Stunden hinziehen oder sogar einen ganzen Tag andauern, ist weit übertrieben. Für eine Hauptverhandlung, in der es um eine Fahrt eines Betrunkenen geht, setzt das Gericht in der Regel maximal 60 Minuten an. Wie lange die Hauptverhandlung auch immer dauert: Nach der Beendigung der Beweisaufnahme erhalten der Staatsanwalt und Ihr Verteidiger

Gelegenheit zum Schlußvortrag, dem sogenannten Plädoyer. Darin fassen beide aus ihrer Sicht das Ergebnis der Beweisaufnahme zusammen, bewerten dieses rechtlich und stellen einen konkreten Antrag.

Nutzen Sie das letzte Wort

Sie als Hauptakteur haben grundsätzlich das letzte Wort. Das müssen Sie allerdings nicht wörtlich nehmen. Sie können durchaus auch eine etwas längere Erklärung abgeben. Es macht allerdings keinen Sinn, noch einmal die gesamten Angaben zur Sache zu wiederholen. In dieser Phase kommt es darauf an, daß Sie Ihrerseits noch einmal die Punkte zusammenfassen, die für Sie sprechen, sofern Ihr Verteidiger dies nicht ohnehin schon erschöpfend getan hat. In jedem Falle macht es sich gut, wenn Sie die Erklärung dazu nutzen, für etwaige Geschädigte ein Wort der Entschuldigung zu finden oder Reue zu zeigen. Das wirkt sich sicher zu Ihren Gunsten aus. Meist verkündet der Richter das Urteil noch in der Hauptverhandlung, gegebenenfalls nach einer kurzen Pause. Dabei teilt er auch die wesentlichen Entscheidungsgründe mit. Damit ist die Hauptverhandlung dann beendet. Das schriftliche Urteil liegt erst einige Wochen oder Monate später vor.

Wie Sie sich gegen ein Urteil wehren können

Urteile sind mit der Berufung und Revision anfechtbar. Berechtigt hierzu sind vor allem Sie selbst und mit Ihrem Einverständnis auch Ihr Verteidiger. Berufung und Revision können jederzeit zurückgenommen werden, in der späteren Hauptverhandlung jedoch nur mit Zustimmung der Staatsanwaltschaft.

Gegen Urteile eines Amtsgerichts kommt nur eine Berufung in Betracht. Über diese Berufung entscheidet dann das Landgericht. Die Berufungsfrist beträgt eine Woche ab der mündlichen Verkündung des Urteils in der Hauptverhandlung. Sie muß schriftlich erfolgen oder zu Protokoll der Geschäftsstelle des Amtsgerichts eingelegt werden. Wurde ausnahmsweise in Ihrer Abwesenheit entschieden, beginnt die Frist erst mit Zustellung des schriftlichen Urteils.

Achtung: *In der Berufungsinstanz wird der gesamte Sachverhalt noch einmal in tatsächlicher und rechtlicher Hinsicht überprüft. Die gesamte Sach- und Rechtslage wird also neu beurteilt.*

Es gibt auch noch eine dritte Instanz. Gegen das Urteil des Berufungsgerichts kann innerhalb einer Woche ein weiteres Mal ein Rechtsmittel eingelegt werden. Das ist die Revision. In dieser Instanz werden allerdings keine Zeugen und Sachverständigen mehr gehört. Das Revisionsgericht überprüft das angefochtene Urteil nur noch in rechtlicher Hinsicht.

Wie das Strafbefehlsverfahren funktioniert

Keine Frage: Eine Hauptverhandlung stellt immer eine psychische Belastung dar. Nicht nur, aber auch deshalb gibt es die Möglichkeit des Strafbefehls. Damit hat es folgendes auf sich: Der Strafbefehl ist eine Entscheidung des Gerichts im schriftlichen Verfahren. Es findet also keine Hauptverhandlung statt.

Das Gericht kann den Strafbefehl auf Antrag der Staatsanwaltschaft erlassen. Sie selbst oder Ihr Verteidiger können dagegen nicht beantragen, daß ein Strafbefehl erlassen werden soll. Sie können dies aber anregen beziehungsweise durch Ihren Strafverteidiger anregen lassen. Die Wirkung ist in der Praxis dieselbe wie bei einem Antrag.

Der Vorteil des Strafbefehls liegt auf der Hand: Er gibt Ihnen die Möglichkeit, das Strafverfahren auf diskrete Art zu beenden.

Auch beim Strafbefehl müssen die Tat, die angewendeten Vorschriften und die Beweismittel genannt werden. Wird kein Einspruch eingelegt, wird der Strafbefehl mit Ablauf der Einspruchsfrist rechtskräftig. Der Strafbefehl hat dann dieselbe Wirkung wie ein rechtskräftiges Urteil.

Praxis-Tip: *Immer wieder kommt es vor, daß nur deshalb gegen den Strafbefehl Einspruch eingelegt werden muß, weil Staatsanwaltschaft und Gericht von wesentlich besseren Einkommensverhältnissen des Autofahrers ausgegangen sind, als tatsächlich vorliegen. Dadurch ist der Tagessatz deutlich überhöht und für den betreffenden Autofahrer völlig unmöglich zu zahlen.*

TIP

Um dies zu verhindern, empfiehlt es sich, bereits im Ermittlungsverfahren Angaben zu den persönlichen und wirtschaftlichen Verhältnissen zu machen. Das gilt erst recht dann, wenn der Erlaß eines Strafbefehls angeregt werden soll. Und: Um die Angelegenheit weiter zu beschleunigen, kann der Verteidiger der Staatsanwaltschaft und dem Gericht auch gleich mitteilen, daß gegen den angeregten Strafbefehl kein Einspruch eingelegt wird, wenn eine bestimmte Anzahl an Tagessätzen oder eine bestimmte Höhe des Tagessatzes nicht überschritten wird. Entweder ist die Staatsanwaltschaft damit einverstanden – dann wird sie den Erlaß eines Strafbefehls beantragen –, oder aber die Staatsanwaltschaft erhebt gleich Klage, wenn ohnehin davon ausgegangen werden muß, daß gegen den von ihr beabsichtigten Strafbefehl Einspruch eingelegt wird.

Soll also gegen einen Strafbefehl Einspruch eingelegt werden, muß dies innerhalb von zwei Wochen nach Zustellung des Strafbefehls geschehen. Zuständig ist das Amtsgerichts, das den Strafbefehl erlassen hat. Der Einspruch kann schriftlich erfolgen oder aber auch zu Protokoll der Geschäftsstelle des Gerichts erklärt werden. Nach Eingang des Einspruchs legt das Gericht den Termin für die Hauptverhandlung fest. Diese Verhandlung läuft dann in gleicher Weise ab wie bei einer Anklageerhebung.

Praxis-Tip: *Sie können Ihren Einspruch gegen den Strafbefehl auf das Strafmaß beschränken. Dies bedeutet, daß Sie sich nicht gegen den Tatvorwurf als solchen wehren wollen, sondern allein gegen die Höhe der Strafe, also beispielsweise gegen die Anzahl der Tagessätze oder gegen die Höhe des Tagessatzes. Ebenso können Sie aber auch die Geldstrafe akzeptieren und sich ausschließlich gegen die Dauer der Sperre für die Wiedererteilung der Fahrerlaubnis zur Wehr setzen.*

4. Kapitel: Alkohol und Drogen im Straßenverkehr

Kennen Sie das? Sie sitzen mit Freunden in gemütlicher Runde zusammen. Wie es bei diesen Gelegenheiten so ist – es wird gut gegessen und getrunken. Bier, Wein und eine Reihe harter Getränke machen die Runde. Die Stimmung steigt – und schnell auch der Alkoholspiegel.

Irgendwann ist die schönste Feier zu Ende. Für manche hört dann auch das Denken auf. Obwohl mehr oder weniger stark alkoholisiert, setzen sie sich ans Steuer, ohne Rücksicht darauf, daß sie nicht nur sich selbst, sondern vor allem auch andere Verkehrsteilnehmer gefährden können. »Beim Autofahren muß ich doch nicht stehen«, hat mal ein betrunkener Autofahrer den völlig entgeisterten Polizeibeamten gesagt, die ihn nach einer Alkoholfahrt in den Straßengraben aus dem völlig demolierten Fahrzeug zogen.

So wie dieser Autofahrer denken anscheinend viele. Trunkenheit im Verkehr ist ein Massendelikt. Allein 1997 verloren 184 653 Autofahrer den Führerschein (Führerscheinentzug und Fahrverbot), weil sie sich alkoholisiert hinters Steuer gesetzt hatten, obwohl sie nicht mehr in der Lage waren, das Fahrzeug sicher zu führen. In vielen Fällen hatte die Trunkenheitsfahrt schwerwiegende Folgen: Bei alkoholbedingten Verkehrsunfällen wurden auch Menschen getötet und weitere Verkehrsteilnehmer verletzt.

Achtung: *Die meisten alkoholbedingten Verkehrsunfälle ereignen sich – genau in dieser Reihenfolge – freitags, sonnabends und sonntags. Die Gefahr, Opfer der Alkoholfahrt eines anderen zu werden, ist also am Wochenende mehr als doppelt so hoch wie an jedem anderen Tag der Woche. Und auch das wird niemanden (mehr) überraschen: Zwei Drittel aller alkoholbedingten Verkehrsunfälle ereignen sich zwischen 18 Uhr abends und 6 Uhr morgens. Zudem ist besonders auffällig: Die große Mehrzahl der alkoholisierten Autofahrer ist relativ jung. Die Tendenz ist eindeutig: Mit steigendem Alter nimmt die Anzahl der alkoholbedingten Verkehrsunfälle deutlich ab.*

Fest steht somit, daß die Wirkung des Alkohols von vielen Autofahrern – bewußt oder unbewußt – unterschätzt wird. Es wird zu wenig bedacht, daß Alkohol nicht nur Auswirkungen auf die Körperfunktionen, sondern auch auf die psychische Verfassung eines Menschen hat. Eine erhöhte Risikobereitschaft, mangelndes Konzentrationsvermögen und eine falsche Selbsteinschätzung sind geradezu typisch für Autofahrer, die zu tief ins Glas geguckt haben.

Alkohol wirkt sich bei jedem anders aus

Ganz klar: Auf Alkohol reagiert jeder Mensch anders. Dieselbe Menge Alkohol unterscheidet sich in der Wirkung von Person zu

Person, je nach Alter, Geschlecht, Nahrungsaufnahme und Art des alkoholischen Getränks. Bei derselben Blutalkoholkonzentration können sich verschiedene Personen unterschiedlich verhalten. Das hängt immer von der jeweiligen Gemütsverfassung, Ermüdung oder auch der Einnahme bestimmter Medikamente ab. Generell läßt sich die Wirkung des Alkohols aber wie folgt beschreiben:

- Alkohol beeinträchtigt alle Sinne des Menschen. Dabei ist es – entgegen einem weitverbreiteten Irrtum – nicht möglich, eine alkoholbedingte Beeinträchtigung durch eine besondere Leistungsfähigkeit auf anderem Gebiet auszugleichen. Beispiel: Ein vermindertes Sehvermögen kann nicht durch eine gesteigerte Aufmerksamkeit wettgemacht werden.
- Das Sehvermögen leidet mit zunehmender Alkoholisierung immer stärker. Optische Reize werden mit steigender Blutalkoholkonzentration nur noch wahrgenommen, wenn Sie weitaus intensiver sind als sonst. Die Sehschärfe läßt nach, und die Augenmuskulatur erschlafft. Letzteres führt dazu, daß der betreffende Autofahrer doppelt sieht, was nur einmal existent ist. Vor allem schränkt der Alkohol auch das Gesichts- und Blickfeld ein. Das wiederum führt zum gefürchteten Tunnelblick. Die Folge: In diesem Zustand sehen Sie nur noch einen Bruchteil dessen, was Sie im nüchternen Zustand ohne weiteres erkennen würden.
- Wer alkoholisiert ist, leidet auch früher oder später unter Gleichgewichtsstörungen. Das wirkt sich vor allem auch auf die Feinmotorik aus. Ein typisches Beispiel: Sie wollen die Haus- oder Wohnungstür aufschließen, haben aber Schwierigkeiten, den Schlüssel in das Schlüsselloch zu stecken.
- Alkoholgenuß vermindert auch das Reaktionsvermögen. Außerdem läßt die Aufmerksamkeit mit zunehmender Alkoholisierung deutlich nach. Verkehrsvorgänge werden nicht oder zu spät wahrgenommen. Eine typische Folge sind Gefahrensituationen wie beispielsweise Beinahe-Zusammenstöße.

Tabelle 7: Alkohol und seine Wirkung beim Autofahren

Alkoholwert	Auswirkungen
0,2 Promille	Wenn der Blutalkoholgehalt 0,2 Promille erreicht hat, setzt bereits eine geringfügige Beeinträchtigung der Nervenzentren ein, die die Hemmungen und das Urteilsvermögen kontrollieren. Bei einer Person mit einem Gewicht von 70 kg würde dieser Zustand nach dem Genuß von 15 ccm Alkohol eintreten. Das entspricht ungefähr der Menge, die in einem Glas Bier, Whiskey oder Wein enthalten ist.
0,5 Promille	Die Fahrtüchtigkeit ist beeinträchtigt. Dieser Zustand kann sich nach dem Genuß von nur zwei oder drei Gläsern eines alkoholischen Getränks auf leeren Magen einstellen. Die Folge sind Veränderungen in der Gemütsverfassung und im Verhalten. Das Urteilsvermögen und die Hemmschwelle sind gewöhnlich herabgesetzt.
1,0 Promille	Eine Blutalkoholkonzentration von 1,0 Promille entspricht dem Genuß fünf üblicher alkoholischer Getränke in einer Stunde. In diesem Zustand kommt es zu unkontrollierten Bewegungen. Gehen, Handbewegungen und Sprache wirken schwerfällig. Typische Auffälligkeiten sind in diesem Zustand auch verschwommenes Sehen und Doppelsichtigkeit.
1,6 Promille	In diesem Zustand treten deutliche Ausfallerscheinungen auf. Die Sprache ist verwaschen, es kommt zum typischen Lallen. Das Gehen ist nur noch eingeschränkt möglich, und die Wahrnehmungsfähigkeit ist stark beeinträchtigt.
2,0 Promille und mehr	Der Zustand einer schweren Trunkenheit ist erreicht. Typisch dafür sind zusätzlich zu den bisherigen Ausfallerscheinungen starke Gehstörungen (Torkeln). Der Orientierungssinn leidet spürbar, ebenso das Erinnerungsvermögen.

Quelle: Gesetzestext

- Auch das ist eine Folge des Alkoholgenusses: Es kommt zu deutlichen Ermüdungserscheinungen. Das wiederum wirkt sich auf das Reaktionsvermögen und die Aufmerksamkeit des Autofahrers negativ aus.
- Mit zunehmender Alkoholisierung nimmt die Risikobereitschaft zu. Das Verantwortungsgefühl läßt spürbar nach. Das ist um so schwerwiegender, als Autofahrer mit zunehmender Alkoholisierung auf unvorhergesehene Situationen oftmals rat- und hilflos reagieren.

Promille: Von benebelt bis besoffen

Für viele Autofahrer zählt nur die 0,8-Promille-Grenze. Das ist ein fataler Irrtum, der schon manch einen Autofahrer den Führerschein gekostet hat. Selbst ein Glas Bier kann das vielzitierte Glas zuviel sein, und zwar nicht nur dann, wenn es das soundsovielte am Abend ist. Bereits das erste kann Sie teuer zu stehen kommen, nämlich dann, wenn es alkoholbedingt zu Fahrunsicherheiten oder sogar zu einem Verkehrsunfall kommt. Wie sich die zunehmende Blutalkoholkonzentration auswirkt, macht auch die Schnellübersicht deutlich (Übersicht in Tabelle 7).

Oft falsch eingeschätzt: Der Abbauwert und der Restalkohol

Der Alkohol wird bei weitem nicht so schnell abgebaut, wie er aufgenommen wird. Das führt in der Praxis immer wieder dazu, daß Autofahrer nach einer feucht-fröhlichen Feier am nächsten Morgen mit einem Problem zu tun haben, das vielfach unterschätzt wird: dem Restalkohol. Als Faustregel gilt: Der Körper baut pro Stunde 0,1 Promille Alkohol ab. Wer die Feier also beispielsweise nachts um 3 Uhr mit 2,1 Promille verlassen hat und sich morgens um 8 Uhr ans Steuer setzt, um zur Arbeit zu fahren, hat dann immer noch rund 1,6 Promille Alkohol im Blut. Das heißt, er ist schlicht nicht fahrtüchtig. Selbst mittags um 13 Uhr liegt der Restalkohol immer noch bei rund 1,1 Promille.

Achtung: *Bei einem stündlichen Abbauwert von 0,1 Promille handelt es sich um den Mindestabbauwert. Wer (wirklich) eine gesunde Leber hat, kann davon ausgehen, daß sein Körper nach abgeschlossener Resorption durchschnittlich 0,15 Promille pro Stunde abbaut. Egal, wie Sie rechnen: Unterschätzen Sie nicht den Restalkohol.*

Vorsicht: *Wer gerne einmal ein Glas mehr trinkt, fühlt sich wegen der Alkoholgewöhnung subjektiv sicherer. Fest steht: Eine gewisse Alkoholgewöhnung kann die Resorptionszeit wie auch die Abbaugeschwindigkeit beeinflussen. In unvorhergesehenen Verkehrssituationen reagieren die betreffenden Autofahrer aber im Zweifel genauso wie jeder andere Alkoholfahrer: mehr oder weniger rat- und hilflos, jedenfalls aber unkonzentriert und unkontrolliert.*

Auch keine Lösung: Der Nachtrunk

Auch das kommt hin und wieder einmal vor: Ein Autofahrer ist einer Verkehrskontrolle entwischt, einem Einsatzfahrzeug davongefahren, oder er hat Fahrerflucht begangen – und dies alles nur, weil er verbergen will, daß er stark alkoholisiert ist. In der Praxis führt dies meist zu massiven Problemen, nicht nur strafrechtlich, sondern bei einem Verkehrsunfall auch versicherungsrechtlich. In den meisten Fällen ist es nur eine Frage der Zeit, bis die Polizei vor der Wohnungstür steht.

Der vom Polizeibeamten angeordneten Blutentnahme sieht der Autofahrer ganz gelassen entgegen. Er behauptet, nach der Rückkehr nach Hause noch Alkohol getrunken zu haben – und wiegt sich in falscher Sicherheit. Selbst dann, wenn er noch schnell Bier oder Schnaps in sich hineingekippt hat, also ein sogenannter Nachtrunk vorliegt, kann die Blutalkoholkonzentration zur Tatzeit ermittelt werden.

In einem solchen Fall muß der Autofahrer zwei Blutproben über sich ergehen lassen. Durch die Untersuchung der zweiten Blutprobe läßt sich dann feststellen, ob die ermittelte Blutalkoholkonzentration gegenüber dem Wert der ersten Blutprobe höher oder geringer ausfällt. Das Ergebnis der Untersuchung gibt Aufschluß darüber, ob die Resorption des Alkohols in das Blut bereits abgeschlossen war oder nicht, mithin der Alkoholwert im Blut angestiegen oder gefallen ist. Hinzu kommt: Die Untersuchung der zweiten Blutprobe ermöglicht es, den Abbauwert zu berechnen.

Und selbst dann, wenn eine zweite Blutprobe nicht entnommen wurde und damit der fallspezifische Abbauwert nicht ermittelt werden kann, bringt der tatsächliche oder nur behauptete Nachtrunk nichts. In diesem Fall gehen die Gerichte von einem Abbauwert von 0,1 Promille pro Stunde aus.

Die Wechselwirkung zwischen Alkohol und Medikamenten

Vor allem dann, wenn sich die Blutalkoholkonzentration um die 0,8-Promille-Grenze bewegt, spielt die – tatsächliche oder angebliche – Einnahme von Medikamenten eine bedeutende Rolle. Die alles entscheidende Frage: Hat die Einnahme von Arzneimitteln die Höhe der Blutalkoholkonzentration beeinflußt? Mit anderen Worten: Ist das Arzneimittel schuld an der vom Autofahrer »nie und nimmer für möglich« gehaltenen Blutalkoholkonzentration? Der Standardeinwand lautet: »Um diesen Alkoholwert zu erreichen, hätte ich viel mehr Alkohol trinken müssen.«

Fest steht: Die Einnahme von Medikamenten beeinflußt nicht die Höhe der Blutalkoholkonzentration, sondern allenfalls die Wirkung des Alkohols. So ist beispielsweise anerkannt, daß die Einnahme von Medikamenten speziell bei Autofahrern, die nur geringfügig alkoholisiert sind, deren Leistungsfähigkeit spürbar herabsetzen kann. Das ändert aber eben nichts an der tatsächlichen Blutalkoholkonzentration.

Wie sich die Promillegrenzen praktisch auswirken

Wie sich Alkoholfahrten bußgeld- und strafrechtlich auswirken, hängt immer ganz maßgeblich von der Höhe der Blutalkoholkonzentration ab. Dabei gelten unterschiedliche Grenzwerte, die dann wiederum bestimmte bußgeld- oder strafrechtliche Konsequenzen nach sich ziehen.

0,3 Promille können bereits genügen

Bereits ab einer Blutalkoholkonzentration von 0,3 Promille droht Ärger mit Polizei und Staatsanwaltschaft. Das ist immer dann der Fall, wenn es alkoholbedingt zu Fahrfehlern kommt. Strafrechtlich ist das allerdings erst dann von Bedeutung, wenn darüber hinaus weitere Umstände vorliegen, aus denen sich ergibt, daß die Ausfallerscheinungen alkoholbedingt sind. In Betracht kommen Umstände, die in der Person des Autofahrers (Ermüdung) oder in der Umwelt (Witterungsverhältnisse) liegen. Es kann sich aber auch – und das ist besonders häufig der Fall – um Ausfallerscheinungen (Fahren in Schlangenlinien) handeln.

Als typisch für alkoholbedingte Ausfallerscheinungen kommen insbesondere in Betracht:

- Anlassen des Blinkers nach Beendigung des Abbiegevorgangs
- Aufblenden trotz Gegenverkehr

- Benutzen der falschen Fahrbahn
- Beschädigung stehender Fahrzeuge beim Ein- und Ausparken
- Fahren auf der Gegenfahrbahn
- Fahren in Schlangenlinien
- Nichteinschalten des Lichts trotz Dunkelheit
- Parken des Fahrzeugs mit Fernlicht
- Schleudern in Kurven
- Überholen an unübersichtlichen Stellen
- Überholen trotz herannahenden Gegenverkehrs
- Überholen trotz schlechter Sicht
- Übersehen von Verkehrszeichen
- Verspätetes Reagieren auf das Bremsen des Vordermannes

Wichtig: Die in dieser Auflistung genannten Fahrfehler gelten als typische alkoholbedingte Ausfallerscheinungen. Eine ganz andere Frage ist natürlich, ob dies auch im konkreten Einzelfall so zu beurteilen ist. Das bedeutet: Für Sie und Ihren Verteidiger kommt es entscheidend darauf an, das Gericht davon zu überzeugen, daß es sich bei Ihrem Fahrfehler im konkreten Einzelfall eben gerade nicht um eine alkoholbedingte Fahrunsicherheit handelt.

Beispiel: Sie nähern sich auf der Ausfallstraße in einer Großstadt einer Ampelanlage. Das Rotlicht übersehen Sie wegen der tiefstehenden Sonne und fahren frontal in ein Fahrzeug, das von der Gegenfahrbahn nach links abbiegen will. Angenommen, die Blutalkoholkonzentration beträgt 0,7 Promille. Dann macht es für die bußgeld- und strafrechtliche Beurteilung einen enormen Unterschied, ob hier von einem alkoholbedingten Fahrfehler auszugehen ist oder nicht.

Für Sie – und gegen einen alkoholbedingten Fahrfehler – spricht die tiefstehende Sonne, sie hätte auch jeden anderen nüchternen Autofahrer geblendet. Aber: Ein nüchterner Autofahrer hätte entweder seine Geschwindigkeit verringert oder aber zumindest doch nach dem Überfahren der roten Ampel reagiert. Jedenfalls wäre er nicht ohne zu bremsen weitergefahren. Deshalb müssen Sie damit rechnen, daß das Gericht in einem derartigen Fall einen alkoholbedingten Fahrfehler annimmt.

Die neue 0,5-Promille-Grenze

Seit dem 1. 5. 1998 gilt auf deutschen Straßen die 0,5-Promille-Grenze. Das bedeutet: Wer

- 0,25 mg/l oder mehr Alkohol in der Atemluft oder
- 0,5 Promille oder mehr Alkohol im Blut oder
- eine Alkoholmenge im Körper hat, die zu einer solchen Atem- oder Blutalkoholkonzentration führt,

begeht eine Verkehrsordnungswidrigkeit, wenn er in diesem Zustand im Straßenverkehr ein Kraftfahrzeug führt. Mit dieser Vorschrift soll die Verkehrssicherheit erhöht werden. Das bedeutet, daß die neue 0,5-Promille-Grenze gerade auch dann gilt, wenn es zu keinen alkoholbedingten Ausfallerscheinungen kommt.

Bei Erreichen der 0,5-Promille-Grenze werden ein Bußgeld von 200 DM und zwei Punkte in Flensburg fällig. Ein Fahrverbot wird bei 0,5 Promille noch nicht ausgesprochen. Zugleich mit der Einführung dieser neuen Promille-Grenze wurde erstmals auch die Atemalkoholanalyse anerkannt. Bisher wurde in der Praxis die Bestimmung des Alkoholgehalts über die Atemluft nur als Vortest angewendet. Gerichtlich verwertbares Beweismittel war allein die Blutprobe. Mit der Einführung der Atemalkoholanalyse als gerichtsgeeignetes Beweismittel ist die Luft für Alkoholsünder dünner geworden.

Fest steht: Die Atemalkoholmessung erspart Promillesündern künftig die Blutentnahme. Wer allerdings seine Mitwirkung verweigert, also nicht oder nicht ausreichend in das neue Meßgerät bläst, kommt um eine Blutentnahme nicht herum. Diese darf auch weiterhin nur von einem Arzt durchgeführt werden.

Ab 0,8 Promille droht Fahrverbot

Ab einem Atemalkoholwert von mindestens 0,4 mg/l wird gegen Promillesünder ein Bußgeld in Höhe von 500 DM und ein Fahrverbot von einem Monat Dauer verhängt. Im Verkehrszentralregister werden vier Punkte eingetragen.

Achtung: *Handelt es sich um einen Wiederholungsfall, enthält die Verkehrssünderkartei also bereits eine einschlägige Eintragung, erhöhen sich das Bußgeld auf 1 000 DM und das Fahrverbot auf drei Monate. Bei zwei einschlägigen Voreintragungen steigt das Bußgeld auf 1 500 DM an.*

Ab 1,1 Promille sind Autofahrer absolut fahrunsicher

Die sogenannte absolute Fahrunsicherheit von Kraftfahrern besteht bei soviel Alkohol im Blut oder Körper, daß die Blutuntersuchung eine Blutalkoholkonzentration von mindestens 1,1 Promille ergibt. Dabei kommt es nicht darauf an, ob dieser Grenzwert zur Tatzeit erreicht ist. Vielmehr ist jeder Kraftfahrer absolut fahrunsicher, der aufgrund des vor der Fahrt genossenen Alkohols zur Tatzeit oder später nach Abschluß der Resorption 1,1 Promille erreicht. Der Wert von 1,1 Promille setzt sich aus einem Grundwert von 1,0 Promille und einem Sicherheitszuschlag von 0,1 Promille zum Ausgleich etwaiger Meßfehler zusammen. Dieser Grenzwert gilt unterschiedslos für alle Kraftfahrzeugarten.

Absolute Fahrunsicherheit bedeutet, daß es sich nicht mehr nur um eine Ordnungswidrigkeit handelt, sondern um eine Straftat. Die Fahrunsicherheit des Autofahrers muß hier nicht mehr extra nachgewiesen werden.

Relative Fahrunsicherheit kommt dagegen in all jenen Fällen in Betracht, in denen der Grenzwert von 1,1 Promille nicht erreicht wird, es beim Autofahrer aber zu alkoholbedingten Ausfallerscheinungen kommt, die darauf schließen lassen, daß er fahrunsicher ist.

Auch wenn nichts passiert ist, macht sich ein Kraftfahrer bereits dann strafbar, wenn er lediglich zuviel getrunken oder andere berauschende Mittel zu sich genommen hat und in diesem Zustand Auto fährt. Ab dem Grenzwert von 1,1 Promille stehen Geldstrafe oder Freiheitsstrafe bis zu einem Jahr zur Debatte. Die Fahrerlaubnis kann für einen Zeitraum von sechs Monaten bis zu fünf Jahren entzogen werden. Hinzu kommen noch sieben Punkte, die in das Verkehrszentralregister eingetragen werden.

Weitere Einzelheiten hierzu – wie auch zu dem Fall, daß der Trunkenheitsfahrer andere Verkehrsteilnehmer oder Sachen gefährdet oder beschädigt –, lesen Sie in diesem Kapitel weiter unten ab Seite 101.

Für Fahrradfahrer kommt bei 1,6 Promille das Aus

Wer als Autofahrer seinen »Lappen« los ist, auf feucht-fröhliche Feiern und Besuche in der Eckkneipe nicht verzichten möchte, aber auch nicht zu Fuß nach Hause gehen will, erinnert sich in dieser Situation schon mal an sein Fahrrad. Das Umsteigen auf den Drahtesel schützt aber nicht vor Strafe. Auch für Fahrradfahrer gibt es einen Grenzwert, ab dem diese als absolut fahrunsicher gelten. Dieser liegt bei 1,6 Promille.

Das bedeutet: Ab 1,6 Promille wird ein Fahrradfahrer wegen Trunkenheit im Verkehr genauso bestraft wie ein Kraftfahrer ab 1,1 Promille. Der einzige Unterschied besteht darin, daß der Führerschein nicht entzogen werden kann.

Trunkenheit im Verkehr: Die häufigsten Vergehen

Wenn Autofahrer wegen einer Trunkenheitsfahrt mit Staatsanwaltschaft und Gericht zu tun bekommen, sind es speziell drei Delikte, um die es dabei geht:

- Trunkenheit im Verkehr (§ 316 StGB)
- Alkoholbedingte Gefährdung des Straßenverkehrs (§ 315 c StGB)
- Vollrausch (§ 323 a StGB)

»Wer im Verkehr ein Fahrzeug führt, obwohl er infolge des Genusses alkoholischer Getränke oder anderer berauschender Mittel nicht in der Lage ist, das Fahrzeug sicher zu führen, wird mit Freiheitsstrafe bis zu einem Jahr oder mit Geldstrafe bestraft.« So ist es im § 316 StGB geregelt. Diese Vorschrift kennt jeder Autofahrer. Nur richtet sich bei weitem nicht jeder danach.

Diese Aussage bedeutet im Klartext: Wer mit 1,1 und mehr Promille Auto fährt und dabei erwischt wird, macht sich strafbar, auch wenn nichts passiert ist. Sinn und Zweck der Vorschrift ist der Schutz der übrigen Verkehrsteilnehmer vor betrunkenen Autofahrern. Eine konkrete Gefährdung anderer durch eine Trunkenheitsfahrt ist nicht erforderlich. Daß der Autofahrer die 1,1-Promille-Grenze überschritten hat und in diesem Zustand Auto fährt, reicht bereits, um den Führerschein zu verlieren.

Die strafrechtlichen Folgen einer Fahrt in betrunkenem Zustand sind besonders schwer. Deshalb ist es kein Wunder, daß Alkoholsünder alles versuchen, um noch einmal davonzukommen. Wenn schon nicht wegdiskutiert werden kann, daß die 1,1-Promille-Grenze überschritten ist, so wird nach anderen Auswegen gesucht. Das ist das gute Recht eines jeden Autofahrers, aber die Trefferquote ist ziemlich gering.

Einen Hoffnungsschimmer bietet manchmal das Tatbestandsmerkmal »Führen eines Fahrzeugs im Verkehr«. Die Betonung liegt hier auf »Führen«. Die Rechtsprechung zu diesem Punkt hat sich in den letzten Jahren zugunsten der Autofahrer gelockert. Früher dehnten die Gerichte den Begriff des »Führens eines Kraftfahrzeugs« sogar auf vorbereitende Handlungen aus, die dazu dienen, das Fahrzeug alsbald in Bewegung zu setzen. Danach genügten dazu schon das Einführen des Zündschlüssels ins Zündschloß, das Lösen der Handbremse oder die Betätigung der Gangschaltung. Heutzutage legen die Gerichte den Begriff des Führens enger aus. Danach setzt das Führen eines Fahrzeugs stets voraus, daß das Fahrzeug in Bewegung gesetzt wird. Praktisch bedeutet dies, daß auch derjenige noch kein Fahrzeug führt, der den Motor anläßt, um alsbald wegzufahren. Auch wer vergeblich versucht, sein steckengebliebenes Fahrzeug freizubekommen, »führt« noch kein Fahrzeug.

Alkoholbedingte Gefährdung des Straßenverkehrs

Der Unterschied von »einfacher« zu folgenschwerer Trunkenheitsfahrt besteht hier darin, daß der Autofahrer alkoholbedingt

- einen Unfall mit Personen- und/oder Sachschaden verursacht hat oder
- der Unfall nur deshalb abgewendet worden ist, weil der andere Verkehrsteilnehmer ihn im letzten Moment verhindern konnte (zum Beispiel durch eine Vollbremsung).

Achtung: *Hier kann eine Verurteilung bereits bei 0,3 Promille erfolgen, wenn der Unfall aufgrund alkoholbedingter Ausfallerscheinungen verursacht wurde. Wie immer kommt es auf die konkreten Umstände des Einzelfalls an, ganz besonders aber auf die Unfallfolgen. Werden andere Verkehrsteilnehmer verletzt oder sogar getötet, muß sich der Trunkenheitsfahrer auf eine empfindliche Freiheitsstrafe und eine lange Führerscheinsperre einstellen.*

Weitere Voraussetzung für eine Gefährdung des Straßenverkehrs ist, daß Gefahr für Leib oder Leben eines anderen oder für fremde Sachen von bedeutendem Wert bestand. Eine konkrete Gefahr besteht dann, wenn die Sicherheit einer Person oder Sache durch das Fahrverhalten des Autofahrers so beeinträchtigt wird, daß eine Verletzung nur noch vom Zufall abhängt. Wer beispielsweise ein Fahrzeug beim Überholen schneidet und anschließend abbremst, verursacht eine konkrete Gefahr. Allein der Umstand aber, daß ein Trunkenheitsfahrer andere Personen mitnimmt, stellt für diese noch keine konkrete Gefahr dar. Ausnahme: Der Autofahrer ist derart betrunken, daß er zu kontrollierten Fahrmanövern überhaupt nicht mehr imstande ist.

Es kommt nicht darauf an, ob ein Schaden eingetreten ist. Maßgeblich ist vielmehr der Schaden, der je nach der konkreten Gefahr gedroht hat. Was Sachen von bedeutendem Wert betrifft, so wird die Grenze in der Regel bei 1 500 DM gezogen. Vielfach werden sogar Schäden unter 2 000 DM nicht als bedeutend angesehen. Werden mehrere Sachen, zum Beispiel mehrere Fahrzeuge, durch die Trunkenheitsfahrt beschädigt, zählt man die Schäden zusammen.

Die sieben Todsünden im Straßenverkehr

Wegen Gefährdung des Straßenverkehrs macht sich außerdem auch strafbar, wer eine der sieben Todsünden im Verkehr begeht. Dabei handelt es sich im einzelnen um folgende Verhaltensweisen:

- Nichtbeachten der Vorfahrt
- Falsches Überholen oder falsches Fahren bei Überholvorgängen
- Falsches Fahren an Fußgängerüberwegen
- Zu schnelles Fahren an unübersichtlichen Stellen, an Straßenkreuzungen, Straßeneinmündungen oder Bahnübergängen

- Nichteinhalten der rechten Fahrbahnseite an unübersichtlichen Stellen
- Wenden, Rückwärtsfahren oder Fahren entgegen der Fahrtrichtung auf Autobahnen oder Kraftfahrstraßen
- Nichtkenntlichmachen haltender oder liegengebliebener Fahrzeuge auf ausreichende Entfernung, obwohl dies zur Sicherung des Verkehrs erforderlich ist

Aber selbst wenn Sie eine der sieben Todsünden begangen haben und dadurch auch eine konkrete Gefahr für andere entstanden ist, haben Sie sich noch nicht wegen Gefährdung des Straßenverkehrs strafbar gemacht. Weitere Voraussetzung ist, daß Sie grob verkehrswidrig und rücksichtslos gehandelt haben. Beide Merkmale müssen nebeneinander vorliegen.

Rücksichtslos verhält sich, wer sich entweder eigensüchtig über bekannte Rücksichtspflichten hinwegsetzt oder wer sich aus Gleichgültigkeit über seine Fahrerpflichten hinwegsetzt und unbekümmert, was mögliche Folgen angeht, drauflosfährt. Bloße Gedankenlosigkeit reicht nicht aus. Hier einige Praxisbeispiele für rücksichtsloses Handeln:

- Überholen auf der Autobahn unter Mißbrauch des Raststättengeländes
- Rechts überholen und Schneiden aus Ärger
- Schnelles Überqueren einer Kreuzung, um einer Polizeikontrolle zu entgehen
- Schneiden einer unübersichtlichen Linkskurve

Demgegenüber haben die Gerichte in folgenden Fällen ein rücksichtsloses Verhalten verneint:

- Schleudern des Fahrzeugs wegen unrichtiger Einschätzung der Straßenverhältnisse

- Fahrfehler in Verkennung der Verkehrslage
- Bloße Unaufmerksamkeit

Grob ist das verkehrswidrige Verhalten dann, wenn ein besonders schwerer Verstoß gegen eine Verkehrsvorschrift vorliegt. Das ist beispielsweise der Fall, wenn der Autofahrer mit quietschenden Reifen auf einen Fußgängerüberweg einbiegt.

Praxis-Tip: *Eine gesetzliche Regelung darüber, was rücksichtslos, grob und verkehrswidrig ist, gibt es nicht. Weil es eben immer auf den Einzelfall ankommt und die Gerichtsentscheidungen in scheinbar gleichen Fällen völlig unterschiedlich ausfallen können, besteht oftmals eine reelle Chance, noch einmal mit einem blauen Auge davonzukommen. Wenn nicht zugleich ein grob verkehrswidriges und rücksichtsloses Verhalten vorliegt, werden die Todsünden lediglich als Verkehrsordnungswidrigkeit geahndet.*

Vollrausch

Ein Vollrausch liegt vor, wenn sich jemand vorsätzlich oder fahrlässig durch Alkohol oder andere Rauschmittel in einen Zustand versetzt, in dem Schuldunfähigkeit nicht auszuschließen ist, und in diesem Zustand dann eine rechtswidrige Tat begeht. Für Autofahrer heißt das im Klartext: Wer sich sinnlos betrinkt und in dem Zustand dann noch Auto fährt, kann wegen der Trunkenheitsfahrt nicht bestraft werden. Straffrei geht der Autofahrer aber trotzdem nicht aus. Der Strafvorwurf lautet dann auf Vollrausch – und der wird mit einer Geld- oder einer Freiheitsstrafe bis zu fünf Jahren bestraft. Daß die Fahrerlaubnis entzogen und eine längere Führerscheinsperre angeordnet wird, liegt auf der Hand.

Von Vollrausch spricht man in der Regel bei einer Blutalkoholkonzentration ab 3,0 Promille. Aber auch bei weniger als 3,0 Promille kann im Einzelfall bereits ein Vollrausch vorliegen. Voraussetzung sind dann aber zusätzlich ganz erhebliche Ausfallerscheinungen oder besondere Umstände, wie beispielsweise Besinnungslosigkeit, Vergiftungsanzeichen, Krankheit und Medikamenteneinnahme.

Auch strafbar: Drogen im Straßenverkehr

Der Begriff der Droge meint im engeren Sinne pflanzliche Stoffe wie beispielsweise Blätter, Blüten, Wurzeln und Samen und im weiteren Sinne Arzneistoffe pflanzlichen Ursprungs. Hinzu kommen die halb- oder vollsynthetischen Drogen. Jede dieser Substanzen beeinträchtigt die intellektuellen und motorischen Fähigkeiten und das Hemmungsvermögen.

Zu den legalen Drogen zählen Alkoholika, Tabakwaren, Medikamente und sogenannte Schnüffelstoffe wie beispielsweise Klebstoffe, Verdünner, Farben und Lacke. Zu den illegalen Drogen gehören Cannabis (Haschisch), Halluzinogene und halluzinogene Amphetamine, Betäubungsmittel (z. B. Opiate, Heroin) und Aufputschmittel (z. B. Kokain).

Beachten Sie zu der Wirkung der Drogen noch folgendes:

- Bei Cannabis führen die beim typischen Rauschverlauf auftretenden Wirkungen wie beispielsweise Euphorie, Antriebsminderung, Konzentrationsstörungen, Wahrnehmungsstörungen, Denkstörungen, Änderung des Zeiterlebens, leichtere Ablenkbarkeit zu Leistungseinbußen in den für den Autofahrer wichtigen psychomotorischen Funktionen. Außerdem können atypische Rauschverläufe auftreten mit psycho-pathologischen Störungen wie zum Beispiel Angst, Panik, innere Unruhe, Verwirrtheit, Halluzinationen und Größenverzerrungen.
- Heroin und Morphin erzeugen einen Rauschzustand höchster Euphorie mit Gleichgültigkeit gegenüber Außenreizen, Verblassen der Sinneswahrnehmungen, Konzentrationsschwä-

che, Verlängerung der Reaktionszeit, Benommenheit, Pupillenverengung, die auch in der Dunkelheit bestehen bleibt.

- Der Kokainrausch ist gekennzeichnet durch Euphorie, eingeschränkte Kritikfähigkeit, erhöhte Risikobereitschaft, Enthemmung, Halluzinationen und Wahnvorstellungen.

Grundsätzlich gilt: Rauschbedingte Fahruntüchtigkeit ist in gleicher Weise strafbar wie die alkoholbedingte. Grenzwerte für die Annahme absoluter Fahruntüchtigkeit gibt es bei Drogen bisher aber nicht. Feststellungen der relativen Fahruntüchtigkeit bereiten in der Praxis vielfach Schwierigkeiten. Das bedeutet, daß es dabei nur dann zu einer Verurteilung kommt, wenn tatsächlich Fahrfehler festgestellt werden, durch die Dritte gefährdet wurden.

Wer unter Drogeneinfluß ein Fahrzeug im Verkehr führt, riskiert im Regelfall eine Geldbuße von 500 DM, einen Monat Fahrverbot und vier Punkte in der Verkehrssünderkartei. Wird gegen diese Vorschrift wiederholt verstoßen, kann sich die Geldbuße bis auf 3 000 DM erhöhen.

Durch eine aktuelle Neuregelung des Straßenverkehrsgesetzes handelt jetzt allerdings auch ordnungswidrig, wer unter der Wirkung eines berauschenden Mittels im Straßenverkehr ein Kraftfahrzeug führt. Die in Betracht kommenden Drogen und die zu ihrem Nachweis geeigneten Substanzen hat der Gesetzgeber gleich mit geregelt. Die Einzelheiten ergeben sich aus der Liste in Tabelle 8.

Tabelle 8: Rauschmittel

Berauschende Mittel	Substanzen
Cannabis	Tetrahydrocannabol (THC)
Heroin	Morphin
Morphin	Morphin
Kokain	Benzoylecgonin
Amphetamin	Amphetamin
Designer-Amphetamin	Methylendioxyethylamphetamin (MDE)
Designer-Amphetamin	Methylendioxyethylamphetaminsäure (MDMA)

Quelle: Gesetzestext

Wichtig: Der Drogentatbestand ist nur erfüllt, wenn die Substanzen im Blut nachgewiesen werden können. Und eine wichtige Ausnahme gilt für den Fall, daß die nachgewiesene Substanz krankheitsbedingt ärztlich verordnet und außerdem auch bestimmungsgemäß eingenommen wurde. Dann ist der Drogenkonsum nicht ordnungswidrig.

5. Kapitel: Fahrverbot und Entziehung der Fahrerlaubnis: So wahren Sie Ihre Interessen

Wenn der – kurz- oder längerfristige – Verlust des Führerscheins droht, entsteht akuter Handlungsbedarf. Welche Möglichkeiten Sie bei Führerscheinmaßnahmen haben und wie Sie am besten vorgehen, hängt entscheidend davon ab, ob es um ein Fahrverbot oder die Entziehung der Fahrerlaubnis geht.

Wann ein Fahrverbot droht

Das Fahrverbot ist eine Nebenstrafe, die neben Geld- oder Freiheitsstrafe leichtsinnigen oder nachlässigen Autofahrern als Denkzettel auferlegt werden kann. Ein Fahrverbot kann aber auch wegen einer Verkehrsordnungswidrigkeit angeordnet werden.

Achtung: *Anders als bei einer Entziehung der Fahrerlaubnis erhält der betroffene Autofahrer nach Ablauf des Fahrverbots den Führerschein wieder zurück. Ein Fahrverbot führt also nicht dazu, daß die Fahrprüfung neu abgelegt und ein neuer Führerschein ausgestellt wird. Der Autofahrer erhält seinen alten Lappen zurück, eben jenen, den er in Verwahrung gegeben hat. Grundsätzlich gilt: Ein Fahrverbot kommt nur bei solchen Verkehrsordnungswidrigkeiten in Betracht, bei denen das nach dem Bußgeldkatalog ausdrücklich vorgesehen ist. Dazu zählen insbesondere folgende Verkehrsordnungswidrigkeiten:*

- Falsches Überholen mit einer Gefährdung oder Sachbeschädigung anderer Verkehrsteilnehmer
- Überholen mit einem Kraftfahrzeug mit einem zulässigen Gesamtgewicht über 7,5 t, obwohl die Sichtweite durch Nebel, Schneefall oder Regen weniger als 50 Meter betrug, mit Gefährdung oder Sachbeschädigung anderer
- Rotlichtverstoß bei schon länger als 1 Sekunde andauernder Rotphase
- Führen eines Kraftfahrzeugs mit einer Atemalkoholkonzentration von 0,4 mg/l oder mehr oder mit einer Blutalkoholkonzentration von 0,8 Promille oder mehr oder mit einer Alkoholmenge im Körper, die zu einer solchen Atem- oder Blutalkoholkonzentration führt
- Wenden und Rückwärtsfahren auf Autobahnen
- Überschreiten der vorgeschriebenen Höchstgeschwindigkeit um mehr als 31 km/h innerhalb einer geschlossenen Ortschaft

- Überschreiten der vorgeschriebenen Höchstgeschwindigkeit um mehr als 41 km/h außerhalb einer geschlossenen Ortschaft
- Nichteinhalten des Abstands zu einem vorausfahrenden Fahrzeug bei einem Abstand von weniger als 2/10 des halben Tachowerts, wenn die Geschwindigkeit mehr als 100 km/h beträgt

Grobe und beharrliche Verkehrsverstöße

Achtung: *Nicht jede der vorgenannten und sonst in Betracht kommenden Ordnungswidrigkeiten ist zur Anordnung eines Fahrverbots geeignet. In Betracht kommen vielmehr nur solche Verstöße, die in »grober oder beharrlicher Verletzung der Pflichten eines Kraftfahrzeugführers« begangen worden sind.*

Mit der Beschränkung auf grobe Verletzungen soll zum Ausdruck gebracht werden, daß objektiv nur Pflichtverletzungen von besonderem Gewicht in Frage kommen. Das sind namentlich gefährliche Ordnungswidrigkeiten, die immer wieder die Ursache schwerer Unfälle bilden oder auf besonders groben Leichtsinn, grobe Nachlässigkeit oder Gleichgültigkeit zurückgehen.

Beharrlich begangene Pflichtverletzungen sind solche, die zwar ihrer Art oder den Umständen nach nicht bereits zu den »groben« Zuwiderhandlungen zählen müssen. Durch deren wiederholte Begehung zeigt der Autofahrer aber, daß ihm die für die Teilnahme am Straßenverkehr erforderliche rechtstreue Gesinnung und die notwendige Einsicht in zuvor begangenes Unrecht fehlen.

Gerade auch bei Trunkenheitsfahrten, bei denen die Blutalkoholkonzentration den Grenzwert von 1,1 Promille nicht erreicht, erfüllt die Anordnung des Fahrverbots eine Denkzettel- und Besinnungsfunktion. Das zielt insbesondere auf solche Autofahrer, die sich bisher sämtlichen Aufklärungs- und Belehrungsversuchen unzugänglich gezeigt haben und die trotz ständiger Berichterstattung in Presse, Rundfunk und Fernsehen über alkoholbedingte Straßenverkehrsunfälle mit ihrem Leben und dem Leben anderer Verkehrsteilnehmer spielen, indem sie sich in angetrunkenem Zustand ans Steuer setzen.

Die Ausnahmen vom Regelfall

Das Fahrverbot kann für ein bis drei Monate verhängt werden. Ob und für welchen Zeitraum die Anordnung eines Fahrverbots »in der Regel in Betracht« kommt, ist im Bußgeldkatalog detailliert geregelt. Dies soll sicherstellen, daß Verkehrsordnungswidrigkeiten in Schleswig-Holstein nicht anders geahndet werden als beispielsweise in Rheinland-Pfalz.

Die im Bußgeldkatalog vorgesehene Ahndung bestimmter Ordnungswidrigkeiten ist allerdings nicht starr zu handhaben. Ganz im Gegenteil: Es handelt sich lediglich um sogenannte Regelsätze, von denen nach oben oder unten abgewichen werden darf. Dabei kommt es wiederum auf die bereits mehrfach zitierten »konkreten Umstände des Einzelfalls« an.

Praxis-Tip: *Wenn der Bußgeldkatalog »in der Regel« ein Fahrverbot vorsieht, dann gilt dies in erster Linie für notorische Verkehrssünder, nicht aber ohne weiteres auch für jene Autofahrer, die erstmals einen der betreffenden Verkehrsverstöße begehen. Nutzen Sie deshalb – im Zweifel nach anwaltlicher Beratung oder mit ebensolcher Hilfe – Ihre Chancen, die Verhängung eines Fahrverbots abzuwenden.*

Achtung: *Ein Fahrverbot kann immer nur gegen den jeweiligen Fahrzeugführer verhängt werden, der den Verkehrsverstoß begangen hat. Der Fahrzeughalter muß also nicht grundsätzlich betroffen sein.*

Wann Ausnahmen vom Fahrverbot in Betracht kommen

»Nichts wird so heiß gegessen, wie es gekocht wird«, diese Erfahrung lehren zahlreiche Entscheidungen deutscher Gerichte, in denen Ausnahmen vom Fahrverbot zugelassen wurden, obwohl der Bußgeldkatalog im Regelfall die Anordnung eines Fahrverbots vorsieht. Beachten Sie in diesem Zusammenhang aber, daß es sich um Einzelfallentscheidungen handelt, die lediglich die Prozeßbeteiligten binden. Denn diese Entscheidungen dürfen nicht ohne weiteres verallgemeinert werden. Sie dienen jedoch als wichtige Orientierungshilfe, um »im Falle eines Falles« die eigenen Chancen besser und vor allem realistisch einschätzen zu können.

Kein Fahrverbot trotz überhöhter Geschwindigkeit

Beim erstmaligen fahrlässigen Zu-schnell-Fahren kommt es grundsätzlich auf die Gesamtumstände an. Maßgebliche Kriterien sind beispielsweise die Örtlichkeit, die Verkehrsdichte und die Gefährdung anderer Verkehrsteilnehmer. Insbesondere in folgenden Fällen ist es erfolgversprechend, sich gegen ein bereits angeordnetes Fahrverbot zu wehren oder die Anordnung eines drohenden Fahrverbots zu verhindern:

- Die überhöhte Geschwindigkeit beruht darauf, daß leicht fahrlässig ein Verkehrszeichen übersehen wurde.
- Das Überschreiten der innerorts zulässigen Höchstgeschwindigkeit wurde nur wenige Meter hinter der Ortseingangstafel gemessen.
- Die überhöhte Geschwindigkeit innerhalb einer 30-km/h-Zone fällt in die Nachtzeit.
- Zu schnelles Fahren auf der Autobahn an einem Sonntag im Bereich einer Baustelle, an der nicht gearbeitet wird.
- Zu schnelles Fahren am Ende einer Strecke, für die eine Geschwindigkeitsbegrenzung gilt.

Praxis-Tip: *Selbst bei einer wiederholten Geschwindigkeitsüberschreitung haben Sie unter Umständen noch eine Chance, ohne Fahrverbot davonzukommen. So ist der Vorwurf beharrlicher Geschwindigkeitsüberschreitungen nicht automatisch schon bei einer ersten Wiederholung gerechtfertigt, wenn das Verschulden beim früheren Geschwindigkeitsverstoß gering war. Das gilt auch, wenn der erste Verstoß unbedeutend war.*

Kein Fahrverbot beim Rotlichtverstoß

Auch ein Rotlichtverstoß muß nicht automatisch zu einem Fahrverbot führen. Aber bevor sich die Frage eines Fahrverbots überhaupt stellt, muß ein Rotlichtverstoß erst einmal vorliegen. Ob das im konkreten Einzelfall wirklich der Fall ist, sollten Sie stets ganz sorgfältig prüfen (lassen). Wie wichtig das ist, zeigt zum Beispiel folgender Fall aus der Praxis: Wer bei Rot nicht schon an der Haltelinie stoppt, sondern erst danach im Raum bis zur Fluchtlinie der Kreuzung, begeht keine Ordnungswidrigkeit; dies deshalb nicht, weil er den geschützten Querverkehr nicht beeinträchtigt.

In folgenden Fällen können Sie sich gute Chancen ausrechnen, daß es nicht zu der Anordnung eines Fahrverbots kommt:

- Der Rotlichtverstoß beruht auf der Ablenkung durch das Grünlicht eines anderen, für Sie nicht maßgeblichen Lichtzeichens.
- Es liegt ein sogenannter Frühstart wegen Verwechselung des für Sie maßgeblichen Lichtzeichens mit einem benachbarten Lichtzeichen vor.
- Es geht um Irritationen aufgrund einer besonderen Verkehrsführung anläßlich einer Baustelle.
- Es geht um das Einfahren in den Kreuzungsbereich trotz Rotlichts infolge Unaufmerksamkeit, wenn aufgrund der Umstände für andere Verkehrsteilnehmer keine Gefahr besteht.
- Es liegen besondere Umstände vor wie beispielsweise das Übersehen einer nur schwer wahrnehmbaren Lichtzeichenan-

lage, Anhalteschwierigkeiten bei spiegelglatter Fahrbahn sowie Ablenkung durch die Suche nach dem richtigen Weg oder nach einem Parkplatz.

Vorsicht: *In folgenden Fällen haben Sie dagegen einen schweren Stand, wenn Sie das Fahrverbot verhindern wollen:*

- Sogenannter Frühstart, wenn die Ablenkung auf dem Telefonieren mit dem Handy beruht
- Überfahren der Fluchtlinie der Kreuzung, wenn eine Haltelinie fehlt
- Nichterkennen des Rotlichts infolge zu dichten Auffahrens auf ein vorausfahrendes Fahrzeug bei Annäherung an eine Ampel
- Überschreiten der zulässigen Höchstgeschwindigkeit

Praxis-Tip: *Der Vorwurf, trotz ausreichender Entfernung bei Gelb nicht angehalten zu haben, ist nur dann gerechtfertigt, wenn die Entfernung zuverlässig gemessen wurde. Daß ein Polizeibeamter die Entfernung geschätzt hat, genügt nicht. Ist der Autofahrer bei Rot durchgefahren, sind Feststellungen erforderlich, wo er sich beim Umspringen der Ampel auf Rot befand. Ebenfalls muß geprüft werden, ob er unter Berücksichtigung der zulässigen Geschwindigkeit und der Dauer der Gelbphase überhaupt noch gefahrlos anhalten konnte.*

Kein Fahrverbot bei erheblicher Härte

Schon erhebliche Härten oder eine Vielzahl für sich genommen gewöhnlicher oder durchschnittlicher Umstände können ein Absehen vom Fahrverbot rechtfertigen. Es kommt beispielsweise in Betracht, wenn mehrere entlastende Umstände zusammentreffen. Dazu zählen beispielsweise:

- Anpassung an den fließenden Verkehr (»Mitzieheffekt«)
- Geringes Verkehrsaufkommen

- Geringfügiges Überschreiten des Regelbereichs
- Keine Gefährdung anderer Verkehrsteilnehmer
- Keine Voreintragungen
- Kurzfristige Unaufmerksamkeit
- Verkehrsverstoß zur Nachtzeit

Vorsicht: *»Bei einem Fahrverbot verliere ich meinen Job.« Von einem solchen Hinweis versprechen sich manche Verkehrssünder wahre Wunder. Die aber sind selten.*

Grundsätzlich gilt: Berufliche oder wirtschaftliche Nachteile können nicht verhindern, daß ein Regelfahrverbot verhängt wird. »Wer weiß, wie wichtig das Fahrzeug für ihn ist, und sich trotzdem grob verkehrswidrig verhält, muß dann auch die mit einem Fahrverbot verbundenen Nachteile in Kauf nehmen«, so wischen die Gerichte die vorgenannten Einwände der Autofahrer kurz und bündig vom Tisch.

Anders sieht es dagegen aus, wenn der Verlust des Arbeitsplatzes droht oder jemandem die Existenzgrundlage ernsthaft genommen wird. In diesem Fall kommt eine Ausnahme vom Regelfahrverbot in Betracht. Das ist insbesondere dann der Fall, wenn der betreffende Autofahrer unverhältnismäßig härter vom Fahrverbot getroffen wird als andere Autofahrer, die in vergleichbaren Fällen aus beruflichen Gründen ebenfalls dringend auf die Fahrerlaubnis angewiesen sind.

Erhöhung der Geldbuße statt Fahrverbot

Weil es Sinn und Zweck des Fahrverbots ist, damit auf grobe oder beharrliche Verkehrsverstöße eines Kraftfahrzeugführers zu reagieren, haben Ersttäter die zusätzliche Chance, ohne Fahrverbot davonzukommen. Gemeint ist der Fall, daß das Gericht gegen Zahlung eines höheren Bußgelds auf die Anordnung des Fahrverbots verzichtet. In der Regel wird in solchen Fällen das Bußgeld verdoppelt.

Wichtig: *Um in den Genuß dieser Erleichterung zu kommen, ist es erforderlich, daß Sie ein einwandfreies Vorleben haben, jedenfalls als Autofahrer. Daß Sie dies behaupten, hilft Ihnen allein nicht weiter. Vor einer entsprechenden Entscheidung holen die Gerichte eine Auskunft aus der Flensburger Verkehrssünderkartei ein. Eine weitere Voraussetzung ist, daß Sie bei Ihrem Verkehrsverstoß niemanden gefährdet haben. Selbst dann, wenn das Fahrverbot für Sie eine erhebliche Härte bedeuten würde, kann unter gleichzeitiger Erhöhung – in der Regel Verdoppelung des Bußgelds – vom Fahrverbot abgesehen werden.*

Kein Fahrverbot für bestimmte Fahrzeuge

Das Fahrverbot kann auf spezielle Fahrzeugarten beschränkt werden, und in bestimmten Fällen erfordert der Verhältnismäßigkeitsgrundsatz dies sogar. Im einzelnen gilt folgendes: Das Fahrverbot muß immer dann beschränkt werden, wenn ein auf bestimmte Fahrzeugarten beschränktes Fahrverbot ausreicht, um als Denkzettel zu dienen. Vor allem für zwei Personengruppen kann ein unbeschränktes Fahrverbot einschneidende berufliche Nachteile mit sich bringen:

- **Berufskraftfahrer:** Wenn ein Berufskraftfahrer während seiner Freizeit mit seinem privaten Pkw einen einschlägigen Verkehrsverstoß, wie beispielsweise eine Geschwindigkeitsüberschreitung, begeht, kann es unangemessen sein, ein unbeschränktes Fahrverbot zu verhängen. Vielmehr drängt es sich auf, die Fahrerlaubnis zum Führen von Lkws vom Fahrverbot auszunehmen.
- **Landwirte:** Hier liegt der Fall ähnlich: Auch sie trifft ein unbeschränktes Fahrverbot unangemessen hart. Wird für landwirtschaftliche Zugmaschinen eine Ausnahme vom Fahrverbot gemacht, erfüllt es in gleicher Weise noch seine Denkzettelfunktion, ohne aber einschneidende berufliche Nachteile für den betroffenen Landwirt herbeizuführen.

Wann ein Fahrverbot beginnt

Das übersehen betroffene Autofahrer immer wieder: Das Fahrverbot beginnt, sobald die Entscheidung des Gerichts oder der Verkehrsbehörde rechtskräftig ist. Die Frist dafür beginnt dagegen erst zu laufen, wenn sich der Führerschein in amtlicher Verwahrung befindet. Verzögerungen bei der Ablieferung des Führerscheins verlängern also die Fahrverbotsfrist.

Praxis-Tip: *Eine Besonderheit gilt für Verkehrssünder, gegen die in den zwei Jahren vor Begehung des Verkehrsverstoßes und auch bis zur Bußgeldentscheidung kein Fahrverbot angeordnet worden ist. Sie haben die Möglichkeit, innerhalb der ersten vier Monate nach Rechtskraft der Bußgeldentscheidung selbst zu entscheiden, wann sie den Führerschein abgeben wollen.*

Wichtig: *Egal, ob Sie von dieser Erleichterung Gebrauch machen können oder nicht: Es gibt noch eine weitere Möglichkeit, die Rechtskraft des Bußgeldbescheids – und damit auch des Fahrverbots – hinauszuschieben. Sie legen gegen den Bußgeldbescheid einfach Einspruch ein, und zwar selbst dann, wenn Sie den Bußgeldbescheid dem Grunde nach akzeptieren wollen. Er kommt Ihnen eben nur zeitlich ungelegen. Dann gewinnen Sie durch den Einspruch Zeit, weil oftmals Monate vergehen, bis sich das Gericht mit Ihrem Fall beschäftigen kann.*

Praxis-Tip: *Auf diese Art und Weise kann es Ihnen gelingen, das Fahrverbot in einen Zeitraum zu legen, der Ihnen persönlich und beruflich paßt. Das kann insbesondere die Urlaubszeit sein. Bei Urlaubsbeginn nehmen Sie dann einfach den Einspruch gegen den Bußgeldbescheid zurück. Denken Sie aber unbedingt daran, zugleich damit dann auch den Führerschein in amtliche Verwahrung zu geben.*

Achtung: *Die Dauer der vorläufigen Entziehung einer Fahrerlaubnis wird auf ein später angeordnetes Fahrverbot angerechnet.*

Wenn die Entziehung der Fahrerlaubnis droht

»Guten Tag, Verkehrskontrolle. Ihre Fahrzeugpapiere, bitte.« Ganz klar, daß ein Autofahrer bei einer solchen Aufforderung nervös wird, wenn er hinter dem Lenkrad sitzt, obwohl er Alkohol getrunken hat. Dazu muß man noch nicht einmal exakt wissen, daß man zuviel getrunken hat. Das Gefühl, daß es so sein könnte, reicht bereits, um einem den Schweiß auf die Stirn zu treiben.

Bei einer solchen Situation heißt es für Sie, ruhig und gelassen zu bleiben. Bemühen Sie sich zumindest darum. Jedenfalls ist es nicht der richtige Zeitpunkt, mißverständliche Scherze zu treiben; insbesondere auch dann nicht, wenn Sie keinen oder so gut wie keinen Alkohol getrunken haben. Andernfalls riskieren Sie einen unter Umständen längeren Zwischenstopp.

Wer auf die Frage des Polizeibeamten: »Haben Sie etwas getrunken?« flapsig antwortet: »Ich habe 0,0 Promille«, darf sich nicht wundern, wenn der Polizeibeamte hellhörig wird. Diese Antwort ist in der konkreten Situation nun einmal ungewöhnlich. In wahrscheinlich jedem zweiten Fall wird eine solche Antwort dazu führen, daß der Autofahrer Gelegenheit erhält, in eines der neuen Geräte zur Messung des Atemalkohols zu blasen. Sie verlieren also auf jeden Fall Zeit.

Achtung: *Wenn sich der Polizeibeamte danach erkundigt, ob Sie Alkohol getrunken haben, hat es überhaupt keinen Sinn, mit einem Nein zu antworten, wenn das Gegenteil richtig ist. Die mehr oder weniger starke Fahne, die dem Polizeibeamten entgegenweht, verrät*

Sie ohnehin. Wenn Sie an Ihren Beteuerungen festhalten, verlieren Sie bereits in diesem Moment Ihre Glaubwürdigkeit.

Das gilt erst recht, wenn der Polizeibeamte weiter nach der Trinkmenge fragt. Auch hier sagt die Fahne einem erfahrenen Polizeibeamten mehr als tausend Worte. Sollte es so sein, daß Sie zunächst ein oder zwei Gläser normales Bier getrunken haben und dann auf alkoholfreies Bier umgestiegen sind, sollten Sie dem Polizeibeamten das durchaus erzählen. Die Fahne kann nämlich auch mit dadurch hervorgerufen worden sein, daß Sie alkoholfreies Bier getrunken haben.

Neue Meßmethode schafft schneller Klarheit

Früher wurde die Bestimmung des Alkoholgehalts über die Atemluft in der Praxis lediglich als Vortest angewendet. Nachdem die Voraussetzungen für eine beweissichere Methode zur Bestimmung der Atemalkoholkonzentration geschaffen wurden, sind neuartige Meßgeräte im Einsatz, die ausdrücklich gesetzlich zugelassen sind. Durch die moderne Meßmethode entfällt die Blutentnahme. Ausnahme: Sie verweigern Ihre Mitwirkung an dieser Meßmethode. Dann wird die Blutentnahme wie bisher notwendig. Das gilt dann eben auch bei einem Verdacht auf Medikamenten- oder Drogenmißbrauch.

Praxis-Tip: *Es macht nicht den geringsten Sinn, bei einer Verkehrskontrolle Widerstand zu leisten. Sie haben faktisch keine Chance, sich der Alkoholkontrolle zu entziehen. Kein Polizeibeamter wird Sie ziehen lassen, so wort- und geistreich Ihre Einwände auch immer sein mögen. Besser stellen Sie sich der Situation, und unterlassen Sie alles, was Ihre Rechtsposition verschlechtern könnte. Faustregel: Reden Sie kein Wort zuviel. Verzichten Sie auf jegliche Angaben zur Sache. Es ist Ihr gutes Recht zu schweigen. Von Ihnen können lediglich Angaben zur Person verlangt werden, mehr nicht.*

Schweigen ist besser als Reden

Zu den sogenannten Papieren gehören lediglich der Fahrzeugschein und der Führerschein. Den Personalausweis müssen Sie dagegen nur dann vorzeigen, wenn Ihnen der Polizeibeamte einen konkreten Grund dafür nennt. In Betracht kommt beispielsweise, daß Sie anhand des Lichtbildes im Führerschein schlecht zu identifizieren sind. Oder aber es handelt sich um eine allgemeine Personenfahndung.

Achtung: *Sehen Sie davon ab, den oder die Polizeibeamten anzupöbeln und zu beleidigen. Andernfalls riskieren Sie völlig unnötig eine (zusätzliche) Anzeige und eine Geldstrafe dazu.*

Mit welchen Geldstrafen Sie zu rechnen haben, zeigt die Übersicht in Tabelle 9:

Tabelle 9: Beleidigungen sind teuer

Bezeichnung der Polizeibeamten	Zu erwartende Geldstrafe
Armleuchter	700 DM
Asozial	1 300 DM
Depp	1 000 DM
Dumm	900 DM
Dienstgeil	1 600 DM
Raubritter	2 100 DM
Wegelagerer	1 800 DM
Sie können mich mal	1 300 DM
Sie haben Tomaten auf den Augen	400 DM

Quelle: Gesetzestext

Wird eine Blutentnahme angeordnet, so muß diese von einem Arzt durchgeführt werden. Dieser fertigt außerdem einen ärztlichen Bericht an. Er enthält Angaben zum Zeitpunkt der Blutentnahme. Ferner ist vorgesehen, daß der Arzt den Autofahrer befragt, und zwar insbesondere zu folgenden Punkten:

- Bluttransfusion
- Blutinfusion
- Blutverlust
- Schock
- Erbrechen
- Einnahme von Medikamenten
- Bestehende Krankheiten, die mit der Trunkenheitsfahrt nichts zu tun haben

Außerdem fertigt der Arzt einen Untersuchungsbefund. Dazu bedient er sich eines Vordrucks, der Angaben zu folgenden Punkten abfragt:

- Körpergröße
- Körpergewicht
- Konstitution
- Alkoholgeruch
- Gang (sicher oder unsicher)
- Pupillenreaktion
- Sprache (deutlich oder verwaschen oder lallend)
- Bewußtsein (klar oder benommen oder bewußtlos)
- Denkablauf (geordnet oder sprunghaft oder verworren)
- Verhalten (beherrscht oder redselig oder distanzlos oder abweisend oder aggressiv)
- Stimmung (unauffällig oder depressiv oder stumpf oder gereizt),
- Gesamteindruck
- Grad der Trunkenheit (nicht merkbar oder leicht oder deutlich oder stark oder sehr stark oder sinnlos betrunken)

Was eine vorläufige Entziehung bedeutet

Damit müssen Sie bei Trunkenheit im Verkehr immer rechnen: Die Polizeibeamten beschlagnahmen den Führerschein. Er wird auf jeden Fall so lange einbehalten, bis das Ergebnis der Blutuntersuchung feststeht. Allenfalls dann, wenn der Wert unter der 1,1-Promille-Grenze bleibt und keine Anzeichen für eine alkoholbedingte Fahrunsicherheit vorliegen, bekommen Sie den Führerschein zurück.

In allen anderen Fällen folgt als nächstes die vorläufige Entziehung der Fahrerlaubnis. Das ist eine richterliche Bestätigung der Beschlagnahme. Ein Gerichtsbeschluß ist immer dann unverzichtbar, wenn der betreffende Autofahrer der Beschlagnahme seines Führerscheins widersprochen hat. Der Antrag auf gerichtliche Entscheidung kann jederzeit gestellt werden. Er ist nicht an eine bestimmte Frist gebunden, und insbesondere auch dann, wenn Sie Ihren Führerschein bei der Verkehrskontrolle freiwillig herausgegeben haben, können Sie diesen Antrag jederzeit stellen.

Wichtig: *Bevor das Gericht über die vorläufige Entziehung der Fahrerlaubnis entscheidet, müssen Sie gehört werden. Eine vorläufige Entziehung kommt nur in Betracht, wenn dringende Gründe für die endgültige Entziehung der Fahrerlaubnis vorhanden sind. Davon ist in folgenden Fällen auszugehen: Trunkenheit im Verkehr, Gefährdung des Straßenverkehrs, unerlaubtes Entfernen vom Unfallort sowie Vollrausch.*

Praxis-Tip: *Auch wenn es zunächst »nur« um die vorläufige Entziehung der Fahrerlaubnis geht, können Sie bereits Beweisanträge stellen. Ohne einen versierten Verteidiger kommen Sie dabei aber nicht aus. Er wird mit Ihnen auch besprechen, ob es sinnvoll ist, bereits in diesem Stadium Beweismittel zu benennen. Nichts anderes gilt, wenn die Fahrerlaubnis bereits vorläufig entzogen wurde und es darum geht, gegen die Entscheidung des Gerichts Beschwerde* *einzulegen. Das Beschwerdeverfahren kostet Zeit. Möglicherweise ist es viel sinnvoller, auf eine möglichst schnell stattfindende Hauptverhandlung hinzuwirken.*

Achtung: *Auch aus folgendem Grund kann es sich empfehlen, auf eine Beschwerde gegen eine vorläufige Entziehung der Fahrerlaubnis zu verzichten. Über die Beschwerde entscheidet das Landgericht als nächsthöheres Gericht in einem sogenannten summarischen Verfahren. Das bedeutet, daß das Landgericht nach Aktenlage entscheidet. Daß vor einer Entscheidung über die Beschwerde beispielsweise Zeugen oder Sachverständige gehört werden, kommt in ganz seltenen Ausnahmefällen vor. In den allermeisten Fällen führt die Beschwerde zu nichts. Das bedeutet, daß die vorläufige Entziehung der Fahrerlaubnis bestätigt wird.*

Ab Beschlagnahme des Führerscheins sind Sie nicht mehr berechtigt, ein Kraftfahrzeug im Verkehr zu führen. Fahren Sie trotzdem, riskieren Sie ein Strafverfahren wegen Fahrens ohne Fahrerlaubnis. Hinzu kommt: Während solcher Fahrten besteht auch kein Versicherungsschutz. Derartige Fahrten können Sie also im wahrsten Sinne des Wortes teuer zu stehen kommen.

Wichtig: *Wenn der Grund für die vorläufige Entziehung der Fahrerlaubnis wegfällt, haben Sie Anspruch darauf, daß Ihnen der Führerschein umgehend wieder ausgehändigt wird. Wird wegen des Verdachts des unerlaubten Entfernens vom Unfallort gegen Sie ermittelt, fallen die dringenden Gründe für eine endgültige Entziehung der Fahrerlaubnis in dem Moment weg, in dem ein Sachverständigengutachten vorliegt, wonach Sie den Verkehrsunfall überhaupt nicht wahrnehmen konnten beziehungsweise nicht auszuschließen ist, daß Sie ihn nicht wahrgenommen haben.*

Praxis-Tip: *Auch bei einer vorläufigen Entziehung der Fahrerlaubnis ist es möglich, diese auf bestimmte Fahrzeugarten zu beschränken. Grundsätzlich können alle Fahrzeuge einer Führerscheinklasse von einer vorläufigen Entziehung ausgenommen werden. Die wichtigsten Einzelheiten dazu lesen Sie weiter unten ab Seite 127.*

Wann Sie den Führerschein endgültig los sind

Kommt es zur Verurteilung wegen einer Straftat bei oder im Zusammenhang mit dem Führen eines Kraftfahrzeugs oder unter Verletzung der Pflichten eines Kraftfahrzeugführers, so droht die endgültige Entziehung der Fahrerlaubnis. Dazu kommt es immer dann, »wenn sich aus der Tat ergibt, daß er (der Fahrzeugführer) zum Führen von Kraftfahrzeugen ungeeignet ist«.

Im Gesetz ist auch ausdrücklich geregelt, daß die Ungeeignetheit in bestimmten Fällen vermutet wird, ohne daß dies näher untersucht werden muß. Dabei handelt es sich um folgende Verkehrsstraftaten:

- Gefährdung des Straßenverkehrs (§ 315 c StGB)
- Trunkenheit im Verkehr (§ 316 StGB)
- Unerlaubtes Entfernen vom Unfallort (§ 142 StGB), obwohl der Autofahrer weiß oder wissen kann, daß bei dem Unfall ein Mensch getötet oder nicht unerheblich verletzt worden oder an fremden Sachen bedeutender Schaden entstanden ist
- Vollrausch, der sich auf die Gefährdung des Straßenverkehrs, Trunkenheit im Verkehr oder unerlaubtes Entfernen vom Unfallort bezieht

Achtung: *Sicherlich besteht auch in diesen Fällen die Möglichkeit, die Ungeeignetheit zum Führen von Kraftfahrzeugen zu widerlegen. Diese Chance besteht zumeist aber nur theoretisch.*

Mit einer Ausnahme von der Regel können Sie bei einer Verurteilung wegen Trunkenheit im Verkehr auch dann nicht rechnen, wenn Sie Ersttäter und jahrelang unbeanstandet gefahren sind. Besser sieht es dagegen für Sie aus, wenn Sie an einem Aufbauseminar für alkoholauffällige Kraftfahrzeugführer, einer sogenannten Nachschulung, erfolgreich teilgenommen haben. Das gilt insbesondere dann, wenn weitere Umstände hinzutreten, die eine Ausnahme rechtfertigen. Dazu zählt beispielsweise eine längere vorläufige Entziehung der Fahrerlaubnis. Chancen können sich in diesem Fall aber wirklich nur Ersttäter ausrechnen.

Achtung: *Die Entziehung der Fahrerlaubnis kann sowohl durch Strafbefehl als auch durch Urteil erfolgen. Sobald der Strafbefehl oder das Urteil rechtskräftig ist, erlischt die Fahrerlaubnis. Wenn Sie wieder berechtigt sein wollen, ein Fahrzeug im Straßenverkehr zu führen, brauchen Sie eine neue Fahrerlaubnis. Mit anderen Worten: Sie müssen einen neuen Führerschein beantragen.*

Wann eine Verkürzung der Sperrfrist möglich ist

Bei Entziehung der Fahrerlaubnis setzt das Gericht zugleich immer auch eine Sperrfrist fest. Wer noch keinen Führerschein oder keinen Führerschein mehr hat, weil dieser bereits rechtskräftig entzogen war, kann nicht die Fahrerlaubnis verlieren. In diesen Fällen wird gesondert eine Sperrfrist angeordnet.

Innerhalb der Sperrfrist ist es der Verkehrsbehörde verboten, einen neuen Führerschein auszustellen. Diese Sperrfrist beträgt mindestens sechs Monate, höchstens aber fünf Jahre. Nur in seltenen Ausnahmefällen wird die Sperre für immer angeordnet. Das kommt dann in Betracht, wenn zu erwarten ist, daß die Höchstfrist von fünf Jahren zur Abwehr der vom betreffenden Autofahrer drohenden Gefahr nicht ausreicht.

Achtung: *Das Mindestmaß der Sperre beträgt ein Jahr, wenn gegen den Autofahrer in den letzten drei Jahren vor der Tat bereits einmal eine Sperre angeordnet worden ist.*

Aber wie lange die Sperrfrist auch immer währt, der Zeitraum, in dem der Führerschein durch Beschlagnahme oder vorläufige Entziehung sichergestellt war, wird auf die Sperrfrist angerechnet.

Beispiel: *Die Hauptverhandlung endet mit einer Verurteilung wegen Trunkenheit im Verkehr. Der Autofahrer wird zu einer Geldstrafe verurteilt, sein Führerschein eingezogen, und das Gericht setzt eine Sperre von zwölf Monaten fest. Wenn die Fahrerlaubnis zu dem Zeitpunkt bereits seit $8^{1}/_{2}$ Monaten vorläufig entzogen war, weist das Gericht die Verkehrsbehörde an, vor Ablauf von weiteren $3^{1}/_{2}$ Monaten keine neue Fahrerlaubnis zu erteilen.*

Das ist ein Hoffnungsschimmer für manchen Autofahrer: Das Gericht kann die Sperre vorzeitig aufheben, wenn sich Grund zu der Annahme ergibt, daß der Täter »zum Führen von Kraftfahrzeugen nicht mehr ungeeignet ist«.

Mindestvoraussetzung für eine vorzeitige Aufhebung der Sperre ist der Ablauf einer Mindestsperrfrist von sechs Monaten. Ferner kommt es darauf an, daß neue Tatsachen einschließlich neuer Ermittlungen vorliegen. Dann ist es möglich, eine Sperrfrist auf sechs Monate zu erreichen. Bei Wiederholungstätern kann die Sperrfrist auf ein Jahr verkürzt werden.

Wichtig: *Eine bloße nochmalige Gesamtwürdigung aller Umstände, ohne daß neue Tatsachen vorliegen, genügt nicht. Insbesondere muß es sich auch um solche neuen Tatsachen handeln, die bei Erlaß des Strafbefehls oder bei der Verkündung des Urteils nicht bekannt waren und nicht berücksichtigt werden konnten.*

Praxis-Tip: *Die Gründe für eine Verkürzung der Sperrfrist können am besten Sie persönlich liefern. Es kommt nämlich maßgeblich auf das Verhalten in der Zwischenzeit an. Eine geradezu typische Tatsache, die im Sinne des Gesetzes neu ist und eine vorzeitige Aufhebung der Sperre rechtfertigen kann, ist die Nachschulung. Das ist die Teilnahme an einem Kurs zur Behandlung alkoholauffälliger Kraftfahrer.*

Achtung: *Eine wichtige Hürde müssen Sie allerdings außerdem noch nehmen, wenn Sie mit Hilfe einer Nachschulung eine Verkürzung der Sperrfrist erreichen wollen. Bei einer Trunkenheitsfahrt, deretwegen Sie verurteilt worden sind, muß die Blutalkoholkonzentration unter 1,6 Promille liegen. Das ist nirgends gesetzlich geregelt, aber ständige Rechtsprechung der Gerichte.*

Praxis-Tip: *Die Teilnehmer erhalten am Kursende eine Bescheinigung darüber, daß sie erfolgreich an der Nachschulung teilgenommen haben. Diese Bescheinigung fügen Sie dann Ihrem Antrag auf Verkürzung der Sperre bei. Versichern Sie sich rechtzeitig anwaltlicher Hilfe. Nur so ist gewährleistet, daß der Antrag vor allem auch richtig begründet wird. Einer Nachschulung gehen ohnehin ein Vorgespräch und eine Beratung mit einem Psychologen voraus. Dieser prüft auch, ob die Voraussetzungen für die Kursteilnahme vorliegen.*

Die Grenzziehung bei 1,6 Promille kommt nicht von ungefähr. Wer nach einer wiederholten Entziehung der Fahrerlaubnis oder nach der Entziehung der Fahrerlaubnis wegen einer Trunkenheitsfahrt mit einer Blutalkoholkonzentration von 1,6 Promille oder mehr einen Antrag auf Neuerteilung der Fahrerlaubnis stellt, muß davon ausgehen, daß die Verkehrsbehörde eine medizinisch-psychologische Begutachtung anordnet. Das bedeutet im Klartext: Eine erfolgreiche Nachschulung allein würde bereits nicht mehr ausreichen, die Fahrerlaubnis überhaupt wiederzubekommen. Dann kann mit der Nachschulung also erst recht nicht eine Verkürzung der Sperrzeit erreicht werden. Das bedeutet aber nicht, daß Mehrfachtäter und Ersttäter mit hohen Promillewerten keine Gelegenheit haben, schneller zum Ziel – der Wiedererlangung der Fahrerlaubnis – zu kommen.

Nachschulungen im Rahmen anerkannter Kursmodelle finden auch im Mehrfachtäter-Punktsystem Berücksichtigung. Entsprechende Kurse werden für jene Verkehrssünder durchgeführt, die auch oder allein wegen Zuwiderhandlungen unter dem Einfluß von Alkohol, aber auch Drogen und Medikamenten Gefahr laufen, ihren Führerschein zu verlieren oder diesen bereits verloren haben. Solche besonderen Nachschulungskurse können verkehrsgerechte Einstellungen und Verhaltensweisen fördern und außerdem helfen, weitere Trunkenheitsfahrten zu vermeiden.

Immer einen Versuch wert: Ausnahmen von der Sperre

Diese Regelung zählt ebenfalls mit zu den Lichtblicken beim Ärger um den Führerschein: Ist Ihnen die Fahrerlaubnis entzogen worden, können spezielle Arten von Kraftfahrzeugen von der Sperre ausgenommen werden. Voraussetzung ist, daß bestimmte Umstände die Annahme rechtfertigen, daß der Zweck der Entziehung der Fahrerlaubnis – die Verkehrssicherung – dadurch nicht gefährdet wird.

Daß es sich um besondere Umstände handeln muß, ergibt sich bereits daraus, daß ja gerade erst das Fehlen der Kraftfahrereignung festgestellt wurde. Deshalb wurde dem betreffenden Autofahrer ja die Fahrerlaubnis entzogen und eine Sperre angeordnet. Wenn nun eine Ausnahme gemacht werden soll, dann darf davon keine Gefährdung der übrigen Verkehrsteilnehmer ausgehen. Vor diesem Hintergrund gilt folgendes: Bei einer Entziehung der Fahrerlaubnis wegen Trunkenheit sind an die Ausnahmebewilligung strenge Anforderungen zu stellen. Besonders die Höhe der Blutalkoholkonzentration kann bedeutsam sein und auf eine Alkoholgewöhnung oder Alkoholabhängigkeit hindeuten. Es gibt aber keine Regel, wonach eine Ausnahme von der Sperre ab einer bestimmten Blutalkoholkonzentration ohne individuelle Prüfung abgelehnt werden kann.

Achtung: *Eine besonders vorsichtige Prüfung erfolgt insbesondere bei der Ausnahme von Lkws und Bussen bei einem Berufskraftfahrer, der mit seinem privaten Pkw eine Trunkenheitsfahrt unternommen hat. Eine Ausnahme kommt vor allem für solche Fahrzeugarten in Betracht, von denen für die Verkehrssicherheit eine geringere Gefahr ausgeht, beispielsweise von landwirtschaftlichen Zugmaschinen. Aber auch alle Fahrzeuge einer Führerscheinklasse können von der Sperre ausgenommen werden.*

Demgegenüber ist es nicht zulässig, die Ausnahme von der Sperre nach folgenden Kriterien zu regeln:

- Antriebsart
- Benutzungsort
- Benutzungszeit
- Berufs- oder Privatsphäre
- besonders gekennzeichnete Fahrzeuge
- Fabrikat
- Konstruktionsmerkmale
- Person des Halters

Praxis-Tip: *Kraftfahrzeuge mit einem bestimmten Fahrzweck – wie beispielsweise ein Feuerwehrfahrzeug – können nicht von der Sperre ausgenommen werden. Die gilt allerdings nur dann, wenn die besondere Ausrüstung einen bestimmten Verwendungszweck bedingt. Das ist etwa bei Krankenrettungswagen, Feuerlöschfahrzeugen und Behindertentransportfahrzeugen der Fall.*

Auch möglich: Entziehung der Fahrerlaubnis durch die Verkehrsbehörde

Nicht nur das Gericht kann die Fahrerlaubnis entziehen, auch die Verkehrsbehörde ist dazu ermächtigt. Diese wird allerdings nur dann tätig, wenn die Entscheidung über die Entziehung der Fahrerlaubnis nicht schon wegen einer Verkehrsstraftat durch das Gericht getroffen wird. Oder anders herum: Ist bereits ein Strafverfahren gegen den Autofahrer anhängig, ist es der Verkehrsbehörde verwehrt, wegen derselben Angelegenheit ebenfalls tätig zu werden. Ist dagegen kein Gerichtsverfahren anhängig, gilt folgendes: Erweist sich ein Autofahrer als ungeeignet zum Führen von Kraftfahrzeugen, so muß ihm die Verwaltungsbehörde die Fahrerlaubnis entziehen. Ungeeignet zum Führen von Kraftfahrzeugen ist derjenige, bei dem wegen körperlicher, geistiger oder charakterlicher Mängel die Eignung fehlt. Beachten Sie dazu folgendes: Körperliche Mängel beeinträchtigen die Eignung zum Führen von Kraftfahrzeugen nur, wenn sie nicht durch geeignete Hilfsmittel ausgeglichen werden können. Zum Beispiel: Eine mangelhafte Sehkraft kann durch eine Brille ausgeglichen werden.

Die Frage nach geistigen Mängeln stellt sich beispielsweise bei organischen Geisteskrankheiten, schweren Nervenleiden, einer psychopathischen Veranlagung mit einer Neigung zu Alkoholmißbrauch oder bei schweren psychischen Störungen.

Charakterliche Mängel äußern sich vor allem darin, daß der Autofahrer beharrlich und wiederholt Verkehrsverstöße begeht oder das Fahrzeug zur Begehung von Straftaten mißbraucht. Auch eine größere Anzahl leichterer Übertretungen kann auf eine mangelnde charakterliche Eignung hindeuten. Dies gilt insbesondere bei einer wiederholten Bestrafung wegen Trunkenheit im Verkehr. Allerdings kommt es auch hier immer auf das Gesamtverhalten des Autofahrers an. Wenn die Verkehrsbehörde Zweifel daran hat, daß ein Autofahrer noch zum Führen von Kraftfahrzeugen geeignet ist, kann sie eine Begutachtung anordnen.

Wichtig: *Voraussetzung dafür sind allerdings stets konkrete Ausfallerscheinungen. Allgemeine Vermutungen oder Annahmen reichen grundsätzlich nicht aus. Das gilt insbesondere auch für (hoch)betagte Autofahrer. Das Alter allein ist grundsätzlich kein Grund, um die körperliche Eignung eines Autofahrers in Frage zu stellen.*

Eine wichtige Rolle spielt auch die Verkehrssünderkartei. Autofahrern, die dort 18 oder mehr Punkte auf dem Konto haben, wird automatisch die Fahrerlaubnis entzogen. Dies gilt ohne Wenn und Aber. Insbesondere spielt es keine Rolle, welcher konkrete Verkehrsverstoß dazu geführt hat, daß die 18-Punkte-Grenze überschritten wurde.

Praxis-Tip: *Wenn Sie bereits den einen oder anderen Verkehrsverstoß begangen und dafür auch Punkte kassiert haben, kommt es für Sie darauf an, rechtzeitig vorzubeugen, wenn Sie nicht Gefahr laufen wollen, die Fahrerlaubnis zu verlieren. Was Sie tun können und wie dies mit Punkteabzug belohnt wird, lesen Sie im siebten Kapitel.*

Was ein Verteidiger kostet

Um in Führerscheinsachen Ihre Interessen optimal zu wahren, werden Sie in der Regel auf die Hilfe eines versierten Rechtsanwalts angewiesen sein. Die Ihnen dadurch entstehenden Kosten können sich auf stolze Beträge summieren. Doch es handelt sich unter Umständen um gut angelegtes Geld, wenn es mit anwaltlicher Hilfe gelingt, ein Fahrverbot abzuwenden oder die Sperre für eine Fahrerlaubnis möglichst gering zu halten.

Was die Anwaltskosten betrifft, so fallen in Strafsachen Rahmengebühren an. Das bedeutet, daß sich die Gebühr zwischen zwei Beträgen, dem Mindest- und dem Höchstbetrag, bewegt. Beide Beträge sind im Gesetz festgelegt.

Beispiel: *Die Anwaltsgebühren in Strafsachen. Die Hauptverhandlung findet vor dem Strafrichter statt. Hier beträgt die Mindestgebühr 100 DM. Die Höchstgebühr liegt bei 1 300 DM.*

Der Rechtsanwalt kann innerhalb des Mindest- und des Höchstbetrags nach pflichtgemäßem Ermessen jeweils selbst bestimmen, welchen Betrag er seinem Mandanten in Rechnung stellt. Dabei muß er sich jedoch an bestimmten, gesetzlich vorgegebenen Kriterien orientieren:

- Bedeutung der Angelegenheit für den Mandanten
- Einkommensverhältnisse des Mandanten
- Umfang der Angelegenheit und der anwaltlichen Tätigkeit
- Schwierigkeitsgrad der anwaltlichen Tätigkeit.

Im Regelfall ist von einer Angelegenheit von durchschnittlicher Bedeutung auszugehen. Das bedeutet: Die Tätigkeit des Verteidigers ist mit der sogenannten Mittelgebühr abgegolten. Diese berechnet sich wie folgt: **(Mindestbetrag + Höchstbetrag): 2 = Mittelgebühr.**

Beispiel: *Ihnen wird in der Anklageschrift eine Trunkenheitsfahrt vorgeworfen. Es findet eine Hauptverhandlung vor dem Strafrichter statt. In diesem Fall beträgt der Gebührenrahmen 100 DM bis 1 300 DM. Die Mittelgebühr beläuft sich mithin auf 700 DM (1 400 DM: 2).*

Für einen etwaigen zweiten und jeden weiteren Verhandlungstag gilt eine Rahmengebühr von 100 DM bis 650 DM (Mittelgebühr = 375 DM).

Wird der Verteidiger im Rahmen des Ermittlungsverfahrens oder nur außerhalb der Hauptverhandlung oder in einem Verfahren ohne Hauptverhandlung tätig, beträgt die Rahmengebühr bei Zuständigkeit des Strafgerichtes beziehungsweise des Schöffengerichts 50 DM bis 650 DM (Mittelgebühr = 350 DM).

Erstreckt sich die Tätigkeit auf ein Fahrverbot oder auf die Entziehung der Fahrerlaubnis, so kann der Gebührenrahmen um bis zu 25 Prozent überschritten werden. Im Bußgeldverfahren vor der Verkehrsbehörde und im anschließenden Verfahren bis zum Akteneingang bei Gericht gilt für den Verteidiger ein Gebührenrahmen von 50 DM bis 650 DM (Mittelgebühr = 350 DM). Findet in einem Bußgeldverfahren eine Hauptverhandlung vor dem Amtsgericht statt, kann der Verteidiger (zusätzlich) 100 DM bis 1 300 DM (Mittelgebühr = 700 DM) berechnen.

Hinzu kommen noch eine Kostenpauschale von maximal 30 DM, Auslagen für das Kopieren von Ermittlungs- und Strafakten sowie für sonstige Schriftstücke und die Mehrwertsteuer.

Achtung: *Ihr Verteidiger ist berechtigt, von seinem Mandanten eine über den gesetzlichen Gebühren liegende Vergütung zu verlangen. Voraussetzung hierfür ist allerdings, daß er mit seinem Mandanten eine Honorarvereinbarung getroffen hat.*

Wichtig: *Das muß schriftlich geschehen, wobei der Rechtsanwalt in dieser Vereinbarung ausdrücklich darauf hinweisen muß, daß sich sein Mandant zur Zahlung einer höheren als der gesetzlichen Vergütung verpflichtet.*

Die Honorarvereinbarung kann zu Beginn des Mandats, aber auch zu jedem beliebigen Zeitpunkt während des Bestehens des

Mandats getroffen werden. Demgegenüber ist es grundsätzlich nicht zulässig, ein Erfolgshonorar zu vereinbaren (zum Beispiel 25 Prozent höhere Gebühren, wenn ein Fahrverbot vermieden werden kann). Ebensowenig dürfen die gesetzlich festgelegten Gebühren unterschritten werden (gesetzlich geregelte Ausnahme: Beratungshilfe).

Darüber hinaus gibt es noch die Besonderheit der Pflichtverteidigung. Damit hat es folgendes auf sich: Wenn ein Strafverfahren besonders kompliziert ist, weil beispielsweise besonders viele Zeugen zu vernehmen sind oder ein Sachverständigen-Gutachten erörtert werden muß, braucht ein Angeklagter für seine angemessene Verteidigung einen Rechtsanwalt.

Wenn er sich den nicht leisten kann, eine Verteidigung aber notwendig ist, muß das Gericht dem Angeklagten einen Pflichtverteidiger beiordnen. Dieser wird – zu reduzierten Gebühren – aus der Staatskasse bezahlt. Verkehrsstrafsachen sind allerdings nur in seltenen Fällen so kompliziert, daß die Beiordnung eines Rechtsanwalts als Strafverteidiger ernsthaft in Betracht kommt.

Wertvoller denn je: Eine Rechtsschutzversicherung

Eine Rechtsschutzversicherung gibt Ihnen die Sicherheit, daß die Wahrung Ihrer Interessen jedenfalls nicht an den Kosten scheitert. Die Rechtsschutzversicherung übernimmt die Gebühren Ihres Verteidigers in gesetzlicher Höhe. Für den Fall, daß Sie mit ihm eine darüber hinausgehende Honorarvereinbarung treffen, müssen Sie dann lediglich die Mehrkosten aus eigener Tasche bezahlen.

Praxis-Tip: *Machen Sie von der Möglichkeit Gebrauch, Verkehrsrechtsschutz für die gesamte Familie abzuschließen. Dann sind nicht nur Sie selbst rechtsschutzversichert, sondern auch Ihr Ehegatte oder Lebenspartner, Ihre minderjährigen und Ihre unverheirateten volljährigen Kinder sind mitversichert, und für die unverheirateten volljährigen Kinder gilt dies so lange, bis sie erstmals eine auf Dauer angelegte berufliche Tätigkeit ausüben und hierfür ein Entgelt erhalten.*

Der Verkehrsrechtsschutz ist umfassend. Er erstreckt sich im einzelnen auf Straf-Rechtsschutz, Ordnungswidrigkeiten-Rechtsschutz, Schadensersatz-Rechtsschutz, Verwaltungs-Rechtsschutz in Verkehrssachen und im übrigen auch auf Kraftfahrzeug-Rechtsschutz im Vertrags- und Sachenrecht sowie auf Steuer-Rechtsschutz vor Gerichten.

Wichtig: *Beachten Sie aber eine wichtige Einschränkung, die unterschiedslos für jede Rechtsschutzversicherung gilt – egal, bei welcher Versicherungsgesellschaft Sie den Versicherungsvertrag abschließen: Vorsätzlich begangene oder nur vorsätzlich begehbare Straftaten sind vom Versicherungsschutz ausgeschlossen.*

Bei Verkehrsdelikten gilt jedoch die Besonderheit, daß zunächst auch dann Versicherungsschutz in Betracht kommt, wenn die Verkehrsstraftat vorsätzlich begehbar ist und vorsätzlich begangen wurde (zum Beispiel unerlaubtes Entfernen vom Unfallort). Kommt es dann allerdings zu einer rechtskräftigen Verurteilung wegen einer Vorsatztat, fällt der Versicherungsschutz nachträglich weg. Etwaige Zahlungen, die die Rechtsschutzversicherung beispielsweise schon an den Verteidiger geleistet hatte, sind dann zu erstatten.

6. Kapitel: Neuerteilung der Fahrerlaubnis – so machen Sie alles richtig

Wie sich im 5. Kapitel gezeigt hat, macht es für die Wiedererlangung der Fahrerlaubnis einen erheblichen Unterschied, ob ein Fahrverbot verhängt wurde oder die Fahrerlaubnis entzogen worden war. Nach Ablauf eines Fahrverbots erhalten Sie automatisch Ihren Führerschein zurück. Damit ist die Angelegenheit für Sie erledigt.

Anders verhält es sich dagegen, wenn das Gericht oder die Verkehrsbehörde die Fahrerlaubnis entzogen hat. Entziehung der Fahrerlaubnis bedeutet Verlust des Führerscheins. Der Führerschein wird eingezogen und entwertet. Die Fahrerlaubnis ist durch die Entziehung erloschen. Eine neue Fahrerlaubnis darf Ihnen frühestens nach der vom Gericht festgesetzten Sperrfrist erteilt werden. Voraussetzung ist dann allerdings, daß gegen Ihre Eignung zum Führen von Kraftfahrzeugen keine Bedenken bestehen.

Praxis-Tip: *Eine neue Fahrerlaubnis gibt es nur auf Antrag. Den müssen Sie bei der Fahrerlaubnisbehörde stellen, die für Ihren Wohnsitz zuständig ist. Welche das ist, erfahren Sie bei Ihrer Stadt- bzw. Gemeindeverwaltung oder bei der Kfz-Zulassungsstelle. Die Bearbeitung des Antrags nimmt einige Zeit in Anspruch. Stellen Sie den Antrag deshalb rechtzeitig vor Ablauf der Führerscheinsperre. Bereits drei Monate vor Ablauf der Sperrfrist dürfen Sie die Fahrerlaubnis neu beantragen.*

Zur Antragstellung sind insbesondere folgende Angaben erforderlich, die auf Verlangen der Verkehrsbehörde auch nachgewiesen werden müssen:

- Angaben zur Person und zum Wohnsitz
- Lichtbild
- Sehtestbescheinigung bzw. Zeugnis oder Gutachten eines Augenarztes (bei Beantragung einer Fahrerlaubnis der Klassen A, A1, B, BE, M, L und T)
- Zeugnis oder Gutachten über die körperliche und geistige Eignung (bei Beantragung einer Fahrerlaubnis der Klassen C, C1, CE, C1E, D, D1, DE und D1E sowie bei Beantragung der Fahrerlaubnis zur Fahrgastbeförderung)
- Bescheinigung über die Teilnahme an einem Erste-Hilfe-Kurs oder die Unterweisung in Sofortmaßnahmen am Unfallort
- Polizeiliches Führungszeugnis, sofern von der Verkehrsbehörde ausdrücklich verlangt

Die Verkehrsbehörde kann verlangen, daß Sie als Antragsteller persönlich dort erscheinen. Der Grund dafür ist der neue EU-Führerschein, der besonders fälschungssicher gestaltet ist. Dazu wird die Unterschrift des Führerscheininhabers drucktechnisch in den Führerschein integriert. Diese muß auf besonderem Material geleistet werden. Das kennen Sie schon von Ihrer Scheckkarte her. Damit jegliche Mißbrauchsgefahr ausgeschlossen ist, soll die Unterschrift nach Möglichkeit »vor Ort« bei der Verkehrsbehörde geleistet werden.

Praxis-Tip: *Es ist auch zulässig, den Antrag zur Wiedererlangung der Fahrerlaubnis über eine Fahrschule zu stellen. In diesem Fall muß die Unterschrift in der Fahrschule geleistet werden.*

TIP

Wann es auch ohne neue Ausbildung und Fahrprüfung geht

Für die Wiedererteilung der Fahrerlaubnis gelten dieselben Vorschriften, wie wenn Sie erstmals einen Führerschein beantragen. Die Fahrerlaubnis wird also nur erteilt, wenn Sie Ihre Befähigung zur Teilnahme am Straßenverkehr durch eine theoretische und praktische Prüfung nachgewiesen haben. Aber wie so oft bei den Vorschriften über den Straßenverkehr: kein Grundsatz ohne Ausnahme. Und hier können Sie unter Umständen gleich von zwei ganz wichtigen Ausnahmen profitieren.

Auf eine erneute Ausbildung kann verzichtet werden

Die Verkehrsbehörde kann auf eine Fahrerlaubnisprüfung verzichten, wenn sie davon ausgehen kann, daß Sie die erforderlichen Kenntnisse und Fähigkeiten noch besitzen. Diese Annahme ist immer dann gerechtfertigt, wenn keine Beweise für das Gegenteil vorliegen. Gemeint sind die Kenntnisse und Fähigkeiten, die in der theoretischen und praktischen Prüfung unter Beweis zu stellen sind. Zur Erinnerung: In der theoretischen Prüfung hat der Führerscheinbewerber nachzuweisen, daß er

- ausreichende Kenntnisse der für das Führen von Kraftfahrzeugen maßgebenden gesetzlichen Vorschriften sowie der umweltbewußten und energiesparenden Fahrweise hat und
- mit den Gefahren des Straßenverkehrs und den zu ihrer Abwehr erforderlichen Verhaltensweisen vertraut ist.

Gegenstand der theoretischen Prüfung sind Kenntnisse auf folgenden Sachgebieten: Gefahrenlehre, Verhalten im Straßenverkehr, Vorfahrt und Vorrang, Verkehrszeichen, Umweltschutz, Vorschriften über den Betrieb der Fahrzeuge, Technik sowie Eignung und Befähigung von Kraftfahrern.

In der praktischen Prüfung muß der Führerscheinbewerber schließlich unter Beweis stellen, daß er

- über die zur sicheren Führung eines Kraftfahrzeugs, gegebenenfalls mit Anhänger, im Verkehr erforderlichen technischen Kenntnisse und

- über ausreichende Kenntnisse einer umweltbewußten und energiesparenden Fahrweise verfügt sowie
- zu ihrer praktischen Anwendung fähig ist.

Bewerber um eine Fahrerlaubnis der Klassen D, D1, DE oder D1E müssen darüber hinaus ausreichende Fahrfertigkeiten nachweisen.

Wichtigster Bestandteil der praktischen Prüfung ist die Prüfungsfahrt. Der Bewerber muß fähig sein, das Fahrzeug selbständig und auch in schwierigen Verkehrslagen verkehrsgerecht und sicher zu führen sowie seine Fahrweise dem jeweiligen Verkehrsfluß anzupassen. Daneben soll er auch bei der Prüfungsfahrt zeigen, daß er auch über ausreichende Kenntnisse der für das Führen eines Kraftfahrzeugs maßgebenden gesetzlichen Vorschriften und einer umweltbewußten und energiesparenden Fahrweise verfügt, sie anzuwenden versteht sowie mit den Gefahren des Straßenverkehrs und den zu ihrer Abwehr erforderlichen Verhaltensweisen vertraut ist. Fahrprüfer achten deshalb vor allem auf folgende Verhaltensweisen:

- Fahrtechnische Vorbereitung der Fahrt
- Verhalten beim Anfahren
- Gang wechseln
- Automatische Kraftübertragung
- Beobachtung der Fahrbahn unter Achtung der Verkehrszeichen und -einrichtungen
- Fahrgeschwindigkeit
- Abstand halten vom vorausfahrenden Fahrzeug
- Überholen
- Verhalten an Kreuzungen und Einmündungen
- Abbiegen und Fahrstreifenwechsel
- Verhalten gegenüber Fußgängern, die die Fahrbahn überqueren

- Fahren außerhalb geschlossener Ortschaften
- Fahrtechnischer Abschluß der Fahrt

Wichtig: *Wenn die Fahrerlaubnis nach vorausgegangener Entziehung neu erteilt werden soll, ist eine erneute theoretische Ausbildung nicht erforderlich. Der Fahrlehrer muß sich allerdings davon überzeugen, daß der Antragsteller über die zum Führen eines Kraftfahrzeugs erforderlichen Kenntnisse und Fähigkeiten verfügt. Nur dann darf er ihn zur praktischen Prüfung anmelden. Und auch auf die praktische Prüfung kann verzichtet werden, wenn Anhaltspunkte für Befähigungsmängel fehlen.*

Achtung: *Ein Verzicht ist aber höchstens bis zu zwei Jahre nach Entziehung der Fahrerlaubnis möglich. Von dieser Frist kann nur in seltenen Ausnahmefällen unter folgenden Voraussetzungen abgewichen werden:*

- Die Ablegung der Prüfung wäre für den Antragsteller mit einer unbilligen Härte verbunden;
- die Frist wird nur geringfügig (z. B. bis zu drei Monaten) überschritten;
- der Antragsteller hat die Fristüberschreitung nicht zu vertreten;
- es liegen keine Tatsachen vor, die Bedenken gegen die Befähigung des Antragstellers begründen könnten.

Achtung: *Bei der Zweijahresfrist kommt es nicht darauf an, ob Ihnen die Fahrerlaubnis für mehr als zwei Jahre entzogen war. Auch dann, wenn die Sperre beispielsweise nur sechs oder zwölf Monate dauerte, riskieren Sie, daß Sie die Prüfung noch einmal neu ablegen müssen. Das ist immer dann der Fall, wenn zuviel Zeit ins Land geht, weil Sie sich entweder nicht um die Wiedererteilung der Fahrerlaubnis kümmern oder Ihnen einfach die Zeit dafür fehlt (z. B. bei einem Auslandsaufenthalt).*

Praxis-Tip: *Notieren Sie sich stets zwei Termine: Erstens den Termin, an dem die Zweijahresfrist abläuft, und zweitens den Termin, zu dem Sie sich spätestens um die Wiedererteilung der Fahrerlaubnis kümmern wollen.*

Wann eine Eignungsprüfung erforderlich ist

Grundsätzlich haben Sie einen Rechtsanspruch auf Erteilung der Fahrerlaubnis, wenn Sie die gesetzlichen Voraussetzungen erfüllen. Eine Eignungsprüfung ist nur erforderlich, wenn im Einzelfall dazu Anlaß besteht. Dazu müssen Tatsachen bekannt werden, die Bedenken gegen Ihre Eignung oder Befähigung begründen. Ungeeignetsein kann durch Krankheit oder körperliche Mängel sowie durch erhebliche oder wiederholte Verkehrsverstöße begründet sein. Die Verkehrsbehörde muß von Amts wegen zur Erteilung der Fahrerlaubnis über die Eignung zum Führen eines Kraftfahrzeugs Ermittlungen anstellen. Zur Vorbereitung ihrer Entscheidung kann die Verkehrsbehörde ein ärztliches Gutachten anfordern. Ist dies der Fall, bestimmt die Verkehrsbehörde auch, ob das Gutachten von einem

- für die Fragestellung zuständigen Facharzt mit verkehrsmedizinischer Qualifikation,
- Arzt des Gesundheitsamtes oder einem anderen Arzt der öffentlichen Verwaltung oder
- Arzt mit der Gebietsbezeichnung »Arbeitsmedizin« oder der Zusatzbezeichnung »Betriebsmedizin«

erstellt werden soll.

Gegebenenfalls kann die Verkehrsbehörde auch mehrere solcher Anordnungen treffen.

Ferner mag die Verkehrsbehörde auch verlangen, daß das Gutachten eines amtlich anerkannten Sachverständigen oder Prüfers für den Kraftfahrzeugverkehr vorgelegt wird. Das kommt immer dann in Betracht, wenn geklärt werden muß, wie körperliche Mängel durch technische Einrichtungen ausgeglichen werden können. Auch dann, wenn die Befähigung zur Führung von Kraftfahrzeugen zweifelhaft ist, ist die Anordnung eines solchen Gutachtens die Regel. Ein derartiger weiterer Aufklärungsbedarf kann bestehen,

- wenn nach Würdigung eines bereits vorliegenden Gutachtens ein medizinisch-psychologisches Gutachten zusätzlich erforderlich ist,
- zur Vorbereitung einer Entscheidung über die Befreiung von den Vorschriften über das Mindestalter,
- bei erheblichen Auffälligkeiten, die im Rahmen einer Fahrerlaubnisprüfung mitgeteilt worden sind,
- bei Straftaten, die im Zusammenhang mit dem Straßenverkehr oder im Zusammenhang mit der Kraftfahrereignung stehen oder bei denen Anhaltspunkte für ein hohes Aggressionspotential existieren,
- bei der Neuerteilung der Fahrerlaubnis, wenn die Fahrerlaubnis wiederholt entzogen war oder die Entziehung der Fahrerlaubnis auf einer Straftat im Straßenverkehr beruht.

Achtung: *Wenn die Verkehrsbehörde ein Gutachten anfordert, bedeutet dies nicht zugleich, daß sie auch Auftraggeberin für das Gutachten ist. Genaugenommen ist es so, daß die Verkehrsbehörde das Gutachten bei Ihnen anfordert. Sie wiederum beauftragen dann einen Arzt oder eine Begutachtungsstelle mit der Erstellung des Gutachtens. Das hat insbesondere zur Folge, daß Sie dann auch die Kosten tragen müssen.*

Praxis–Tip: *Stellen Sie unbedingt sicher, daß das Gutachten unmittelbar Ihnen und nicht etwa der Verkehrsbehörde zugeschickt wird. Ganz klar: Wenn das Gutachten negativ ausfällt, wissen auch nur Sie das und nicht gleich auch die Verkehrsbehörde. Sie können dann mit Ihrem Anwalt in Ruhe überlegen, ob Sie woanders ein neues Gutachten in Auftrag geben oder den Antrag auf Wiedererteilung der Fahrerlaubnis zunächst einmal zurücknehmen, um die Voraussetzungen für ein positives Gutachten zu schaffen. Lesen Sie außerdem weiter unten (Seite 145), was die Teilnahme an einem Kurs zur Wiederherstellung der Fahreignung oder die Teilnahme an einem Aufbauseminar bringt.*

In den vorgenannten Fällen steht es im Ermessen der Verkehrsbehörde, ob sie ein solches Gutachten einholt. Zwingend vorgeschrieben ist ein solches Gutachten dagegen, wenn

- nach dem ärztlichen Gutachten zwar keine Alkoholabhängigkeit, jedoch Anzeichen für Alkoholmißbrauch vorliegen oder sonst Tatsachen die Annahme von Alkoholmißbrauch begründen,
- wiederholt Zuwiderhandlungen im Straßenverkehr unter Alkoholeinfluß begangen wurden,
- ein Fahrzeug im Straßenverkehr bei einer Blutalkoholkonzentration von 1,6 Promille oder einer Atemalkoholkonzentration von 0,8 mg/l oder mehr geführt wurde,
- die Fahrerlaubnis aus einem der vorgenannten Gründe entzogen war,
- sonst zu klären ist, ob Alkoholmißbrauch nicht mehr besteht,
- die Fahrerlaubnis wegen Betäubungsmittel- oder Arzneimittelmißbrauchs entzogen war oder
- zu klären ist, ob der Antragsteller noch abhängig ist, oder – ohne abhängig zu sein – weiterhin Betäubungsmittel oder Arzneimittel mißbräuchlich einnimmt.

War der Führerscheinbewerber alkoholabhängig, muß das Gutachten Auskunft über die Überwindung der Abhängigkeit geben. Lag Alkoholmißbrauch vor, hat sich das Gutachten zur Fähigkeit des Bewerbers zu äußern, Trinken und Fahren trennen zu können.

Was Sie tun können, wenn Sie keine Fahrerlaubnis erhalten

Wenn die Verkehrsbehörde die Wiedererteilung der Fahrerlaubnis ablehnen will, muß dies zunächst einmal schriftlich geschehen. Gegen diesen Ablehnungsbescheid können Sie Widerspruch einlegen. Das muß innerhalb eines Monats nach Zugang des Bescheids bei Ihnen geschehen. Ihren Widerspruch richten Sie an die Verkehrsbehörde, die den Ablehnungsbescheid erlassen hat. Welche das ist, ergibt sich aus dem Briefkopf des Bescheids.

Es ist nicht unbedingt erforderlich, daß Sie Ihren Widerspruch auch so bezeichnen. Aus Ihrem Schreiben muß sich allerdings eindeutig ergeben, daß Sie sich gegen den Ablehnungsbescheid zur Wehr setzen wollen. Wie sonst im Leben gilt aber auch hier: Je konkreter Sie Ihr Anliegen formulieren, desto einfacher kann es auch bearbeitet werden.

Eine Begründung für den Widerspruch müssen Sie nicht gleich mitliefern. Sie können dies später nachholen oder aber auch ganz darauf verzichten. Letzteres ist allerdings wenig hilfreich. Nur wenn Sie schildern, warum Sie mit dem Ablehnungsbescheid nicht einverstanden sind, wahren Sie Ihre Interessen optimal.

Auch dann, wenn Sie sich noch nicht abschließend entschieden haben, ob ein Widerspruch gegen den Ablehnungsbescheid wirklich sinnvoll ist, müssen Sie handeln. Legen Sie in diesem Fall vorsorglich zur Fristwahrung Widerspruch ein. Sonst riskieren Sie, daß der Ablehnungsbescheid »bestandskräftig« wird. Das bedeutet, daß der Ablehnungsbescheid dann uneingeschränkt wirksam ist und Sie sich gegen ihn in der Regel nicht mehr wehren können.

Praxis-Tip: *Wenn es Ärger um die Wiedererteilung der Fahrerlaubnis gibt, empfiehlt es sich dringend, anwaltliche Hilfe in Anspruch zu nehmen. Aus terminlichen Gründen ist es nicht immer möglich, daß Sie sich rechtzeitig innerhalb der Widerspruchsfrist beraten lassen können. So können Sie beispielsweise krankheitsbedingt oder aus beruflichen oder betrieblichen Gründen verhindert sein, rechtzeitig einen Anwalt aufzusuchen. Auch in diesem Fall wahren Sie Ihre Interessen optimal, wenn Sie fristwahrend Widerspruch einlegen und alles weitere dann später in Ruhe mit dem Anwalt besprechen.*

Behalten Sie sich in diesem Fall der Verkehrsbehörde gegenüber aber eine schriftliche Stellungnahme vor. So können Sie beispielsweise schreiben:

»Der Widerspruch erfolgt zunächst nur fristwahrend. Ob der Widerspruch aufrechterhalten bleibt, teile ich Ihnen innerhalb eines Monats mit. Innerhalb dieser Frist wird gegebenenfalls auch eine Begründung des Widerspruchs nachgereicht.«

Wird Ihr Widerspruch gegen den Ablehnungsbescheid ebenfalls abgeschmettert, bleibt Ihnen nur noch die Möglichkeit, Klage zu erheben. Vor dem Verwaltungsgericht müssen Sie sich nicht zwingend durch einen Rechtsanwalt vertreten lassen. Die Praxis sieht jedoch anders aus: Die Materie ist so komplex, daß Sie Ihre Interessen meist nur mit Hilfe eines Rechtsanwalts durchsetzen können.

Rettungsanker 1: Teilnahme am Kurs zur Wiederherstellung der Eignung

Stellen Sie sich folgende Situation vor: Das Gutachten einer amtlich anerkannten Begutachtungsstelle für Fahreignung kommt zu dem Ergebnis, daß Ihnen die Eignung zum Führen von Fahrzeugen fehlt. Das bedeutet zunächst einmal, daß eine Wiedererteilung der Fahrerlaubnis nicht in Betracht kommt. Einen Lichtblick enthält das Gutachten aber noch. Es weist darauf hin, daß Sie Ihre Eignungsmängel durch die Teilnahme an einem Kurs zur Wiederherstellung der Eignung beheben können. Beachten Sie dazu im einzelnen folgendes: Es muß sich um einen amtlich anerkannten Kurs handeln. Das setzt voraus, daß dem Kurs ein auf wissenschaftlicher Grundlage entwickeltes Konzept zugrunde liegt. Ferner ist Voraussetzung, daß die Eignung des Kurses durch ein unabhängiges wissenschaftliches Gutachten bestätigt wurde. Auch sollten die Kursleiter in besonderer Weise qualifiziert sein; sie müssen folgende Voraussetzungen mitbringen:

- Abschluß eines Hochschulstudiums als Diplom-Psychologe
- Eine verkehrspsychologische Ausbildung an einer Universität oder gleichrangigen Hochschule beziehungsweise bei einer Stelle, die sich mit der Begutachtung oder Wiederherstellung der Kraftfahreignung befaßt
- Kenntnisse und Erfahrung in der Untersuchung und Begutachtung der Eignung von Kraftfahrern
- Eine Ausbildung als Kursleiter in Kursen für Kraftfahrer, die Zuwiderhandlungen gegen verkehrsrechtliche Vorschriften begangen haben

Außerdem muß die Wirksamkeit des Kurses in einem nach dem Stand der Wissenschaft durchgeführten Bewertungsverfahren nachgewiesen worden sein. Schließlich ist noch erforderlich, daß der Kursveranstalter durch die Bundesanstalt für Straßenwesen akkreditiert ist.

Wichtig: *Die Verkehrsbehörde muß der Teilnahme an dem Kurs zustimmen. Legen Sie dann später eine entsprechende Bescheinigung über Ihre Teilnahme an einem solchen Seminar vor, genügt dies als Nachweis über die wiederhergestellte Eignung zum Führen eines Kraftfahrzeugs. Eine erneute medizinisch-psychologische Begutachtung ist dann regelmäßig nicht erforderlich.*

Rettungsanker 2: Teilnahme am Aufbauseminar

Hier stellt sich die Situation wie folgt dar: Sie haben mehr als 14, aber nicht mehr als 17 Punkte. Die Verkehrsbehörde hat Sie aufgefordert, an einem Aufbauseminar teilzunehmen, und Ihnen dafür eine Frist gesetzt. Dieser Aufforderung sind Sie nicht nachgekommen. Deshalb wurde Ihnen die Fahrerlaubnis entzogen. In diesem Fall darf Ihnen eine neue Fahrerlaubnis nur dann erteilt werden, wenn Sie Ihre Teilnahme an einem Aufbauseminar nachgeholt haben.

Das Aufbauseminar wird in Gruppen mit mindestens sechs und höchstens zwölf Teilnehmern durchgeführt. Es besteht aus einem Kurs mit vier Sitzungen von jeweils 135 Minuten Dauer in einem Zeitraum von zwei bis vier Wochen. Zusätzlich wird zwischen der ersten und der zweiten Sitzung eine Fahrprobe durchgeführt; sie soll dazu dienen, vorhandene Defizite zu erkennen und mit den Teilnehmern zu besprechen.

Achtung: *Über die Teilnahme am Aufbauseminar wird vom Seminarleiter eine Teilnahmebescheinigung ausgestellt. Diese enthält Angaben zum Seminarmodell sowie zum Umfang und zur Dauer des Seminars.*

Wichtig: *Wird auch nur eine einzige Sitzung des Seminars versäumt, wird die Teilnahmebescheinigung verweigert. Wer das Seminar stört oder beispielsweise im alkoholisierten Zustand erscheint, wird von der weiteren Teilnahme ausgeschlossen.*

Praxis-Tip: *Sie können auch freiwillig an einem Aufbauseminar teilnehmen. Sie können sich dadurch in der Verkehrssünderkartei einen Punkterabatt von bis zu vier Punkten verschaffen. Einzelheiten dazu lesen Sie im 7. Kapitel.*

7. Kapitel: Wie Sie Punkte sammeln – und wieder abbauen

Das Verkehrszentralregister wird vom Kraftfahrt-Bundesamt in Flensburg geführt. Besser bekannt ist es als sogenannte Verkehrssünderkartei. Das Verkehrszentralregister wird geführt zur Speicherung von Daten, die erforderlich sind

- für die Beurteilung der Eignung und der Befähigung von Personen zum Führen von Kraftfahrzeugen,
- für die Prüfung der Berechtigung zum Führen von Fahrzeugen,
- für die Ahndung der Verstöße von Personen, die wiederholt Straftaten oder Ordnungswidrigkeiten, die im Zusammenhang mit dem Straßenverkehr stehen, begehen oder
- für die Beurteilung von Personen im Hinblick auf ihre Zuverlässigkeit bei der Wahrnehmung der ihnen durch Gesetz, Satzung oder Vertrag übertragenen Verantwortung für die Einhaltung der zur Sicherheit im Straßenverkehr bestehenden Vorschriften.

Der Sinn und Zweck des Verkehrszentralregisters bildet zugleich auch den Maßstab für Art und Umfang der einzutragenden Daten und deren Verwertung.

Was im Verkehrszentralregister eingetragen wird

In der Verkehrssünderkartei werden Daten über folgende Vorgänge gespeichert:

- Rechtskräftige Entscheidungen der Strafgerichte, soweit sie wegen einer im Zusammenhang mit dem Straßenverkehr begangenen rechtswidrigen Tat auf Strafe oder Verwarnung mit Strafvorbehalt erkennen oder einen Schuldspruch enthalten
- Rechtskräftige Entscheidungen der Strafgerichte, die die Entziehung der Fahrerlaubnis, eine isolierte Sperre oder ein Fahrverbot anordnen, sowie Entscheidungen der Strafgerichte, die die vorläufige Entziehung der Fahrerlaubnis anordnen
- Rechtskräftige Entscheidungen wegen einer Ordnungswidrigkeit nach § 24 oder § 24 a StVG, wenn gegen die Betroffenen ein Fahrverbot nach § 25 StVG angeordnet oder eine Geldbuße von mindestens 80 DM festgesetzt ist, soweit § 28 a StVG nichts anderes bestimmt
- Unanfechtbare oder sofort vollziehbare Verbote oder Beschränkungen, ein fahrerlaubnisfreies Fahrzeug zu führen
- Unanfechtbare Versagungen einer Fahrerlaubnis
- Unanfechtbare oder sofort vollziehbare Entziehungen, Widerrufe oder Rücknahmen einer Fahrerlaubnis durch Verwaltungsbehörden
- Verzichte auf die Fahrerlaubnis
- Unanfechtbare Ablehnungen eines Antrags auf Verlängerung der Geltungsdauer einer Fahrerlaubnis
- Die Beschlagnahme, Sicherstellung oder Verwahrung von Führerscheinen

- Unanfechtbare Entscheidungen ausländischer Gerichte und Verwaltungsbehörden, in denen Inhabern einer deutschen Fahrerlaubnis das Recht aberkannt wird, von der Fahrerlaubnis in dem betreffenden Land Gebrauch zu machen
- Maßnahmen der Fahrerlaubnisbehörde nach § 2 a, Abs. 2, S. 1, Nr. 1 und 2 und § 4, Abs. 3, S. 1 Nr. 1 und 2 StVG
- Die Teilnahme an einem Aufbauseminar und die Art des Aufbauseminars sowie die Teilnahme an einer verkehrspsychologischen Beratung, soweit dies für die Anwendung der Regelungen der Fahrerlaubnis auf Probe und des Punktsystems erforderlich ist
- Entscheidungen oder Änderungen, die sich auf eine der vorgenannten Eintragungen beziehen
- Entscheidungen der Gerichte und Verkehrsbehörden. Sie werden erst eingetragen, wenn sie rechtskräftig geworden sind. Zwischen dem Zeitpunkt des Verkehrsverstoßes und der Eintragung der rechtskräftigen Entscheidung im Verkehrszentralregister kann unter Umständen ein längerer Zeitraum liegen

Im Rahmen der Eintragungen in das Verkehrszentralregister werden folgende Daten gespeichert:

- Familiennamen, Geburtsnamen, sonstige frühere Namen, soweit hierzu Eintragungen vorliegen, Vornamen, Ordens- oder Künstlernamen, Doktorgrad, Geschlecht, Tag und Ort der Geburt, Anschrift des Betroffenen, Staatsangehörigkeit sowie Hinweise auf Zweifel an der Identität
- Die entscheidende Stelle, der Tag der Entscheidung, die Geschäftsnummer oder das Aktenzeichen, die mitteilende Stelle und der Tag der Mitteilung
- Ort, Tag und Zeit der Tat, die Angabe, ob die Tat im Zusammenhang mit einem Verkehrsunfall steht, die Art der Verkehrsteilnahme sowie die Fahrzeugart
- Der Tag des ersten Urteils oder bei einem Strafbefehl der Tag der Unterzeichnung durch den Richter sowie der Tag der

Rechtskraft oder Unanfechtbarkeit, der Tag einer vorläufigen Entziehung der Fahrerlaubnis

- Bei Entscheidungen wegen einer Straftat oder einer Ordnungswidrigkeit die rechtliche Bezeichnung der Tat unter Angabe der angewendeten Vorschriften, bei sonstigen Entscheidungen die Art, die Rechtsgrundlagen sowie bei verwaltungsbehördlichen Entscheidungen der Grund der Entscheidung
- Die Haupt- und Nebenstrafen, die nach § 59 StGB vorbehaltene Strafe, das Absehen von Strafe, die Maßregeln der Besserung und Sicherung, die Erziehungsmaßregeln, die Zuchtmittel oder die Jugendstrafe, die Geldbuße und das Fahrverbot, auch bei Gesamtstrafenbildung für die einbezogene Entscheidung
- Bei einer Entscheidung wegen einer Straftat oder wegen einer Ordnungswidrigkeit die vorgeschriebene Punktzahl und die entsprechende Kennziffer
- Die Fahrerlaubnisdaten unter Angabe der Fahrerlaubnisnummer, der Art der Fahrerlaubnis, der Fahrerlaubnisklassen, der erteilenden Behörde und des Tages der Erteilung, soweit sie im Rahmen von Entscheidungen wegen Straftaten oder Ordnungswidrigkeiten dem Verkehrszentralregister mitgeteilt sind
- Bei einer Versagung oder Entziehung der Fahrerlaubnis durch eine Fahrerlaubnisbehörde der Grund der Entscheidung und die entsprechende Kennziffer
- Bei einem Verzicht auf die Fahrerlaubnis der Tag des Zugangs der Verzichtserklärung bei der zuständigen Behörde
- Bei einem Fahrverbot der Hinweis auf § 25 Abs. 2 a, S. 1 StVG und der Tag des Fristablaufs sowie bei einem Verbot oder einer Beschränkung, ein fahrerlaubnisfreies Fahrzeug zu führen, der Tag des Ablaufs oder der Aufhebung der Maßnahme
- Bei der Teilnahme an einem Aufbauseminar oder einer verkehrspsychologischen Beratung die rechtliche Grundlage, der Tag der Beendigung des Aufbauseminars, der Tag der Ausstel-

lung der Teilnahmebescheinigung und der Tag, an dem die Bescheinigung der Behörde vorgelegt wurde
- Der Punktabzug aufgrund der Teilnahme an einem Aufbauseminar oder einer verkehrspsychologischen Beratung
- Bei Maßnahmen nach § 2 a Abs. 2, S. 1, Nr. 1 und 2 und § 4 Abs. 3, S. 1, Nr. 1 und 2 StVG die Behörde, der Tag und die Art der Maßnahme sowie die gesetzte Frist, die Geschäftsnummer oder das Aktenzeichen

Demgegenüber werden nicht in das Verkehrszentralregister eingetragen:

- Rechtskräftige Entscheidungen von Verkehrsbehörden und Gerichten, wenn der zu zahlende Geldbetrag (ohne Verfahrenskosten) unter 80 DM liegt, also Verwarnungsgelder bis 75 DM
- Verstöße gegen Sozial- und Arbeitszeitvorschriften wie beispielsweise Verstoß gegen die Tageslenkzeiten
- Beschlüsse über die Einstellung von Strafverfahren bei geringer Schuld des Betroffenen
- Beschlüsse über die Einstellung von Strafverfahren nach Erfüllung einer bestimmten Auflage, wie beispielsweise Zahlung einer Geldbuße

Wann die Eintragungen wieder getilgt werden:

Nach Ablauf eines bestimmten Zeitraums werden die Eintragungen getilgt. Das bedeutet, daß diese aus dem Verkehrszentralregister entfernt oder unkenntlich gemacht werden. Sogleich dürfen die getilgten Eintragungen nicht mehr verwertet werden. Die Tilgungsfristen betragen zwei bis zehn Jahre. Unterscheiden Sie folgende Tilgungsfristen:

- Zwei Jahre bei Entscheidungen wegen einer Ordnungswidrigkeit, die Höhe des Bußgelds spielt keine Rolle

- Fünf Jahre bei Verurteilungen wegen Verkehrsstrafsachen zu Geldstrafen oder Freiheitsstrafen bis zu drei Monaten
- Zehn Jahre bei Verurteilungen wegen Verkehrsstrafsachen zu einer Freiheitsstrafe von mehr als drei Monaten

Bei Verkehrsordnungswidrigkeiten beginnt die Löschungsfrist mit dem Tag der Rechtskraft des Bußgeldbescheids oder – nach Einspruch – mit dem Tag der Rechtskraft der Entscheidung des Gerichts. Bei Verkehrsstraftaten beginnt die Löschungsfrist mit dem Tag des ersten Urteils und bei Strafbefehlen schließlich mit dem Tag der Unterzeichnung durch den Richter, also schon vor Rechtskraft der Entscheidung.

Achtung: *Bußgeldbescheide werden nach Ablauf von zwei Jahren gelöscht. Das gilt jedoch nicht, wenn in diesem Zeitraum wieder eine Verkehrsordnungswidrigkeit im Verkehrszentralregister eingetragen wird. Dann erfolgt die Löschung aller eingetragenen Bußgeldbescheide erst zusammen mit der letzten Löschung.*

Praxis-Tip: *Das zeigt, wie wichtig es ist, über die Eintragungen im Verkehrszentralregister informiert zu sein. So kann es sich beispielsweise empfehlen, gegen einen Bußgeldbescheid nur deshalb Einspruch einzulegen, damit er nicht rechtskräftig wird. Das macht immer dann Sinn, wenn die »gewonnene« Zeit reicht, damit eine bereits eingetragene Entscheidung in der Zwischenzeit getilgt werden kann. Wie Sie eine Auskunft aus dem Verkehrszentralregister einholen, lesen Sie auf Seite 153.*

Achtung: *Kein Bußgeldbescheid bleibt jedoch länger als fünf Jahre eingetragen. Dies gilt unabhängig davon, ob noch andere Eintragungen vorhanden sind. Aber auch hier gibt es eine Ausnahme von der Regel: Eintragungen über Bußgeldbescheide wegen Verstoßes gegen die 0,8-Promille-Grenze, die 0,5-Promille-Grenze und das Drogenverbot bleiben stehen. Und auch die Tilgung der Eintra-*

gung einer Entscheidung wegen einer Ordnungswidrigkeit unterbleibt auf jeden Fall so lange, wie der Betroffene im zentralen Fahrerlaubnisregister als Inhaber einer Fahrerlaubnis auf Probe gespeichert ist.

Beachten Sie außerdem: Tilgungsreife Ordnungswidrigkeiten dürfen in Verfahren, in denen es um die Erteilung, Entziehung oder Neuerteilung der Fahrerlaubnis geht, nicht verwertet werden. Sind jedoch Verurteilungen wegen Verkehrsstraftaten eingetragen, gilt folgende Besonderheit: Diese Eintragungen hemmen die Löschung aller anderen eingetragenen und neu dazugekommenen Strafen und Geldbußen. Solange die Geld- oder Freiheitsstrafe eingetragen ist, bleiben also auch sämtliche Bußgeldbescheide im Verkehrszentralregister stehen.

So erhalten Sie Auskunft

Sie können vom Kraftfahrt-Bundesamt jederzeit Auskunft über die Sie betreffenden Eintragungen im Verkehrszentralregister verlangen. Die Auskunft ist unentgeltlich. Es entstehen keine Gebühren, und es sind auch keine Auslagen zu erstatten. Die Auskunft erfolgt allerdings nur auf Antrag. Dazu genügt ein formloses Schreiben. Allerdings muß ein Identitätsnachweis beigefügt sein. Das ist eine amtliche Beglaubigung der Unterschrift oder Geburtsurkunde. Statt dessen können Sie auch eine beglaubigte Kopie Ihres Personalausweises beifügen. Den Identitätsnachweis erhalten Sie bei jeder Behörde, speziell natürlich bei Ihrer Stadt- oder Gemeindeverwaltung, oder beispielsweise auch auf jeder Polizeistation. Haben Sie einen Rechtsanwalt damit beauftragt, die Auskunft einzuholen, muß er eine Vollmacht beifügen.

Bei jeder Eintragung gibt's auch Punkte

Jeder im Verkehrszentralregister eingetragene Verkehrsverstoß wird mit 1–7 Punkten bewertet. Die Einzelheiten ergeben sich aus dem Verwarnungsgeldkatalog, der ab Seite 216 abgebildet ist.

Wenn sich Ihr Punktekonto langsam füllt, sieht sich das die Verkehrsbehörde eine Zeitlang mit an. Wird aber eine bestimmte Punktzahl erreicht, ist die Verkehrsbehörde verpflichtet, Maßnahmen zu ergreifen. Diese dienen in erster Linie aber dazu, den betreffenden Autofahrern eine Hilfestellung zu geben und damit vorbeugend zu wirken. Autofahrer, die dieses Angebot und die Hilfestellung annehmen, um ihre Defizite zu beheben, kommen in den Genuß eines Bonussystems für die Teilnahme an freiwilligen Schulungsmaßnahmen. Im einzelnen gilt folgendes: Haben sich in der Verkehrssünderkartei neun Punkte angesammelt, wird der betreffende Autofahrer verwarnt. In einem Anschreiben wird er zugleich auf die Verkehrsverstöße hingewiesen, auf die sich die Punktezahl bezieht. Zugleich ermahnt die Verkehrsbehörde den Autofahrer eindringlich, sich künftig verkehrsgerecht zu verhalten. Auch wird er darauf aufmerksam gemacht, daß er bei weiteren Verkehrsverstößen damit zu rechnen hat, daß seine Eignung zum Führen von Kraftfahrzeugen überprüft wird. Mit anderen Worten: Es wird mit der Entziehung der Fahrerlaubnis gedroht, wenn sich der Verkehrssünder nicht bessert.

Bei 14 Punkten, aber nicht mehr als 17 Punkten wird die Teilnahme an einem Aufbauseminar Pflicht. Hat der Autofahrer innerhalb der letzten fünf Jahre bereits an einer solchen Nachschulung teilgenommen, verbleibt es bei einer schriftlichen Verwarnung. In beiden Fällen wird der betreffende Autofahrer zusätzlich darauf hingewiesen, daß die Möglichkeit einer verkehrspsychologischen Beratung besteht.

Werden 18 oder mehr Punkte erreicht, wird automatisch die Fahrerlaubnis entzogen. Dabei spielt es keine Rolle, aufgrund welcher Verkehrsverstöße und in welchem Zeitraum sich die Punkte angesammelt haben. Eine Neuerteilung der Fahrerlaubnis kommt frühestens nach Ablauf von sechs Monaten in Betracht. Weitere Voraussetzung ist dann, daß der betreffende Autofahrer ein positives medizinisch-psychologisches Gutachten präsentieren kann.

So profitieren Sie vom Bonussystem

Das ist neu seit Anfang 1999: Sie haben die Möglichkeit, Ihren Kontostand in der Flensburger Verkehrssünderkartei planmäßig zu reduzieren. Das setzt voraus, daß Sie an einem sogenannten Aufbauseminar teilnehmen. Dabei handelt es sich um eine Nachschulung. Entsprechende Seminare werden überall in Deutschland durchgeführt. Ziel der Seminare ist es, die Teilnehmer zum richtigen partnerschaftlichen Verhalten im Straßenverkehr anzuleiten und dieses Verhalten zu fördern. Dieser Punkterabatt ist drin:

- Wenn Sie freiwillig an einem Aufbauseminar teilnehmen und sich zu dem Zeitpunkt noch nicht mehr als acht Punkte auf Ihrem Konto angesammelt haben, werden Ihnen vier Punkte erlassen.
- Haben Sie neun, aber nicht mehr als 13 Punkte, gibt es bei einer Teilnahme am Aufbauseminar immerhin noch einen Abzug von zwei Punkten.
- Bei 14 Punkten, aber nicht mehr als 17 Punkten ist die Teilnahme an einem Aufbauseminar Pflicht. Nehmen Sie aber freiwillig noch an einer zusätzlichen verkehrspsychologischen Beratung teil, werden Ihnen ebenfalls immer noch zwei Punkte abgezogen.

Teil II

8. Kapitel: MPU – Medizinisch-Psychologische-Untersuchung

Im Alltag wird die Medizinisch-Psychologische-Untersuchung (MPU) scherzhaft gern als Idiotentest verspottet. Dabei ist dieser Test weder von noch für Idioten gemacht. In Wahrheit handelt es sich um eine medizinische und psychologisch ausgeklügelte Untersuchung, die etwa einen ganzen Tag dauert. Für die meisten Menschen ist die MPU ein Buch mit sieben Siegeln. Keiner weiß so richtig, was da passiert, und derjenige, der an einer MPU teilnehmen muß, steht hilflos davor. Diese Unwissenheit, verbunden mit Unsicherheit und Angst, sorgt dann dafür, daß man scheitert – eine logische Konsequenz. Doch eine Vorbereitung auf die MPU ist nicht unmöglich. Im Gegenteil: Jeder kann sich für diese Untersuchung fit machen.

Das MPU-Trainingsprogramm

- Informationen über die MPU einholen
- Den MPU-Stundenplan erstellen, um zu wissen, was läuft
- Die Schwerpunkte der MPU herausfiltern
- Den Persönlichkeitstest studieren, um zu erfahren, worauf es da ankommt
- Die Gespräche mit dem Psychologen vorbereiten. Was wollen die hören?
- Was für Tests können auf einen zukommen? Wie lassen sie sich knacken?
- Angstattacken und Blackout – keine Angst mehr vor der MPU

- Körperliche Fitneß – eine große Hilfe für die MPU
- Kraft aus Entspannungstechniken wie Yoga, Meditation und autogenem Training tanken, um sich optimal vorzubereiten

Das Trainingsprogramm für die MPU beinhaltet zahlreiche praktische Tips und Hilfen, die MPU erfolgreich zu meistern. Dabei ist von Ihnen aber auch Einsatz gefragt, denn ohne Ihre aktive Mithilfe kann es nicht funktionieren. Gehen Sie körperlich möglichst fit und gut ausgeschlafen in diesen Tag hinein. Denn der Tag der medizinisch-psychologischen Untersuchung ist mit viel Streß verbunden – und das ist auch Absicht. Dafür gibt es einen einleuchtenden psychologischen Grund: Man will Sie kennenlernen. Kaum jemandem gelingt es nämlich, sich unter Streß noch überzeugend zu verstellen. Sie sollen Ihre wahren Charaktereigenschaften während des Tests und spätestens beim Abschlußgespräch mit einem Psychologen offenlegen. Denn schließlich soll die MPU ergeben, ob Sie Ihren Führerschein zurückerhalten, und diese Entscheidung wird sehr gut abgewogen.

Achtung: *Man will bei der MPU erreichen, daß Sie sich nicht nur von Ihrer Sonnenseite zeigen! Schließlich tun Sie das am Steuer ja auch nicht. Und man will den Führerschein nicht dem Menschen geben, den Sie in einer Ausnahmesituation vorspielen und darstellen können, sondern dem Menschen, der Sie wirklich sind.*

Natürlich werden Sie aufgeregt und nervös sein. Wahrscheinlich geht es für Sie um eine sehr wichtige Frage, vielleicht hängt sogar Ihre berufliche Existenz am Führerschein. Um so wichtiger ist es, daß Sie optimal vorbereitet und fit sind. Wir nennen Ihnen im folgenden die wichtigsten Vorbereitungen, die Sie für diesen Tag treffen sollten.

9. Kapitel: Der MPU-Stundenplan

Damit Sie erst einmal wissen, wie so eine MPU-Prüfung abläuft, schildern wir Ihnen zunächst einen typischen Tagesablauf bei einer solchen Untersuchung. Die Teilnehmer werden zur MPU vorab eingeladen – Zeit und Ort werden dabei bekanntgegeben. Die MPU findet meist in einem Bürogebäude des TÜV oder der DEKRA statt. Man trifft sich in einem Raum mit Schulzimmeratmosphäre. Ab 8.00 Uhr beginnen sich die Teilnehmer der jeweiligen MPU in diesem Klassenzimmer einzufinden. Wie viele Menschen mit Ihnen gemeinsam geprüft und untersucht werden, läßt sich nicht vorhersagen. Stellen Sie sich auf etwa zehn andere Teilnehmer ein, und seien Sie auf folgendes gefaßt:

- Rechnen Sie mit einer verunsicherten, angespannten Stimmung unter den Teilnehmern – erfreut ist niemand, der diesen Raum betritt.
- Rechnen Sie als Raucher mit Rauchverbot.
- Rechnen Sie nicht mit einer entlastenden Gruppenatmosphäre und nicht mit Gruppendiskussionen. Die Gruppe hat nur den Zweck, einige der Tests ökonomischer durchführen zu können. Denn manche Prüfungen sind für alle Teilnehmer gleich.

Die Teilnehmergruppe besteht aus ertappten Verkehrssündern, aber auch aus Führerscheinanwärtern, die aufgrund besonderer körperlicher Beeinträchtigungen (zum Beispiel Sehschwächen) auf ihre Verkehrstauglichkeit untersucht werden sollen.
Etwa um 8.30 Uhr werden Sie vom Psychologen begrüßt. Die Namensliste zur Anwesenheitskontrolle wird abgearbeitet. Darüber hinaus gibt es eine Ausweiskontrolle, damit sich niemand vertreten läßt. Anschließend werden Personalbögen ausgefüllt. Sie enthalten die üblichen Angaben zur Person und zum Grund für die Teilnahme an dieser Untersuchung. Vier Schwerpunkte

der Untersuchung entscheiden dabei über den Führerschein (vgl. Zeitplan der MPU in Tabelle 10).

Tabelle 10: Stundenplan der MPU

Zeitplan der MPU	
8.00 Uhr	Ankunft der Teilnehmer
8.30 Uhr	**Begrüßung** durch den Testleiter, das ist meist ein Psychologe
8.45 oder 9.00 Uhr	*Schwerpunkt 1:* **Der große Persönlichkeitstest**
10.30 Uhr	*Schwerpunkt 2:* **Die medizinische Untersuchung**
	Mittagspause
14.00	*Schwerpunkt 3:* **Weitere psychologische Tests.** Beispielsweise zur Konzentrationsfähigkeit und zur räumlichen Wahrnehmung
15.45 Uhr	*Schwerpunkt 4:* **Die Schlußbesprechung mit einem Psychologen.** In aller Regel ist das ein anderer als der, der die Tests mit Ihnen gemacht hat.
16.30 Uhr	Ende des Prüfungstages

Es kann vorkommen, daß das Schlußgespräch erst bei einem zweiten Termin stattfindet. Das ist normalerweise dann der Fall, wenn die psychologischen Tests nicht per Computer ausgewertet werden. Für das Schlußgespräch braucht der Psychologe alle Ergebnisse der MPU. Sinn des Gespräches ist es, Ihnen noch ein letztes Mal auf den Zahn zu fühlen, um festzustellen, ob Sie sich ehrlich verhalten haben. Diese Absicht verpackt der Psychologe in ein freundliches Gespräch.

Achtung: *Der freundliche Psychologe hat Einsicht in all Ihre unfreundlichen Akten. Das sagt oder zeigt er Ihnen jedoch nicht.*

Ob Sie bestanden haben oder durchgefallen sind, werden Sie nie am Prüfungstag erfahren. Das Ergebnis wird Ihnen einige Tage später schriftlich bekanntgegeben.

10. Kapitel: Die MPU-Schwerpunkte

Das Prüfungsschema der MPU ist weder neu noch besonders originell. Natürlich wird auch bei der MPU nur mit Wasser gekocht, und das Wasser besteht hier aus bekannten psychologischen Testverfahren, die für diesen speziellen Einsatzzweck nur wenig abgewandelt worden sind. Das ändert aber nichts daran, daß sich niemand auf diese Überprüfung bis ins Detail vorbereiten kann, denn keine MPU gleicht haargenau der anderen. Für eine MPU kann man also nicht lernen wie beispielsweise für einen Vokabeltest in der Schule.

Merke: *Auf Auswendiglernen kommt es bei der MPU nicht an. Wichtig ist allein, daß Sie sich mit den Prinzipien und Zielen der MPU auseinandersetzen, sich hundertprozentig darauf einstellen. Worauf Sie gefaßt sein müssen und wie Sie sich am besten vorbereiten, erfahren Sie mit Hilfe unseres Trainingsprogramms.*

Wie Sie schon im Zeitplan gesehen haben, besteht ein typisches MPU-Programm aus vier Schwerpunkten:

- ***Schwerpunkt 1:*** Der Persönlichkeitstest. Es ist ein Papier-und-Bleistift-Test. Sie müssen zu zahlreichen Aussagen über Verhalten, Erleben und Charaktereigenschaften von Menschen Stellung beziehen und Ja oder Nein ankreuzen.
- ***Schwerpunkt 2:*** Medizinische Tests. Zum Beispiel werden Urin-

oder Blutproben genommen und Sehtests durchgeführt. Dazu kommt ein Apparatetest, mit dem Ihre Reaktionsgeschwindigkeit festgestellt werden soll.

- *Schwerpunkt 3:* Papier-und-Bleistift-Tests zur Erfassung der Konzentrationsfähigkeit und zur Abschätzung der räumlichen Wahrnehmung sowie Wissenstests. Sie sind ähnlich wie die in der Fahrschule, aber hier müssen Sie nicht aus vier vorgegebenen Antworten die richtige heraussuchen, sondern sie selbst formulieren.
- *Schwerpunkt 4:* Das Abschlußgespräch mit einem Psychologen. Sie werden es nicht als Testsituation empfinden, weil die Unterredung in einer angenehmen Atmosphäre stattfindet. Was der Psychologe dabei anspricht, sind Ungereimtheiten zwischen Ihren polizeilichen Akten (bei Verkehrssündern) sowie Testergebnissen und Aussagen, die Sie über sich gemacht haben.

Schwerpunkt 1: Der große Persönlichkeitstest

Nach der Begrüßung durch den Psychologen am Morgen des MPU-Tages wird allen Teilnehmern ein Fragebogen vorgelegt. Dieser Bogen enthält eine Version des ältesten Persönlichkeitstests, den es gibt: den Minnesota Multiphasic Personality Inventory, abgekürzt MMPI.

Hier eine kurze Erläuterung zum Namen: Der MMPI ist im US-Staat Minnesota entstanden. »Inventory« heißt so etwas wie »Inventarliste«. Es geht dabei um das »Persönlichkeitsinventar«, also den Charakter eines Menschen.

Anders als viele andere Persönlichkeitsbilder erfaßt der MMPI nicht nur einen einzigen Aspekt, sondern insgesamt zehn. Darauf soll das Wort »Multiphasic« – d. h. mehrere Phasen oder Abschnitte – hindeuten. Psychologische Inventarlisten sind eigentlich keine Tests. Sie werden nicht vor bestimmte Aufgaben ge-

stellt, erst recht nicht vor solche, die Sie nicht lösen können. Statt dessen erhalten Sie eine Liste mit Aussagen, die Sie nur mit Ja oder Nein bewerten müssen.
Der MMPI ist im Ersten Weltkrieg in den USA entstanden. Der berühmte General Pershing, nach dem die Pershing-Raketen benannt worden sind, schickte aus Europa einen Hilferuf nach Hause: Auf den Schlachtfeldern des Ersten Weltkrieges kämen zu viele Rekruten an, die seelisch so instabil seien, daß sie als Soldat ungeeignet seien und zudem die wertvolle Zeit des Betreuungspersonals für sich beanspruchten. Daraufhin entwarf der Psychologie-Professor R. S. Woodworth eine Liste mit Fragen. Damit sollte ein Psychiater im Patientengespräch herausfinden können, ob sein Patient seelisch instabil ist. Es handelte sich hierbei vor allem um eine Liste mit verschiedenen Symptomen. Die Fragen wurden auf Papier gedruckt, die Rekruten mußten die für sie zutreffenden Antworten ankreuzen, und damit machten sie ein psychiatrisches Interview mit sich selbst. Die Methode erwies sich als hoch erfolgreich. Wer diesen Test bestand und an die Front kam, war dann auch meist als Soldat geeignet. Der MMPI ist 1963 in deutscher Version veröffentlicht worden, in seiner Langform enthält er 550 Testfragen bzw. Aussagen.

Merke: *Ganz ähnlich dem MMPI soll in der MPU Ihre charakterliche Eignung zum Führen eines Autos getestet werden. Seelische Instabilität und latente oder offenbare Aggressivität zu messen ist deshalb Sinn des Persönlichkeitstests in der MPU.*

Zusätzlich enthält der Test ein paar Falltüren, um abschätzen zu können, ob Sie sich übermäßig geschönt darzustellen verstehen – was kein Zeichen von Charakterstärke ist. Herzstück des großen Persönlichkeitstests ist eine verkürzte Form des MMPI, die oft von den MPU-Psychologen noch einmal für den besonderen Zweck abgewandelt wurde. Bei der MPU bekommt man üblicherweise 250 bis 350 Testfragen vorgelegt. Wie diese im einzelnen aussehen können, verraten wir im Kapitel »Der MPU-Persönlichkeitstest«.

Schwerpunkt 2: Medizinische Tests

Ob jemand einen Sehtest bestehen würde, kann jeder Augenarzt leicht herausfinden, dazu braucht man keine MPU. Es ist daher ratsam, vor einer MPU selbst noch mal alles prüfen zu lassen, was Sie gesundheitlich fahruntauglich machen könnte. Gehen Sie also zum Augenarzt, und lassen Sie folgendes feststellen: Brauchen Sie eine Brille? Stimmt die Sehschärfe der jetzigen Brille noch? Davon kann nämlich abhängen, ob man bei den Augentests Erfolg hat. Gehen Sie zudem davon aus, daß bei der MPU Ihre Leberwerte geprüft werden. Man wird somit also leicht das Maß erkennen, in dem Sie Alkohol trinken.

Wichtig: Informieren Sie sich vorab über das, was bei Ihren Bluttests herauskommen könnte. Wie steht es beispielsweise um Ihre Leberwerte? Dann wissen Sie, was die Mediziner bei der MPU erfahren werden, und können sich auf entsprechende Nachfragen einstellen.

Aber es ist keine übertriebene Furcht nötig: Schlechte Leberwerte müssen kein Grund sein, keinen Führerschein zurückzubekommen. Zeigt Ihre Leber allerdings Alkoholrückstände und Sie stellen sich als Abstinenzler dar, mindern Sie Ihre Chancen erheblich. Sagen Sie die Unwahrheit, wird man sich fragen: Wird sich ein solcher Mensch künftig an Verkehrsregeln halten?
Wie steht es um Ihr Reaktionsvermögen? Das ist der nächste Schwerpunkt. Sie werden meist dazu mit einer altmodisch wirkenden Holzkiste konfrontiert. Verschiedenfarbige Lämpchen leuchten in unregelmäßigen Abständen auf, und Sie müssen möglichst schnell einen gleichfarbigen Knopf drücken. Der Ap-

parat heißt in ältester Ausführung »Kieler Determinationsgerät« – Erfinder ist der verstorbene Kieler Psychologie-Professor Karl Mierke – und in etwas neuerer Version »Wiener Determinationsgerät«. Je größer die Geschäftsstelle ist, an der Ihre MPU durchgeführt wird, desto höher ist die Wahrscheinlichkeit, daß Sie diese Klassiker nicht zu Gesicht bekommen. Das Prinzip hinter den Reaktionstests bleibt aber immer dasselbe: Ein Signal wird vorgegeben (eventuell auf dem Bildschirm), und Sie müssen möglichst schnell die richtige Taste drücken.

Üben können Sie Ihre Reaktionsgeschwindigkeit mit vielen Spielen: Flipper, Super-Mario und alle Screen-Fun-Spiele, bei denen es auf schnelle Reaktionen ankommt, sind geeignet. Typischerweise sind bei diesen Tests besonders ältere Menschen im Nachteil. Gerade sie sollten ihre Reaktionsfähigkeit trainieren und sich dabei gleich an Geräte gewöhnen, die ihnen Reize vorgeben, auf die sie dann reagieren müssen.

Schwerpunkt 3: Weitere psychologische Tests

Die bei der MPU eingesetzten Konzentrationstests sind psychologische Standardtests, die man sich in verschiedenen Büchern (vgl. Hinweise im Literaturverzeichnis) anhand einer Übungsvorlage ansehen kann. Es geht hierbei meist darum, aus ähnlichen Buchstabengruppen bestimmte Buchstaben herauszusuchen. Zum Beispiel aus vielen p, d, b und q alle d – oder jedes zweite d. Erschrecken Sie nicht, wenn Sie die Listen bekommen. Sie sind bewußt so lang, damit sie niemand in der vorgegebenen Zeit bewältigen kann. Was hat das für einen Sinn? Wenn niemand die Liste vollständig abarbeiten kann, kann man gleich sehen, wer am weitesten gekommen, wer also der Schnellste ist. Das kann man natürlich nicht, wenn mehrere Personen die Liste komplett abarbeiten.

Wichtig: In der MPU werden die Teilnehmer nicht »gegeneinander« getestet. Die Psychologen haben aber Normen, wie weit jemand in der Bearbeitung kommen muß und wie viele Fehler er sich erlauben darf. Wer diese Grenzen aber unter- bzw. überschreitet, wird in der Regel als kein konzentrierter Autofahrer eingestuft.

Die Fähigkeit zur räumlichen Wahrnehmung wird meist mit Teilen des bekanntesten Intelligenztests erfaßt, des IST. Wann immer Sie also in Testknackerbüchern, Spielheften, Zeitschriftenrätseln und bei Logikspielen etc. Aufgaben sehen, mit denen Sie

- Würfel oder andere Figuren drehen und kippen sowie
- Muster erkennen müssen,

haben Sie Aufgaben vor sich liegen, die denen in der MPU entsprechen und die sie üben können. Wer zum Beispiel nicht weiß, daß die Augen auf den beiden gegenüberliegenden Flächen eines Würfels immer die Summe 7 ergeben, ist im Nachteil. Daß Ihre MPU Würfelaufgaben enthält, bei denen dieses Wissen nützlich ist, ist sehr wahrscheinlich. Es kann auch sein, daß andere Intelligenzaspekte getestet werden. Machen Sie deshalb zur Vorbereitung einmal einen vollständigen IST beim Psychologen Ihrer Wahl. Mehr dazu im Kapitel 12.
Außerdem gibt es noch die Wissenstests. Es empfiehlt sich dringend, das, was als Fahrschulwissen zu bezeichnen ist, zu beherrschen.

Schwerpunkt 4: Das Gespräch mit dem Psychologen

Auch beim Abschlußgespräch mit dem Psychologen sind gewisse Grundregeln zu beachten. Das gilt besonders für diejenigen Menschen, die von sich aus zurückhaltend und bescheiden sind und die zudem Angst bekommen, wenn sie mit einem Psychologen direkt sprechen müssen – nach dem Motto: »Der durchschaut mich ja sowieso, da sage ich lieber gleich alles Negative« –, dann sind Sie wahrscheinlich zu offen. Die Gedanken, die hinter solch einer Haltung stecken, sind meist: Wer zur MPU muß, weiß ja, daß er Fehler gemacht hat. Also spielt man den besonders reuigen Sünder – nach der kindlichen Meinung: Es gibt einen, der weiß alles. Der hat Macht über mich. Wenn ich mich ganz klein und hilflos stelle, wird er Gnade vor Recht walten lassen.

Mit dieser Haltung werden Sie keinen Erfolg haben – aus gutem Grund. Das Führen eines Kraftfahrzeuges soll und darf keiner kindlichen Seele anvertraut werden. Sprechen Sie deshalb also mit dem Psychologen wie ein Erwachsener mit einem Erwachsenen. Und in solch einem Gespräch sollten Sie sich nicht bewußt schlechtmachen.

Wichtig: *Schaffen Sie von sich ein positives Persönlichkeitsbild, das erwachsen, fröhlich, selbstbewußt, munter, mutig, offen und verantwortungsbewußt rüberkommt. So nämlich soll ein guter Autofahrer sein.*

Vermeiden Sie eine duckmäuserische Untertanenhaltung, auch wenn Sie zu denjenigen Menschen gehören, die zur preußischen Grundtugend, nämlich zur Bescheidenheit, erzogen worden sind.

Chef der MPU ist der Psychologe

Eigentlich müßte die MPU PMU heißen, denn die psychologischen Ergebnisse dieser Untersuchung sind wichtiger als die medizinischen. Selbstverständlich gilt: Wer gesundheitlich nicht in der Lage ist, ein Kraftfahrzeug zu führen, der erhält keinen Führerschein oder verliert ihn. Auf der anderen Seite bedeutet gesundheitliche Eignung nicht, daß einem Verkehrssünder der Führerschein in jedem Fall zurückgegeben wird. Denn Sinn der

Untersuchung ist es vor allen anderen Zielen der Tests, die charakterliche Eignung zum Führen eines Kraftfahrzeuges herauszufinden.

Merke: *Was Ihnen wirklich helfen kann, ist Übung. Wenn Sie bisher keine Erfahrung mit psychologischen Tests gemacht haben, sind Sie deutlich im Nachteil. Dasselbe gilt für Gespräche mit Psychologen. Wer noch nie einem Psychologen begegnet ist, sollte sich zur Übung dringend mal mit einem solchen Menschen zusammensetzen.*

Psychologen sind im Job notorisch freundliche Menschen. Allerdings werden sie während des Gesprächs niemals alles sagen, was sie wissen. Sie versuchen durch ihre Freundlichkeit ein möglichst entspanntes Klima zu schaffen, das den Menschen die Zunge lokkert. Telefonieren Sie vor der MPU die Liste der Psychologen in den Gelben Seiten Ihres Telefonbuches durch. Jeder Mensch kann sich testen lassen – auch auf Gebieten, die in den MPU-Schwerpunkten eine Rolle spielen. Und von einem Beratungsgespräch mit einem Psychologen wird man bei den echten Tests nur profitieren.
Die Psychologen müssen im Anschluß an die MPU ein Gutachten erstellen. Das muß hieb- und stichfest sein, um vor Gericht standzuhalten. Schon deshalb dürfen diese Fachleute nicht willkürlich entscheiden. Und sie dürfen keine Gefälligkeitsgutachten erstellen. Sie müssen nach bestimmten Kriterien urteilen. Die wichtigste Frage dabei lautet: Ist der Mensch ab jetzt bereit, sich an die Verkehrsregeln zu halten, auch wenn seine inneren Impulse ihm etwas anderes eingeben?
Sie haben – sagen Sie es sich so deutlich – Scheiße gebaut. Sagen Sie sich weiter: »Irgend etwas stimmt also mit meiner Einstellung zum Autofahren nicht.« Wenn Sie nicht wissen, was, sollten Sie – noch vor der MPU und als Einstimmung darauf – ein paar Nachhilfestunden bei einem Psychologen nehmen. Natürlich müssen Sie langfristig, und nicht nur für die MPU, Ihre Einstellung zum

Autofahren und Ihr Verhalten im Verkehr ändern. Denn selbst wenn Sie jetzt Ihren Führerschein noch einmal zurückbekommen, Ihre Verkehrsakte wird sich füllen, wenn nicht vieles anders wird. Bis irgendwann auch eine MPU den Führerschein nie wieder zurückbringen kann!

11. Kapitel: Der MPU-Persönlichkeitstest

Der MPU-Persönlichkeitstest ist die erste Prüfung, die Sie an dem MPU-Tag machen müssen. Die Fragen, die der erste Schwerpunkt beinhaltet, werden vorher nicht verraten und sind auch nicht bei jeder MPU-Untersuchung gleich. Für die Vorbereitung auf diesen Test kommt es jedoch auch nicht darauf an, daß Sie jede mögliche Frage bereits kennen. Wichtig ist, daß Sie die Art der Fragestellung verstehen, denn allein damit wissen Sie schon, was man von Ihnen will. Wir haben hier einige typische Fragen des MPU-Persönlichkeitstests zusammengestellt. Dabei handelt es sich um solche, die erfahrungsgemäß bei MPUs gestellt werden und die sich grundsätzlich bei dieser Art Persönlichkeitstests großer Beliebtheit erfreuen (vgl. Tabelle 11).

Zu Aussagen wie diesen sollen Sie bei der MPU, ohne groß zu überlegen, Ja oder Nein ankreuzen – bei 350 Aussagen in etwa einer Stunde sind das ungefähr sechs in der Minute. Es wird also Wert auf Tempo und Spontaneität gelegt. Damit soll erreicht werden, daß Sie über die Fragen und die dahinterliegenden Intentionen nicht nachdenken können. Vermieden werden soll ebenfalls, daß der Prüfling zurückblättert und sich frühere Antworten noch einmal anschaut, um die Antworten insgesamt noch einmal zu überarbeiten, damit sie logisch und stimmig wirken.

Tabelle 11: Typische Fragen des MPU-Persönlichkeitstests

Alltägliche Schwierigkeiten bringen mich nicht aus der Ruhe.	☐ Ja ☐ Nein
Ich lasse mich von niemandem anmachen.	☐ Ja ☐ Nein
Wenn mich mal etwas aus der Fassung bringt, fange ich mich sehr schnell wieder.	☐ Ja ☐ Nein
Wenn mir jemand auf der Straße entgegenkommt, weiche ich niemals aus.	☐ Ja ☐ Nein
Ich könnte manchmal regelrecht explodieren.	☐ Ja ☐ Nein
Ich löse Probleme mit Menschen durch Reden und vernünftiges Argumentieren.	☐ Ja ☐ Nein
Ich ärgere mich über andere Autofahrer, die oft sehr miserabel fahren.	☐ Ja ☐ Nein
Alltägliche Schwierigkeiten bringen mich schnell aus der Ruhe.	☐ Ja ☐ Nein
Ich pfeife und singe gerne beim Autofahren.	☐ Ja ☐ Nein
Jemanden fertigzumachen bringt mir Spaß.	☐ Ja ☐ Nein
Ich leide an Appetitmangel.	☐ Ja ☐ Nein
Ich betrete Räume nicht gerne, wenn ich weiß, daß bereits Menschen da sind, die sich kennen.	☐ Ja ☐ Nein
Eigentlich bin ich sehr zurückhaltend.	☐ Ja ☐ Nein
Ich bevorzuge Autos mit bequemer Ausstattung.	☐ Ja ☐ Nein
Ich treffe öfter auf Menschen, die ich nicht leiden kann.	☐ Ja ☐ Nein
Ich bin sehr gern allein.	☐ Ja ☐ Nein
Ich bin in meinen Gefühlen leicht verletzlich.	☐ Ja ☐ Nein

Quelle: Recherchen bei Prüfungskandidaten des TÜV Hamburg

Vorsicht Falle!

Ihnen ist vielleicht aufgefallen, daß in der kurzen Liste eben zwei Testfragen in fast demselben Wortlaut gestellt wurden. »Alltägliche Schwierigkeiten bringen mich nicht aus der Ruhe« und »Alltägliche Schwierigkeiten bringen mich schnell aus der Ruhe« sind gegensätzliche Aussagen. Wer zum ersten Nein sagt, muß zum zweiten Ja sagen – sonst stimmt etwas nicht mit den Antworten. Es gibt viele solcher Fallen im MMPI, und kein Teilnehmer – dazu haben auch schon Professoren und Richter gehört – kann sich alle früheren Antworten merken. Wer in eine solche Falle hineintappt, hat entweder die Fragen nicht verstanden – oder er versucht, seine Antworten zu manipulieren und sich so zu äußern, daß er in einem besonders günstigen Licht dasteht. Das zumindest erkennen die Psychologen aus solchem Verhalten und bewerten es negativ.

Wie in vielen anderen psychologischen Tests sind leider auch im MMPI sprachliche Ungereimtheiten enthalten – und das nicht einmal absichtlich. Was ist eigentlich bei der Testfrage »Alltägliche Schwierigkeiten bringen mich nicht aus der Ruhe« mit einem Nein gemeint? Denn die Aussage enthält bereits eine Verneinung, wer dem zustimmt, sollte Ja ankreuzen. Aber wer Nein ankreuzt, tut das vermutlich in gutem Glauben und meint dasselbe – nämlich in dem Sprachduktus: »Nein, alltägliche Schwierigkeiten bringen mich wirklich nicht aus der Ruhe.« Verwirrende Verneinungen dieser Art gibt es zum Beispiel auch in Sätzen wie denen in Tabelle 12.

Tabelle 12: Fragen des MPU-Persönlichkeitstests

Ich betrete Räume nicht gerne, wenn ich weiß, daß bereits Menschen da sind, die sich kennen.	☐ Ja ☐ Nein
Ich lasse mich von niemandem anmachen.	☐ Ja ☐ Nein
Wenn mir jemand auf der Straße entgegenkommt, weiche ich niemals aus.	☐ Ja ☐ Nein

Quelle: Recherchen bei Prüfungskandidaten des TÜV Hamburg

Grundregeln für Ihre Antworten

Aus dem bereits Gesagten lassen sich bestimmte Regeln ableiten, die für Antworten auf komplizierte Aussagen, wie wir sie eben beschrieben haben, immer gelten:

1. Falls Verneinungen auftauchen (siehe Beispiele oben), setzen Sie statt Ja und Nein in Gedanken ein, was an dieser Stelle im amerikanischen Original steht: »true« und »false«, also »richtig« und »falsch«. Oder noch genauer:
   a) Diese Aussage beschreibt mich richtig, also kreuze ich Ja an.
   b) Diese Aussage beschreibt mich nicht richtig, also kreuze ich Nein an.
2. Beschreiben Sie sich spontan und ehrlich. Lügen haben bekanntlich kurze Beine. Im Test müßten Sie sich dann bei jeder neuen Frage selbst prüfen und daran erinnern, ob Sie auf eine frühere Frage die Wahrheit gesagt oder gelogen haben. Also: Versuchen Sie nicht, sich zu schönen, sonst werden Sie die Fragen nicht alle schaffen. Und der Psychologe weiß schon aus diesem Grund Bescheid. Denken Sie auch daran, daß es immer noch ein Abschlußgespräch mit einem Psychologen gibt. Und der sollte Sie nicht bei platten Lügen ertappen können. Sonst verringert sich Ihre Chance, den Führerschein wiederzusehen, ganz gewaltig.
3. Die wichtigen Ausnahmen von dieser Regel:
   a) Schildern Sie sich positiv, erfolgreich, im Leben stehend, bei anderen Menschen beliebt, selbstsicher und optimistisch. Sie sind kein Einzelgänger und auch kein Grübler.
   b) Geben Sie keine Krankheiten zu (nur Allerweltsleiden wie Husten, Schnupfen und Heiserkeit) – speziell keine nervlichen Leiden. Sie sind seelisch stabil, entspannt und lassen sich nicht aus der Ruhe bringen. Wenn Sie erröten, wissen Sie das, und es macht Ihnen auch nichts aus. Sie schämen sich deshalb nicht und verkriechen sich nicht.

c) Geben Sie keinen Hinweis auf ein aggressives Verhalten oder gar Gewaltbereitschaft.

d) Schildern Sie sich als gut kontrolliert, als selbstverantwortlich handelnd. Wenn etwas in Ihrem Leben passiert – dann haben nicht automatisch die anderen schuld, das sollte der Psychologe merken.

e) Geben Sie kleine Schwächen und Fehler zu (aber nicht mehr). Nobody is perfect. Wer sich zu sehr schönt, wird unglaubwürdig.

Wie Ihre Antworten bewertet werden

Wir sehen uns nun ein paar Beispielfragen im Detail an und leiten daraus Grundregeln für alle Antworten ab. Diese Grundregeln sind übrigens für das Gespräch mit dem Psychologen genauso gültig. Lassen Sie folgende Aussagen und mögliche Antworten auf sich wirken:

- **Alltägliche Schwierigkeiten bringen mich nicht aus der Ruhe.**
  a) Ja kreuzt ein besonnener, seelisch stabiler Mensch an.
  b) Nein zeigt fehlende Besonnenheit, und damit ist hier ein Mangel an psychischer Stabilität zu vermuten.
- **Ich könnte manchmal regelrecht explodieren.**
  a) Ja spricht für aufbrausendes Verhalten.
  b) Nein spricht für Besonnenheit.
- **Ich pfeife und singe gerne beim Autofahren.**
  a) Ja heißt, Sie sind ein ausgeglichener Typ.
  b) Nein spricht für ein verkrampftes, verspanntes Wesen.
- **Ich betrete Räume nicht gerne, wenn ich weiß, daß bereits Menschen da sind, die sich kennen.**
  a) Ja antwortet ein schüchterner Mensch. Er ist hilflos, wenn andere da sind, die eine Gruppe bilden, er traut sich nicht zu, da hineinzukommen, und besitzt keine normalen Um-

gangsformen, um sich zu behaupten. Man muß mit Aggressivität rechnen, wenn dem Schüchternen mal der Kragen platzt, was gerade bei sonst sehr scheuen Menschen im Auto (wo man in einem geschützten Raum ist) überraschend häufig passieren kann.

b) Nein zeigt, der Mensch kann sich selbst behaupten. Wenn andere Antworten das noch unterstützen, ist er wirklich kein aggressiver Mensch – also auch kein aggressiver Autofahrer.

- **Ich treffe öfter auf Menschen, die ich nicht leiden kann.**
  a) Ja bedeutet negativer Außenseiter. Er könnte auch am Steuer von den Regeln schnell abweichen.
  b) Nein heißt, der Kandidat kommt mit Menschen gut aus.
- **Ich lasse mich von niemandem anmachen.**
  a) Ja spricht für den aggressiven Typ.
  b) Nein weist auf den ausgeglichenen Menschen hin.
- **Ich löse Probleme mit Menschen durch Reden und vernünftiges Argumentieren.**
  a) Ja heißt: kann sich mit nicht-aggressiven Mitteln durchsetzen. Er ist versöhnlich und auf Ausgleich bedacht.
  b) Nein läßt die Meinung zu: Wer nicht vernünftig argumentiert, ist gewaltgeneigt.
- **Jemanden fertigzumachen macht mir Spaß.**
  a) Ja spricht für den hochaggressiven Typ. Wer das zugibt, wird die Fahrerlaubnis kaum erhalten.
  b) Nein weist zumindest auf keine ausgeprägte Gewaltbereitschaft hin.
- **Eigentlich bin ich sehr zurückhaltend.**
  a) Ja bedeutet: Dieser Fahrer ist menschenscheu.
  b) Nein heißt, er ist gut angepaßt.
- **Ich bin sehr gern allein.**
  a) Ja heißt, er ist ein Außenseiter und kann oder will sich vielleicht nicht in das für alle gültige Regelwerk der Straßenverkehrsordnung einordnen.

b) Nein bedeutet: Er sieht sich eher als Teil der Gemeinschaft (und damit vielleicht auch als Teil der Straßenverkehrsgemeinschaft).

- **Wenn mich mal etwas aus der Fassung bringt, fange ich mich sehr schnell wieder.**
  a) Ja spricht für den seelisch stabilen Menschen.
  b) Nein weist auf den seelisch labilen Menschen hin.
- **Ich ärgere mich über die anderen Autofahrer, die oft sehr miserabel fahren.**
  a) Ein Ja kann auf zweierlei Weise interpretiert werden. Entweder: Er ist leicht reizbar – das wäre nicht gut, weil man sich am Steuer Menschen mit guter Selbstkontrolle wünscht. Oder: Er ist ehrlich, gibt Fehler zu und gesteht Schwächen ein. Das wäre ein Zeichen von guter Selbstbeobachtung und realistischer Selbsteinschätzung. Wenn auch andere Antworten in diese Richtung weisen, bekommt man den Führerschein eher zurück.
  b) Nein ist entweder Zeichen für Unaufgeregtheit (und wird von Psychologen positiv bewertet) oder für eine Tendenz, sich überaus perfekt zu präsentieren – also auf Kosten der Wahrheit ein möglichst günstiges Bild von sich zu vermitteln. Letzteres wird von Psychologen hoch negativ bewertet.
- **Ich leide an Appetitmangel.**
  a) Ja deutet auf gesundheitliche Probleme hin. Wer gesundheitliche Probleme hat, ist vielleicht am Steuer abgelenkt oder leichter reizbar.
  b) Nein spricht für einen gesunden Menschen.
- **Autos mit bequemer Ausstattung sind mir am liebsten.**
  a) Ja heißt entweder: Er liebt Autos sehr; bequeme Autos sind teuer, und er hält sie deshalb für imageträchtig; er investiert viel Geld in Autos und wird deshalb alles tun (auch lügen), um seinen Führerschein wiederzubekommen. Oder: Er liebt das bequeme Reisen und ist kein aggressiver Linke-Spur-Fahrer.

b) Nein weist darauf hin: Er liebt nicht die bequemen, sondern die schnellen Autos, ist also der Typ des rasanten Fahrers.

- **Ich bin in meinen Gefühlen leicht verletzlich.**

a) Ja bedeutet, der Mensch ist seelisch nicht ausreichend stabil und leicht verletzlich, d. h.: schlägt irgendwann zurück.

b) Bei Nein wird kein Aggressionspotential deutlich.

- **Wenn mir jemand auf der Straße entgegenkommt, weiche ich niemals aus.**

a) Ja heißt: Wer so etwas zugibt, sollte sofort eine Jahreskarte der Bundesbahn kaufen.

b) Nein bedeutet: Hier nicht Ja anzukreuzen ist ein Zeichen für nur minimale Klugheit.

- **Alltägliche Schwierigkeiten bringen mich schnell aus der Ruhe.**

a) Ja spricht für einen aufbrausenden, unkontrollierten Typen.

b) Nein spricht für einen ausgeglichenen, kontrollierten Menschen.

12. Kapitel: Werden Sie ein Testknacker: So bereiten Sie sich auf Tests vor und antworten richtig

Schon die Wörter »Test« oder »Prüfung« treiben Ihnen Schweißtropfen auf die Stirn? Keine Sorge, Tests kann man – wie Sie ja bereits gesehen haben – trainieren, und zwar unabhängig davon, um welche Art Test es sich handelt. Grundsätzlich ist es wichtig, daß man zu sich selbst Ja sagt. Das heißt nicht, die eigene Schüchternheit zu überspielen. Denn alle Menschen kennen eine solche Scheu, und niemand wird Ihnen diese übelnehmen. Wir halten andere Menschen meistens für sicherer, als sie tatsächlich sind. Aber auch Ihr Gegenüber, derjenige, der Sie testet, kennt

Schüchternheit aus eigener Erfahrung. Lampenfieber entsteht als Reaktion auf eine ungewohnte Situation, wie es eine Testsituation nun mal ist. Damit sich Ihre Aufregung jedoch in Grenzen hält, ist es ratsam, sich mit der Situation vorher intensiv vertraut zu machen.

Auf diese Tests sollten Sie sich einstellen

Bereiten Sie sich vor, indem Sie zunächst überlegen, wie die Tests wohl aussehen könnten. Die folgenden Testbeschreibungen sollen Ihnen dabei helfen. Welche Tests Sie bei der MPU genau erwarten, können Sie vorher nicht erfahren. Darum: Stellen Sie sich auf verschiedene Testmöglichkeiten ein; je besser Ihnen das gelingt, desto leichter fällt Ihnen, die Testsituation zu bestehen.

Intelligenztests

Hier geht es um Denksportaufgaben, nämlich um den Umgang mit Wörtern, um Fremdwortkenntnisse, mathematische Aufgaben (leicht sind Dreisatzaufgaben) und die Prüfung des logischen Denkens. Getestet wird häufig auch die räumliche Vorstellungskraft, die für jeden Autofahrer wichtig ist. Hier einige Beispiele:

- Es werden sechs Bilder gezeigt, und man muß sagen, welches nicht in die Reihe paßt. Das können fünf Haustiere und ein Raubtier sein oder fünf motorbetriebene Fahrzeuge und ein Fahrrad.
- Ähnlich geht es mit Wörtertests: »Welches Wort gehört nicht zu der Gruppe?« BIRKE – EICHE – FICHTE – LINDE – WEIDE – wird gefragt. Eine richtige Lösung wäre, die Fichte zu nennen, weil die anderen vier Laubbäume sind, diese aber nicht.
- Häufig findet das Fortsetzen von Zahlenreihen Anwendung. Die Frage lautet beispielsweise: »Was kommt als nächste Zahl?« 1, 3, 5, 7, 9 ... Die richtige Lösung wäre die 11, denn

diese Zahlenreihe ergibt sich, indem zu jeder Zahl zwei addiert werden.

- Außerdem ist der Lückenergänzungstest zu nennen: Vorgegeben werden Texte mit Lücken. Es fehlen hier Wörter, die man durch Kombinieren und Nachdenken, ob das gefundene Wort paßt, einsetzen muß.
- Analogietests sind solche, bei denen Begriffe vorgegeben werden. Zum Beispiel: Mutter, Vater, Schwester? Die richtige Antwort ist Bruder.
- Umgruppierungstests: Hier sind Wörter vertauscht worden, und man muß den richtigen Sinn des Wortsalates möglichst schnell erkennen. Beispiel: DU WILLST NICHT MAN DAS TU' WAS DAS KEINEM ANDEREN ZU DIR FÜG AUCH. Oft handelt es sich um Sprichwörter, wie in diesem Beispiel auch: Was du nicht willst, das man dir tu', das füg auch keinem anderen zu.
- Beliebt ist auch das Bilden von Gegensätzen: Verschiedene Wörter werden vorgegeben, und man soll ein Wort oder eine Beschreibung des Gegensatzes hinschreiben. Zum Beispiel: *Einzug*. Der Gegensatz ist *Auszug* und wäre also richtig.
  Einsatz – der Gegensatz ist …? Wer jetzt *Aussatz* schreibt, hat gepennt. Hier muß ein Wort hin wie *Faulheit, Lethargie oder Zurückhaltung*.
- Tests mit Mehrfachantworten funktionieren folgendermaßen: Hier wird eine Frage gestellt, und mehrere Antworten stehen zur Auswahl, von denen nur eine einzige richtig ist.

Achtung: *Gutes räumliches Sehen ist wichtig und wird bei der MPU bevorzugt getestet.*

Das heißt: Räumliches Sehen wird intensiv geprüft. Gezeigt werden zum Beispiel:

- eine Figur von der Seite und dann vier ähnlich aussehende von oben, und man muß sagen, welches die Originalfigur ist;

- ein Würfel, und die Frage lautet: Wie viele Oberflächen hat diese Figur? Die einfache Antwort ist 6. Dann werden die Figuren komplizierter: Pyramide, Hausdach oder Figuren, denen man Teile herausgeschnitten hat – etwa ein Würfel, bei dem in der Mitte ein Dreieck herausgenommen wurde.

Wie gesagt: Wer keine Erfahrung mit Tests hat, sollte sie sich vorher schon einmal erarbeitet haben. Es ist sicher kein Zeichen von Intelligenz, sondern eines von fehlender Intelligenz, wenn man ohne eine solche Vorbereitung in Tests geht.

Konzentrationstests

Diese Art Tests sind das A und O jeder MPU, denn ohne Konzentrationsfähigkeit läuft beim Autofahren nichts. Die Experten wollen mit Konzentrationstests herausbekommen, ob der Fahrer Schwierigkeiten hat, sich auf das Wesentliche zu beschränken und deshalb so viele Verstöße gegen die Straßenverkehrsordnung begangen hat. Stellen sie dann fest, daß es an Konzentrationsfähigkeit nicht mangelt, kann ein entscheidender Bereich ausgeklammert werden. Dann muß das psychologische Gespräch zeigen, warum sich trotzdem so viele Punkte angesammelt haben.

Bei Konzentrationstests werden in der Regel monotone Reihen von Zahlen, Ziffern, Symbolen, Buchstaben oder Wörtern vorgelegt. Diese Tests dauern meist lange und sind so konzipiert, daß man nicht alle Aufgaben schaffen kann. Dabei gilt es, die Konzentration stets zu bewahren und nicht hektisch oder panisch zu werden. Solche Anforderungen könnten möglicherweise so aussehen:

- Streichen Sie jeden sechsten Buchstaben an.
- Streichen Sie jedes »e« an.
- Streichen Sie jeden Mitlaut an, vor dem kein Selbstlaut steht.

Es geht natürlich noch komplizierter, doch grundsätzlich lassen sich die Aufgaben mit einer guten Konzentrationsfähigkeit lösen. Denn es handelt sich dabei nicht um Wissensfragen, die man beherrscht oder auch nicht, man kann die Antworten durch Aufmerksamkeit erschließen. Man muß also bei diesem Test keine Aufgaben lösen. Konzentrationstests sind sehr anstrengend. Das sollen sie auch sein, denn man will sehen, ob die Aufmerksamkeit unter Belastung erhalten bleibt. Meist wird man aufgefordert, in bestimmten Zeitabständen dort einen Strich zu machen, wo man gerade ist. Daraus kann ersehen werden, ob zu Anfang oder erst gegen Ende hin mehr Fehler gemacht worden sind.

Unser Rat lautet hier: Nicht nervös werden! Ein paar Fehler am Anfang machen nichts. Wichtiger ist, die eigene Leistung bis zum Ende stabil zu halten. Wer sich aufregt, ist – leider – immer schlechter.

Wichtig sind auch die soziale und emotionale Intelligenz

Bei der Prüfung der sozialen und emotionalen Intelligenz wird die Fähigkeit angesprochen, mit anderen Menschen richtig umzugehen, ihre Gedanken, Gefühle, Wahrnehmungen, Einstellungen und Persönlichkeitseigenschaften einschätzen zu können und zu erkennen.

Soziale Intelligenz ist per definitionem »wissenschaftlich-wertfreie Menschenkenntnis ohne die Voraussetzung der Nächstenliebe«. In Tests zur sozialen Intelligenz geht es also darum, Regungen von anderen Menschen, ihre Gefühle, ihre Gedanken möglichst richtig einzuschätzen.

Emotionale Intelligenz demgegenüber hat etwas mit dem Umgang mit anderen Menschen und mit Selbsterkenntnis zu tun.

Emotionale Intelligenz ist also alles andere als ein intellektueller Hochleistungssport, doch gehören logisches Denken, Kreativität und Emotionale Intelligenz sehr eng zusammen.

Hier geht es um die Verarbeitung von Informationen, die tagtäglich im Alltag anfallen und die schnell, spontan und ohne langes, praxisfernes Grübeln verarbeitet werden wollen. Emotionale Intelligenz hilft uns, zu einem besseren, erfolgreicheren Umgang mit anderen Menschen zu kommen. Basis dafür ist der positive Umgang mit uns selbst, mit unserer Fähigkeit, uns selbst zu motivieren, mit unseren Stimmungen, mit Streß und Angst erfolgreich umzugehen.

Wichtig: Für den Erfolg im Leben ist emotionale Intelligenz mindestens genauso wichtig wie das, was wir an Schulen und Universitäten lernen. Das Zusammenleben der Menschen in der Familie und in der Gesellschaft kann durch die Entwicklung der emotionalen Intelligenz wesentlich verbessert werden. Scheidungen, viele Gewalttaten und auch zahlreiche Verkehrsunfälle könnten durch emotionale Intelligenz vermieden werden.

Ein guter Autofahrer handelt emotional intelligent. Er läßt sich nicht aus der Ruhe bringen, handelt weder aggressiv noch unüberlegt. Deshalb spielt die emotionale Intelligenz auch bei der MPU eine wichtige Rolle. Sie sollten sich also unbedingt mit der Frage der emotionalen Intelligenz auseinandersetzen, und das ist gar nicht so schwer. Denn emotionale Intelligenz ist tagtäglich trainierbar: Im Umgang mit den Menschen, mit denen wir leben.

Die folgenden Testfragen zeigen Ihnen auf einen Blick, worauf es bei der emotionalen Intelligenz ankommt. Lesen Sie sich diese Fragen in Ruhe durch, und versuchen Sie, jede für sich zu beantworten. Dabei kommt es nicht auf Schnelligkeit an und auch nicht darauf, mit den Antworten möglichst gut dazustehen. Im

Gegenteil: Mit der Beantwortung der Fragen lernen Sie sich selber besser kennen, reflektieren das eine oder andere Verhalten und stimmen sich ein auf das, was der Psychologe bei der MPU Sie fragen könnte:

- Haben Menschen Angst vor Ihnen?
- Nutzen Sie Ihre Zeit intelligent?
- Könnten Sie allein leben?
- Heißt Ihre Devise kämpfen oder kneifen?
- Sind Sie ein Gewohnheitstier?
- Zeigen Sie Gefühle offen?
- Wird der Streß Ihnen rasch zuviel?
- Fühlen Sie sich geistig-seelisch unter Druck?
- Trauen Sie sich zu vertrauen?
- Sind Sie selbst ihr größter Feind?
- Sind Sie emotional pflegeleicht?
- Können Sie Ihr Verhalten kontrollieren?
- Sind Sie bereit zur Selbstdisziplin?
- Machen Sie Fehler beim Selbstmanagement?
- Stehen Sie Ihrem eigenen Erfolg selbst im Wege?
- Haben Sie genug Selbstvertrauen?
- Denken Sie positiv?
- Machen Sie sich selbst das Leben schwer?
- Geben Sie sich zu selbstbewußt?
- Beherrschen Sie sich selbst?
- Trauen Sie sich genug zu?
- Sind Sie Optimist genug?
- Sind Sie ein Aufschieber?
- Sind Sie ein guter Nachbar?
- Können Sie Frieden stiften?
- Wie gut ist Ihre Menschenkenntnis?
- Möchten Sie vertrauen?
- Möchten Sie sich behaupten?
- Können Sie vergeben?

- Haben Sie Zivilcourage?
- Haben die Menschen genug Respekt vor Ihnen?
- Gehen Sie den anderen Menschen auf die Nerven?
- Zeigen Sie Charakter?
- Sind Sie ein so friedlicher Mensch, wie Sie selbst von sich glauben?
- Können Sie Ihre Gedanken kontrollieren?
- Können Sie sich in andere Menschen einfühlen?

Machen Sie sich bei der Beantwortung der Fragen Notizen. Seien Sie unbedingt ehrlich zu sich selbst, falsche Antworten haben hier genausowenig Wert wie keine Antworten. Überlegen Sie sich, wie Sie das eine oder andere Verhalten, diese oder jene Einstellung oder Betrachtungsweise ändern könnten. Kommt es bei der MPU dann tatsächlich zu einem derartigen Gespräch zwischen dem Psychologen und Ihnen, dann sind Sie optimal vorbereitet, und keine Frage kann Sie aus der Fassung bringen.

Bitte beachten Sie! *Natürlich werden Sie nicht alle Fragen zur vollen Zufriedenheit beantworten und auch nicht jeden Schwachpunkt sofort beheben können. Das wird auch niemand von Ihnen verlangen, denn schließlich ist kein Mensch vollkommen. Wichtig ist allein, daß Sie sich mit Ihren Verhaltensweisen, Stärken und Schwächen auseinandergesetzt haben, neue Betrachtungsweisen versuchen und umdenken können.*

Um Ihnen weitere Hilfestellung zu geben, haben wir die letzten drei Fragen näher betrachtet und daraus Übungen abgeleitet. Machen Sie diese auf jeden Fall vor der MPU (und auch noch regelmäßig danach), und überlegen Sie sich auch für die anderen Fragen ähnliche Lernhilfen.

Sind Sie ein so friedlicher Mensch, wie Sie selbst von sich glauben?
Nur wenige Menschen können hier ehrlich mit Ja antworten.

Denn der vollkommen friedliche Umgang mit sich selbst und seiner Umwelt ist sehr selten anzutreffen. Testen Sie Ihre eigene Friedfertigkeit, damit Sie bei der Antwort nicht raten müssen. Dafür gibt es eine gute Übung, die Sie auf jeden Fall vor der MPU durchführen sollten. Führen Sie eine Woche lang Tagebuch, und notieren Sie auch kleine emotionale Ereignisse (positiv und negativ) nach dem folgenden Schema und mit Hilfe der untenstehenden Frageformeln:

1. Wann?
2. Wo?
3. Wer?
4. Was?
5. Welche Gedanken?
6. Welche Gefühle?
7. Welche Art Verhalten?

Am besten machen Sie sich ein kleines Tagebuch, indem Sie sieben Blatt Papier nehmen, auf jeden Bogen einen Wochentag von Montag bis Freitag schreiben und dazu jeweils die sieben Punkte notieren. Schreiben Sie diese Punkte allerdings mehrmals auf das Blatt, da Sie im Tagesverlauf sicher mehrere Situationen erleben, die Sie notieren sollten. Heften Sie die Seiten zusammen, und tragen Sie es immer bei sich, so daß Sie auch spontan ein Erlebnis notieren können.
Wir haben hierzu ein Muster für Sie vorbereitet (vgl. Tabelle 13).

Dieses Beispiel für eine feindselige Reaktion ist wohl jedem Autofahrer bekannt. Emotionale Intelligenz einzusetzen bedeutet aber, mit dieser Situation entspannt umzugehen. Dabei gilt man bereits dann als emotional intelligent, wenn man die Einsicht zeigen kann, daß man Aggressionen und feindselige Gedanken hat. Diese Einsicht kann nicht nur die Psychologen bei der MPU überzeugen, sie kann auch Ihr Leben verändern. Lernen Sie, mit Ihren

Tabelle 13: Mustertagebuch

Mustertagebuch	
Wann?	Montag, 8.15 Uhr
Wo?	Im Auto auf der Hinfahrt ins Büro
Wer?	Junger Mann in einem VW-Golf
Was?	Raste an mir vorbei, schnitt mich, bremste mich aus, um rechts abzubiegen
Welche Gedanken?	Verdammte Führerscheinneulinge! Gefährden den Straßenverkehr und haben überhaupt keine Erfahrung
Welche Gefühle?	Ärger und Zwang zum Zuschlagen gespürt
Welche Art Verhalten?	Dauerhupe, als ich an ihm vorbeifuhr; mit der Faust gedroht

Quelle: Livingston Research

Emotionen intelligent umzugehen – speziell mit Ihren negativen Emotionen.
Ziel dieser Übung ist es:

- Die Häufigkeit und die Intensität reduzieren, in der bei Ihnen Ärger, Irritation, Frustration und Wut entstehen.
- Lernen, andere mit Freundlichkeit und Nachsicht zu behandeln. Sparen Sie sich Ihre Kraft und Stärke für alle unvermeidbaren Konfliktsituationen.

Ein solches Feindseligkeitstagebuch wird Ihnen einiges über die Häufigkeit und die Art von Situationen sagen, die Sie in Rage bringen. Es wird Ihnen die Möglichkeit gegeben, Ihre negativen Gedanken, Ihre Gefühle von Ärger und Ihr aggressives Verhalten besser zu erkennen. Wenn Sie sich auf diese Weise auf die MPU vorbereiten, haben Sie rechtzeitig erkannt, wo Ihre Aggressionsquellen liegen und wie Sie reagieren. Der Psychologe wird spüren, daß Sie sich darüber bereits Gedanken gemacht haben, und wird das positiv verbuchen. Langfristig können Sie sich mit dieser Übung aber auch persönlich einen Gefallen tun, denn Sie dient dazu, den negativen Gedanken, die am Anfang dieser Kette stehen, Einhalt zu gebieten. Sehen Sie am Ende jeder Woche Ihr Feindseligkeitstagebuch durch. Sie werden überrascht sein, wie oft solche Feindseligkeit in Ihnen provoziert wird, obwohl Sie die betreffende Situation möglicherweise vielleicht gar nicht so empfunden haben.

Können Sie Ihre Gedanken kontrollieren?

Emotionale Intelligenz bedeutet, Gefühle, Impulse, Anmutungen und vage Ideen nicht nur wahrzunehmen, sondern auch zu kontrollieren. Es geht dabei vor allem um das Abstellen von Verhaltensweisen, auf die wir fixiert sind, um ein Aufschieben von schneller Belohnung und Befriedigung. Das wichtigste in diesem Zusammenhang ist, die Windmühlen im Kopf zu stoppen. Durch das Führen des Feindseligkeitstagebuches (vgl. Seite 185) lernen Sie ja, Ihre negativen Gedanken und Gefühle zu erkennen.

Sind diese jedoch erkannt, sollten sie auch abgestellt werden. Dabei helfen verschiedene Methoden: Binden Sie sich ein Gummiband oder einen Bindfaden um das Handgelenk, und schnippen Sie jedesmal daran, sobald etwas Negatives in Ihnen hochkommt. Ebenso sollten Sie (im Geiste) so laut Sie können »Stopp« schreien, um sich zur Ordnung zu rufen. Versuchen Sie, sich einfach nicht mehr durch das Verhalten anderer angegriffen zu fühlen.

Sehr zur Überraschung aller, die so etwas noch nie probiert haben, hören solche Gedanken dann tatsächlich auf, einen zu beherrschen. Und wenn Sie Glück haben, wird dem Ärger, der gewöhnlich diesen Gedanken folgt, Einhalt geboten, bevor er sich entwickeln kann.

Um den Ärger geschickt abzukühlen, hilft ein vernünftiges Selbstgespräch, das Sie als vernunftbegabter Mensch mit sich führen sollten. Und wenn Ihre Vernunft das nicht schafft, dann ist Humor eine gute Art, zynisches Mißtrauen abzuwenden und Ärger abzublocken. Aber: Sie müssen auch über sich selbst lachen können und sich nicht nur auf Kosten anderer amüsieren wollen.

Wenn Sie Ihre negativen Gedanken jedoch erst einmal in den Griff bekommen haben, dann gibt es noch eine sehr gute Methode, sich emotional intelligent zu verhalten und jede Situation damit zu bewältigen: Versetzen Sie sich einfach in die Situation Ihres vermeintlichen Widersachers. Das hilft. Mehr dazu im nächsten Abschnitt.

Können Sie sich in andere Menschen einfühlen?

Verstehen Sie, warum andere Menschen so und nicht anders handeln? Können Sie sich in deren Innenleben einfühlen? Emotionale Intelligenz heißt ja: jene Bereiche von Körper, Geist, Seele und unserem Verhalten zu verstehen, die sich dem Verstand nicht erschließen, weil sie zu schnell oder zu irrational ablaufen. Hier gibt es eine schöne Übung, die Sie auf jeden Fall probieren sollten. Sagen Sie sich: »Steig in die Schuhe der anderen Menschen«, und tun Sie es auch im übertragenen Sinne. Sie werden sehen, wieviel Ihnen dazu einfällt.

Bitte machen Sie sich einmal die Mühe, sieben gute Gründe dafür aufzuschreiben, warum ein anderer Autofahrer wohl so rasant und zu dicht bei Ihnen auffährt. Überlegen Sie sich Gründe, die Sie vielleicht in vergleichbarer Situation ebenfalls für sich in Anspruch nehmen würden. Ihr Hintermann fährt möglicherweise deshalb so schnell, weil er sein Kind ins Krankenhaus bringen muß, oder weil er an diesem Tag nicht zu spät zur Arbeit kommen darf, denn da es bereits das dritte Mal in Folge passiert, wird er dieses Mal garantiert abgemahnt.

Verfahren Sie wie vorher vorgeschlagen, und lösen Sie alle Punkte auf.

Der Autofahrer hinter mir fährt so dicht auf, weil:

1. ____
2. ____
3. ____
4. ____
5. ____
6. ____
7. ____

Es gibt ein Indianersprichwort, das heißt: »Gehe eine Weile in meinen Mokassins.« Genau so etwas sollten Sie im Geiste tun, wann immer negative Gefühle hochkommen. Steigen Sie in die Schuhe des anderen Menschen, nehmen Sie exakt dessen Platz ein. Und dann sehen Sie, wie sinnlos die meisten negativen Gedanken über andere Menschen sind und wie viele gute Motive diese in der Regel für ihr Verhalten (das Sie doch so gestört hat) haben.

Wenn Sie diese Übung mehrmals für verschiedene Verkehrssituationen durchgespielt haben, hilft Ihnen das ebenfalls für die MPU. Denn mit Hilfe dieser Übungen haben Sie Ihre Fähigkeit trainiert, mögliche Konflikte im Straßenverkehr gelassener zu nehmen und sich nicht mehr so sehr aufzuregen. Schön wäre es, wenn Sie daran gelernt hätten, daß Sie das Verhalten der anderen Verkehrsteilnehmer nicht persönlich nehmen dürfen. Gefühle wie Aggressivität und Rache sollten Ihnen zunehmend fremd werden. Spätestens im Gespräch mit den Psychologen wird diese positive Haltung deutlich werden und Ihnen zugute kommen.

13. Kapitel: Mit Prüfungsängsten richtig umgehen

Angst ist eigentlich ein gutes Gefühl, sie gehört zu den gesunden, menschlichen Urinstinkten. Schon dem Steinzeitmenschen rettete sie oftmals das Leben. Eine Gefahr wurde warnend gespürt, Angst und damit ein Fluchtinstinkt ausgelöst. Bevor der Bär noch die Höhle verließ, war der Neandertaler schon außer Reichweite.

Trotz der Errungenschaften der Zivilisation benötigen wir auch heute noch diesen Urinstinkt. Angstgefühle und Schrecksekunden mobilisieren unsere Kräfte, helfen uns, in Gefahrsituationen richtig zu handeln. Angst ist eine lebenswichtige Reaktion, durch sie können wir Kräfte entwickeln und Leistungen vollbringen, die wir sonst nicht schaffen würden. Ohne Angstgefühle könnten wir zum Beispiel nicht mit einem so großen Satz von der Straße vor dem plötzlich auftauchenden Auto wegspringen, schnell vor einem Verfolger davonlaufen oder auch blitzschnell das Lenkrad herumreißen, wenn ein Kind auf die Straße läuft. Daher ist auch das Sprichwort »Angst verleiht Flügel« ein wahres Wort.

Merke: *Angst ist wichtig und positiv. Ein natürliches Alarmsystem, das häufig auch in Prüfungssituationen funktioniert. Auch hier können alle Kräfte mobil gemacht werden, so daß einem Dinge einfallen, die man zuletzt vor Ewigkeit gelernt hat.*

So geht mancher wie im Schlaf durch Prüfungsprozeduren und durchlebt vorher nur ein normales Maß an Nervosität. Für andere können solche Situationen aber der reine Horror sein. Dann nimmt die Angst überhand und überwältigt den Menschen während der Prüfung, dem Vorstellungsgespräch oder einem Test wie der MPU. Im schlimmsten Fall geht derjenige nicht zu dem Termin hin oder bringt dort kein Wort heraus. Doch soweit muß es nicht kommen. Denn Prüfungen kommen nicht überraschend, deshalb kann man gegen übertriebene Prüfungsangst frühzeitig etwas unternehmen.

Angstattacke und Blackout

Wie der Allergiker auf Pollen, kann jeder Mensch für bestimmte Auslöser sensibilisiert werden. Ein solcher Auslöser kann bereits die Gewißheit sein, daß man kurz vor einer Prüfungssituation steht. Prüfungsängste sind keine Kleinigkeit. Schon Tage davor sind Betroffene kaum noch zu einem klaren Gedanken fähig. Sie sind nervös, leiden unter Panikattacken, können kaum schlafen. Manche bekommen auch Fieber, eventuell Schüttelfrost und die interessantesten Hautausschläge. Der Gedanke an das Bevorstehende reicht, um das gesamte Streßprogramm zum Ablaufen zu bringen. Der ganze Körper verändert daraufhin seine Funktionen, er wird durchgehend aktiviert:

- Das Gehirn gibt den Befehl, Adrenalin und andere Streßhormone auszuschütten.
- Die Blutgefäße ziehen sich zusammen.
- Das Herz schlägt schneller und kräftiger, um mehr Blut pumpen zu können.
- Die Atmung wird flacher.
- Die Nebenniere produziert die Streßhormone.
- Die Muskulatur spannt sich an, das macht sich durch ein Zittern bemerkbar.
- Innere Anspannung, Ruhelosigkeit bis hin zu Einschlaf- und Durchschlafstörungen sind zu beobachten.
- Eine nicht zu unterdrückende Übererregbarkeit, die sich in Schwindel, Mundtrockenheit, Beklemmungsgefühlen und Schweißausbrüchen manifestiert, wird deutlich spürbar.
- Verspannungen, Schreckhaftigkeit und Reizbarkeit treten auf.

Dazu kommen meist noch Übelkeit, Schwindel, Brustschmerzen, Herzrasen, ein schneller Puls, Beklemmungen, das Gefühl, keine Luft mehr zu bekommen, und Alpträume.

Merke: *Prüfungsangst: Ein Zustand, der es oft nicht zuläßt, daß man sich ordentlich auf eine Prüfung vorbereitet und in vielen Fällen auch während des Tests einiges vermasseln kann. Schlimmstenfalls führen die Symptome der übersteigerten Angst am Prüfungstag dazu, daß auch der am besten vorbereitete Prüfling plötzlich nichts mehr weiß. Ein Blackout, das völlige Vergessen des Lernpensums, kombiniert mit einer unerträglichen Aufregung, die jegliches Denken fast unmöglich macht, das ist der pure Horror.*

Mancher Prüfling berichtet, sich während des Tests kaum noch an den eigenen Namen erinnert zu haben. Das klingt merkwürdig, ist es aber gar nicht lustig, wenn von der Prüfung einiges abhängt. Manche versuchen für sich das Problem dadurch zu lösen, daß sie die Prüfungssituation vermeiden. Doch damit verzichten sie auf Dinge, die sie sich eigentlich wünschen, wie zum Beispiel den Führerschein, die Segelscheinprüfung oder gar berufliches Fortkommen.

Irgendwelche Psychopharmaka zu schlucken ist in so einer Situation vielleicht verlockend, aber viel zu gefährlich. Schließlich muß man am Prüfungstag voll fit sein. Deshalb scheidet auch Baldrian in diesem Fall als sanfter Helfer aus, denn er hat eine stark ermüdende Wirkung. Außerdem gibt es bessere und wirkungsvollere Methoden, mit der Prüfungsangst umzugehen und die bislang so gefürchteten Testsituationen im Leben zu meistern. Sie dürfen Ihre Angst nicht länger nur irgendwie bekämpfen, Sie müssen sich ihr stellen.

Sich der Angst stellen

Was zunächst erstaunlich klingt, ist eine unglaublich effektive Hilfe: Sagen Sie ja zu Ihrer Angst, und versuchen Sie, die unangenehmen Gefühle nicht als etwas Schlimmes, sondern als etwas Positives anzusehen. Denn wer seine Angst stets verdrängt – und damit auch den Gedanken an die bevorstehende Prüfung –, baut sich einen großen Berg auf, der immer furchteinflößender wird, je näher man ihm kommt.

Praxis-Tip: In zwei Schritten können Sie der Angst beikommen. Indem Sie
1. *die Angst akzeptieren und*
2. *sich genau überlegen und klarmachen, wovor Sie Angst haben.*

1. Schritt: Die Angst akzeptieren

Den ersten Schritt zu tun fällt einigen Menschen immer noch nicht leicht. Hierzu ist Mut verlangt, sich selbst und auch anderen gegenüber einfach einzugestehen, daß man Angst hat. Menschen, die dieses Gefühl gar nicht kennen, gibt es nur in Hollywood. Es sind die mutigen Männer mit Nerven wie Drahtseile. Vor allem Männer tun sich auch heute noch – knapp vor der Jahrtausendwende – schwer, Schwächen, Gefühle und Ängste preiszugeben. Wer diesen Schritt zur Ehrlichkeit jedoch wagt, wird positiv überrascht sein. Oft wird mit Erstaunen von den Mitmenschen wahrgenommen, daß der andere dann auch über seine Ängste erzählen kann und nicht mehr den unnahbaren Alleskönner mimen muß, dem alles leichtfällt.

Merke: Jeder Mensch hat Ängste und Schwächen. Das ist etwas völlig Normales. Und niemand läßt sich gerne prüfen. Jeder hat in dieser Situation weiche Knie und ein flaues Gefühl im Magen. Doch je mehr man im Vorfeld darüber spricht, desto erleichterter und relaxter geht man in die Prüfung hinein. Man hat sich die Angst förmlich von der Seele geredet, und das ist ein ganz wichtiges Hilfsmittel.

Sie sollten in Ihrem Freundeskreis auch keine Hemmungen haben, über Ihren Führerscheinverlust und die bevorstehende MPU offen zu sprechen. Diskutieren Sie mit Freunden darüber, wie es dazu kommen konnte und wie es in Zukunft anders laufen sollte. Sie brauchen sich nicht zu schämen, denn wahre Freunde sucht man sich nicht nach Stärken und Schwächen beim Autofahren aus. Viele Freundschaften beweisen sich genau in solchen Lebenssituationen, in denen man nicht nur miteinander feiern und klönen kann, sondern auch Probleme gemeinsam angehen muß.

Einzige Ausnahme in Sachen Offenheit: die Firma. Hier müssen Sie Ihr privates Problem nicht gemeinsam mit anderen lösen; den Chef und Ihre Kollegen geht Ihr Privatleben nichts an. Dafür sind nur Freunde und Bekannte da. Aber deren Hilfe sollten Sie nutzen, denn je intensiver Sie vor der MPU über alles gesprochen haben, desto leichter fällt Ihnen dort das Gespräch mit dem Psychologen. Wer sich aber nicht traut, um Hilfe zu bitten, bleibt seinen Gefühlen ausgeliefert, leidet, ohne die Dinge zu lösen.

2. Schritt: Überlegen, wovor man Angst hat

Die Gedanken kreisen einem wild im Kopf umher: Schaffe ich es? Was wollen die von mir? Werde ich versagen? Und je mehr man über alles nachdenkt, desto schlimmer wird es. Man steigert sich in seine Angst hinein, gerät geradezu in Panik schon lange vor der eigentlichen Prüfungssituation. Dabei schätzt man alles immer unrealistischer ein, stellt sich die Sache sehr schlimm vor, und alles wird jeden Tag vor der MPU ein Stückchen unerträglicher. Ist der erste Schritt getan und hat man über die Angst gesprochen, sollte sofort auch der zweite Schritt erfolgen. Fragen Sie sich ganz in Ruhe, wovor Sie eigentlich Angst haben, was genau Sie erzittern läßt. Am besten, Sie schreiben sich Ihre Überlegungen auf. Notieren Sie alles, was Ihnen einfällt – auch wenn es Ihnen noch so banal erscheint – in die linke Spalte der unten aufgeführten Tabelle (vgl. Kasten unten).

Wenn ich an die MPU denke, habe ich Angst oder zumindest ein ungutes Gefühl bei dem Gedanken an:	*Wird das wirklich so sein? Warum habe ich davor Angst? Wie kann ich reagieren?*

Bestimmt haben Sie feste Vorstellungen davon, was Ihrer Meinung nach während der MPU alles auf Sie zukommen könnte. Schreiben Sie auch die kleinste Kleinigkeit auf, denn manches unbedeutend erscheinende Detail kann Ihnen unbewußt mehr Angst machen, als Sie denken.

Praxis-Tip: Am Ende des zweiten Schrittes haben Sie nun eine mehr oder weniger lange Liste mit Dingen, die Sie im Zusammenhang mit der MPU befürchten, in der Hand. Lesen Sie sich in Ruhe Punkt für Punkt durch, und fragen Sie bei sich bei jedem Punkt: Wird das wirklich so sein? Warum habe ich davor Angst? Was kann im schlimmsten Fall passieren? Wie kann ich hier am besten reagieren? Habe ich hier nicht unbegründet Angst?

Notieren Sie die Antworten in die rechte Spalte. Das können positive Gedanken, Lösungen oder wohltuende Verhaltensweisen früherer oder ähnlicher Situationen sein. Eine große Hilfe wäre es, wenn Sie Freunde oder Bekannte bitten könnten, mit Ihnen gemeinsam diese Liste durchzugehen und die einzelnen Punkte zu besprechen. Sie werden sehen, wie sehr so manche große Befürchtung auf ein gesundes Maß zusammenschrumpft, wenn man sie

- geschrieben stehen sieht und
- das geschriebene Wort sachlich mit jemandem besprechen kann. Tragen Sie die Liste bis zur MPU immer bei sich, und lesen Sie sie täglich durch. Die am Anfang sehr angstbesetzten Gedanken verlieren ihre Kraft und werden zunehmend schwächer.

Sie haben sich jetzt mit Ihrer Angst konstruktiv auseinandergesetzt und die Probleme in diesem Zusammenhang angepackt. Darauf können Sie stolz sein, und Sie werden merken, daß Ihnen die Gedanken und Gespräche über die MPU nun viel leichterfallen. Und das kann Ihnen am Tag der Prüfung nur helfen.

14. Kapitel: Keine Angst vor der MPU: So verliert sie ihren Schrecken

Wenn Sie die ersten beiden Schritte, die eben erläutert wurden, praktisch vollzogen und sich mit Ihren persönlichen Gefühlen und Gedanken auseinandergesetzt haben, sollten Sie sich auch inhaltlich näher mit der MPU beschäftigen. Machen Sie sich ganz bewußt klar, in welcher Situation Sie sind!

Sie gehen zur MPU, weil Sie Ihren Führerschein wiederhaben möchten. Doch wie wichtig ist Ihnen eigentlich das Autofahren? Wie würde Ihr Leben ohne Auto aussehen? Wer sich darüber bereits Gedanken gemacht hat, hat schon einiges gewonnen. Die Psychologen registrieren mit Wohlwollen, wenn sich der Prüfling bereits mit dem Thema »Führerschein und Autofahren« beschäftigt hat und nicht völlig fassungslos und verkrampft bei dem Gedanken reagiert, vielleicht auch einige Zeit ohne Führerschein auszukommen. Das fällt also positiv auf.

Schaffen Sie sich vor der MPU bewußt eine Distanz zum Auto. Dieser Abstand wird Ihnen bei der MPU helfen. Fangen Sie bei sich an. Überzeugen Sie vorrangig sich selbst. Viele MPU-Kandidaten nutzen nicht nur die Situation, um etwas an ihren Fahrgewohnheiten zu verbessern, sondern stellen die Frage nach der Notwendigkeit des Autofahrens ganz bewußt und absolut.

Machen Sie sich klar, was das bedeuten würde, letztendlich Abschied von der alten, intensiv gelebten und geliebten Vorstellungswelt vom Leben mit dem Auto zu nehmen. Lösen Sie Ihre enge Bindung an das Auto. Eine gute Hilfe dabei: Schreiben Sie auf, warum Ihnen Autofahren so wichtig ist. Manche begründen das zum Beispiel mit Werten wie gesteigertem Selbstwertgefühl, Freiheit, Unabhängigkeit, Statussymbol oder flexibler Freizeitgestaltung. Notieren Sie alles, was Ihnen durch den Kopf geht. Dadurch schaffen Sie sich den nötigen Abstand und gehen etwas relaxter in die MPU (vgl. Tabelle 14).

Tabelle 14: Wert des Führerscheins

Warum ist es für mich so wichtig, einen Führerschein zu besitzen und Auto zu fahren?

Nehmen Sie die MPU ernst. Nur dann gehen Sie mit der nötigen Portion Motivation und Aufmerksamkeit dorthin. Dazu gehören natürlich auch ein wenig Nervosität und Unwohlsein, das ist ganz normal und in Maßen auch durchaus hilfreich. Wie gesagt – nur so nehmen Sie die Sache ernst genug.

Wir werden uns im folgenden mit fünf Fragen beschäftigen, die sich die meisten Menschen, die zur MPU gehen, erfahrungsgemäß stellen. Verinnerlichen Sie die Kernsätze dieser Aussagen, und fragen Sie sich, ob sie auch auf Sie zutreffen. Setzen Sie sich mit allen Punkten intensiv auseinander, für die MPU wird Ihnen das sehr helfen.

1. »Wohin gehe ich jetzt?«

Sie gehen zu Menschen, die darüber entscheiden, ob Sie Ihren Führerschein erhalten, behalten oder zurückerhalten. Für Sie ist dies eine absolute Ausnahmesituation. Vermutlich sind Sie noch nie im Leben in einer solchen Lage gewesen, Sie werden vermutlich auch nie wieder im Leben in diese Situation kommen, und vielleicht kennen Sie auch niemanden, der den Idiotentest schon mal machen mußten. Wahrscheinlich kennen Sie darüber hinaus niemanden, der offen darüber spricht.

Ganz anders stellt sich die Lage für die Psychologen bei TÜV oder DEKRA dar, von denen Sie untersucht werden. Die machen ihren Job, haben täglich Menschen in Ihrer Situation um sich und kennen bereits Tausende Schicksale wie das Ihre. Behalten Sie das immer in Ihrem Hinterkopf. Diese Fachleute haben deshalb wirklich schon jede Art von Ausrede gehört. Sparen Sie sich also ihre Worte. Wären Sie selbst Psychologe, würden Sie vermutlich sehr darüber staunen, daß die Menschen mit immer denselben Ausreden daherkommen.

2. »Warum gehe ich da hin?«
Die meisten Menschen werden meist aus den folgenden Gründen zur MPU geschickt – nämlich, weil sie:

- zu schnell gefahren sind und/oder
- sich im Straßenverkehr aggressiv verhalten haben und/oder
- alkoholisiert gefahren sind.

Die Psychologen müssen nun herausfinden, ob jemand charakterlich überhaupt geeignet ist, einen Führerschein zu besitzen. Machen Sie sich selbst einmal klar, wie oft Sie Alkohol trinken und trotzdem fahren, die Geschwindigkeitsbeschränkungen übertreten und im Straßenverkehr aggressiv werden. Jeder Mensch hat Fehler, jeder macht welche, aber wichtig ist jetzt nur noch die Einsicht in sein Fehlverhalten. Leugnen Sie nicht, daß Sie Fehler gemacht haben und wieder Fehler machen werden. Aber fragen Sie sich selbst ganz kritisch: Würden Sie jemanden für charakterlich geeignet halten, am Straßenverkehr teilzunehmen, der sich nicht über seine eigenen Fehler im klaren ist, der nicht bereit ist, sich darüber klar zu werden und statt dessen versucht, sich irgendwie herauszureden? Sicher nicht.

Beginnen Sie damit, bewußt Verantwortung für Ihr Verhalten zu übernehmen. Versprechungen wie »Ab jetzt werde ich nie wieder Marmelade naschen« zeigen nur, daß es mit Ihrem Einstellungswandel noch nicht allzuweit her ist. Melden Sie sich lieber zu einem Fahrkurs an, einer Fahrnachschulung, einer Therapie bei den Guttemplern oder Anonymen Alkoholikern – auch wenn Sie »nur mal einen über den Durst trinken« –, dort weiß man guten Rat für alle Sorten Trinker. Ein solcher Entschluß überzeugt die Prüfer – und hoffentlich auch Sie selbst. Dies wird sich in Ihrem Ton, in Ihren Worten und in Ihrem Auftreten bei der MPU widerspiegeln.

3. »Warum hat es gerade mich erwischt?«
Sie selbst sind bisher vielleicht unbehelligt trotz aggressiven Fahrens, Geschwindigkeitsübertretungen und Fahren unter Alkoholeinfluß durchgekommen. Leichtsinnig und verantwortungslos war Ihr Verhalten schon – einmal, weil so die meisten Unfälle entstehen, und zum anderen, weil Sie damit hätten rechnen müssen, daß die Polizei Sie irgendwann erwischt. Sie wissen aus zahlreichen Situationen im Straßenverkehr, daß viele Menschen zu schnell, aggressiv und auch betrunken fahren. Also haben Sie vielleicht gedacht, es handele sich um ein Kavaliersdelikt. Man darf sich nur nicht erwischen lassen, meinten Sie. Aber würden Sie sich nicht auch sagen, wer leichtsinnig ist und glaubt: »Was alle anderen machen, das kann ich auch«, der hat die Charakterstärke eines sechsjährigen Kindes? Würden Sie aber einem Kind die Erlaubnis geben, ein Auto zu fahren und andere Verkehrsteilnehmer zu gefährden? Wer so denkt, ist nicht bereit, Verantwortung für sein eigenes Verhalten zu übernehmen. Sollte der einen Führerschein haben? Diese Fragen stellen sich auch die Psychologen der MPU, wenn sie fadenscheinige Argumente und Ausreden hören.

4. »Ich brauche meinen Führerschein.«

Wirklich? Bitte denken Sie daran, daß drei Fakten, die sich sehr plausibel und positiv anhören, gegen Sie sprechen können. Denn:

- Alles, was auf eine besondere Liebe zum Auto schließen läßt, spricht gegen Sie.
- Es gibt keinen Vielfahrerbonus. »Wer viel fährt, macht auch viele Fehler«, diese Verknüpfung kann nicht gelten. Wer viel fährt, muß besser als andere fahren. Ein Auto kann lebensgefährlich sein, vor allem für diejenigen, die nicht drin sitzen.
- Es gibt keinen Berufsbonus. Sie brauchen Ihren Führerschein, sind vielleicht Firmenvertreter oder gar Gebietsleiter. Sie fahren 100 000 Kilometer im Jahr. Wenn das so ist – warum setzen Sie dann leichtfertig Ihre berufliche Existenz aufs Spiel? werden die Fachleute fragen. Für das kleine Vergnügen, schnell zu fahren, Alkohol zu trinken oder beim Fahren Aggressivität abzubauen, setzen Sie alles auf eine Karte. Das spricht nur gegen Sie.

5. »Will ich nur meinen Führerschein zurückhaben, oder will ich meine Fahrgewohnheiten wirklich ändern?«

Wenn Sie Ihren Führerschein erlangen, wiedererlangen oder behalten wollen, müssen Sie die Psychologen davon überzeugen, daß Sie in Zukunft die volle Verantwortung für Ihr Verhalten übernehmen und sich an die Straßenverkehrsordnung halten werden. Daß Sie sich also niemals besondere Rechte herausnehmen werden – auch wenn Ihnen die Vorschriften sehr streng erscheinen.

Wenn jemand die allgemeinen Umgangsformen nicht beachtet, werden die Psychologen besonders hellhörig. Für sie ist das ein Zeichen des Nichtangepaßtseins. Nicht angepaßt zu sein, das kann auf vielen Gebieten charmant, reizvoll und kreativ wirken – nur nicht im Straßenverkehr. Denn da geht es um ein pedantisches und korrektes Sich-an-Regeln-Halten.

15. Kapitel: Rollenspiele zu Hause – Trainieren Sie die MPU-Situation

Proben Sie die Situation, die auf Sie zukommt. Natürlich können Sie nicht alles bis ins Detail durchspielen, da ja jede MPU inhaltlich etwas anders abläuft. Sie können sich jedoch mit der Situation vertraut machen, daß Sie irgendwo sind, wo Sie sich nicht so wohl fühlen, und daß Sie Zuhörer haben, die Ihnen fremd sind. Fragen Sie also einen Freund oder eine Bekannte, ob er oder sie mit Ihnen die Situation durchspielen könnte. Lassen Sie sich von diesem Zuhörer jederzeit unterbrechen – dieser Mensch soll Ihnen Fragen stellen – auch negative, kritische, sogar richtig miese Fragen – eben alles, wovor Sie Angst haben könnten.

Bereiten Sie sich innerlich also intensiv auf das Gespräch vor. Wichtig bei Rollenspielen ist, daß Sie einen wohlmeinenden Mitspieler haben. Kritiker, Meckerer haben zwar oft recht mit dem, was sie sagen, aber es nützt uns nicht viel, weil sie einen nicht aufbauen, sondern nur verunsichern. Im folgenden werden einige wichtige Dinge vorgestellt, die Sie mit Rollenspielen üben können.

Sprechen und zuhören

Signalisieren Sie über Ihre Art zu sprechen Ihre Kraft und Ihren Willen. Eine kräftige Stimme und ein offenes Ohr sind eine gute Basis für jedes Gespräch. Beide Fähigkeiten können und sollten Sie vorher üben. Damit können Sie unangenehme Situationen vermeiden, wo Ihnen vielleicht die Stimme versagt oder Sie vor lauter Nervosität Ihrem Gegenüber gar nicht richtig zuhören. Probieren Sie es mit folgenden Übungen:

Übung 1:
Sprechen Sie mit einer vollen Stimme: Wenn ein Mensch aufgeregt ist, preßt sich der Brustkorb zusammen, die Stimmritzen verengen sich, und die Stimme klingt eng und gepreßt. Die Tonlage erhöht sich dabei – und all dies bewirkt, daß wir weniger überzeugend ankommen.
Sprechen Sie ab jetzt einfach, wann immer es geht, langsam und deutlich, und – als wichtigstes – versuchen Sie, in einer tieferen Stimmlage zu sprechen, als Sie sie gemeinhin einsetzen. Diese Regel gilt besonders auch für Frauen. Denn Frauen sind beim Sprechen aufgrund ihrer von Natur aus höheren Stimmlage oftmals im Nachteil. Dies sollten und können Sie dadurch kompensieren, daß Sie Druck aus der Stimme herausnehmen und dafür Volumen dazugeben. Am einfachsten geschicht dies durch das Atmen bis ins Zwerchfell hinein: also tief in den Bauch hinein atmen und dann möglichst auch aus dem Bauch heraus sprechen. Sprechen Sie einmal einige Sätze in einer tieferen als Ihrer normalen Stimmlage. Nehmen Sie die Sätze ruhig auf Tonband auf. Sie werden merken, daß eine ruhige und tiefe Stimme überzeugender klingt.

Übung 2:
Lernen Sie aktives Zuhören. Zuhören ist mindestens genauso wichtig wie Sprechen. Aktives Zuhören heißt, sich zu zwingen, wirklich zu begreifen, was der andere Mensch sagt. Das klingt völlig selbstverständlich, aber die allermeisten schaffen das nicht. Zuhören ist nämlich alles andere als das, was ein Tonbandgerät macht. Es sollte immer kreatives Ausgestalten der auf einen eindringenden Worte sein. Aktiv zuhören heißt deshalb konkret: Reagieren Sie aktiv gegenüber allen Ihren inneren Regungen und Strebungen, drängen Sie sie nicht zurück. Meinen Sie aber nicht, schon verstanden zu haben, bevor der andere Mensch zu Ende gesprochen hat. Hören Sie hin, lassen Sie die Worte auf sich wirken. Diese Art des Zuhörens bringt Ruhe in das Gespräch. Wenn

Sie Ihren Gesprächspartner jedoch ständig unterbrechen und ihn ins Wort fallen, kann es passieren, daß Sie etwas nicht richtig verstehen. Und: Unterbrechungen und wiederholtes Nachfragen steigern unnötig Ihre Nervosität.

Sicherheit durch überzeugendes Auftreten

Natürlich ist die MPU kein Vorstellungsgespräch und auch kein Wettbewerb für die besten Gesellschaftsregeln, aber trotzdem ist es nur von Vorteil, wenn man sich gewisse Verhaltensweisen aneignet. Denn wer sich seines richtigen Verhaltens bewußt ist, kann selbstsicherer auftreten und sich freier bewegen. Deshalb haben wir im folgenden diese praktischen Tips zusammengestellt.

1. Allgemeine Verhaltensregeln:

- Antworten Sie ruhig, wenn man sie zuallererst nach persönlichen Dingen fragt. Neigen Sie sich dem Gesprächspartner zu – auch und gerade wenn Sie ihm eigentlich abgeneigt sind und er das nicht merken soll.
- Geben Sie fest die Hand (ein lascher Händedruck wird oft als Zeichen von Unsicherheit gewertet), aber nicht »männlich« zudrücken. Vor Aufregung feuchte Hände sollten Sie unauffällig seitlich an Ihrer Kleidung trockenwischen.
- Sprechen Sie Ihren Gesprächspartner häufig mit Namen an, das schafft Vertrautheit.
- Wenn Sie einen Namen bei der Vorstellung nicht verstanden haben, fragen Sie besser noch einmal nach, als den Namen zu raten, falsch wiederzugeben oder das Gegenüber die ganze Zeit ohne Namen anzureden. Wenn Sie aber nicht sofort mit Namen angesprochen werden, sagen Sie einfach: »Guten Tag, ich bin ....«
- Lächeln Sie, machen Sie ein offenes, freundliches Gesicht – auch das schafft Vertrauen.

- Hören Sie gut zu, und lassen Sie den anderen ausreden. Entschuldigen Sie sich für Unterbrechungen.
- Laut Knigge stehen Herren bei der Vorstellung auf, Damen aber nur in Ausnahmefällen. Solch ein Ausnahmefall ist diese Situation. Wenn Sie als Frau aufstehen, zeigen Sie: »Ich will hier etwas erreichen und will auf Sie zukommen.«
- Sie sollten lieber nicht rauchen. Und bestimmt nicht, wenn der Gesprächspartner auch nicht raucht und sich in Sichtweite kein Aschenbecher befindet. Ihr Gegenüber wird sich sonst fragen, ob Sie im Auto während der Fahrt auch soviel rauchen müssen.
- Wenn das Gespräch allerdings länger dauert und Ihr Gesprächspartner ebenso raucht, können Sie danach fragen. Das ist immer noch besser, als nervös mit den Fingern auf dem Tisch herumzuklopfen.
- Zum Thema Mißgeschick folgendes: Sie bekommen einen Kaffee angeboten, und der schwappt über. Was tun? Eine besondere Betonung des Mißgeschicks ist ungeschickt und zwingt nur zu Beteuerungen der Mitmenschen, daß alles halb so wild ist. Besser ist: Klare Entschuldigung und Beseitigung des Malheurs, fertig. Wenn Sie aber wegen des Zitterns Ihrer Hände von vornherein befürchten, nicht ordentlich trinken zu können, sollten Sie lieber aufs Getränk verzichten.

2. Die Körperhaltung:

Von der äußeren Haltung wird auf die innere Haltung geschlossen – ganz egal, ob diese Annahme berechtigt ist oder nicht. Gut kommt immer an, wenn Sie:

- gerade stehen. Üben Sie das vorher – Tage, Wochen, Jahre lang. Drücken Sie ihre Schulterblätter zusammen (das macht auch den Brustkorb freier, die Atmung leichter, die Stimme fester).
- nicht mit gespreizten Beinen sitzen oder stehen.
- die Hände beim Stehen seitlich herunterhängen lassen (wer's

nicht kann, sollte auch dies so gut wie möglich vorher üben. Also Hände raus aus den Taschen, und nicht hinterm Rücken halten!

- die Beine beim Sitzen nicht lang vor sich ausstrecken, nicht übereinanderschlagen oder gar einen Fuß aufs andere Knie legen. Frauen übrigens sollten die Beine im Sitzen immer geschlossen halten, sie dürfen die Beine aber übereinanderschlagen.

16. Kapitel: Machen Sie sich auch körperlich fit für die MPU

Prüfungssituationen, verbunden mit Angstattacken und starker Nervosität, bedeuten nicht nur für unsere Seele, sondern auch für unseren Körper echten Streß. Dabei sind verschiedene Hormone am Streßgeschehen beteiligt: Adrenalin, Noradrenalin, Cortison und Dopamin. Diese Hormone sind jedoch nicht nur bei Streß, sondern den ganzen Tag, 24 Stunden lang, tätig – ein ganzes Leben lang. Gesteuert werden sie durch verschiedene Hirnzentren, vor allem durch den Hypothalamus, eine weintraubengroße Region im Hinterkopf ganz in der Nähe der Stelle, wo das Rückgrat mit dem Kopf verbunden ist. Dort liegen die wirklich fundamentalen, überlebenswichtigen Steuerungszentren des Gehirns. Und von dort aus werden alle lebenswichtigen Vorgänge mitbestimmt:

- Hunger
- Durst
- Schlaf und Entspannung
- Aktivität und Aggressivität

- Sexualverhalten
- der Eisprung (bei Frauen)
- Atmung

Die Streßhormone sind also in Wirklichkeit jene Körpersäfte, die unser biologisches Überleben, das tagtägliche Rund-um-die-Uhr-Funktionieren unseres Systems ganz entscheidend regeln. In einer Streßsituation jedoch nehmen die Vorgänge überhand: Durchfall oder Verstopfung, trockener Mund, verspannte Nacken-, Schulter- und Kopfmuskulatur, schweißnasse Füße und Hände, Herzrasen sowie Händezittern sind nur einige Symptome.

Ist die Prüfung, also die Streßsituation vorbei, sind wir in aller Regel sehr erleichtert, aber auch ziemlich erschöpft. Die Anspannung läßt nach, und Geist und Körper kommen langsam wieder zur Ruhe. Damit Sie der körperliche Streß nicht zu sehr beansprucht, ist es sehr empfehlenswert, sich nicht nur inhaltlich auf die Prüfung vorzubereiten, sondern sich auch körperlich in Form zu bringen. Merke: Die oben beschriebenen Symptome bringen einen trainierten Körper nicht so sehr aus dem Gleichgewicht wie einen untrainierten.

Viele übersehen, wie wichtig die körperliche Fitneß ist. Statt sich zu sorgen, sich mit Kaffee munter zu machen (in Wirklichkeit macht Kaffee nervös) oder sogar seine Nervosität mit Alkohol zu dämpfen, sollten Sie lieber in den Tagen und Wochen vor der MPU etwas für die Fitneß tun – am einfachsten: Sie machen Jogging oder Power-Walking an der frischen Luft.

Die Vorteile: Jede körperliche Bewegung ist ein Sofortmittel gegen Unsicherheit und Angst. Wenn solche Gefühle in einem hochkommen, fühlen sich die meisten Menschen absolut hilflos. Aber Jogging, Power-Walking oder andere Bewegungssportarten reduzieren Angstgefühle auf der Stelle – im Gegenteil, sie sorgen verläßlich für Wohlbefinden. Das gilt sowohl für plötzlich in belastenden Situationen auftretende Angstgefühle als auch für eine allgemeine Lebensangst, die einen quält.

Praxis-Tip: Nach Meinung von Experten regt regelmäßiger Sport die Produktion von bestimmten Hormonen im Gehirn an, sogenannte Beta-Endorphine. Diese bewirken, daß man sich gut fühlt und gelassener ist. Das Gehirn wird durch die körperliche Bewegung außerdem reichlich mit sauerstoffhaltigem Blut versorgt, was verminderte Streßgefühle zur Folge hat.

Und ist Ihnen nicht auch schon einmal der Unterschied zwischen Menschen, die körperlich fit sind, und denen, die es nicht sind, aufgefallen? Im allgemeinen haben die Sportlichen eine geradere, entspanntere Haltung. Sie verfügen über mehr Energie, sind häufig begeisterungsfähiger und strahlen ein positives Selbstverständnis aus. Das führt allgemein zu mehr Gelassenheit im Leben. Nehmen Sie diese Anregung ernst, und machen Sie sich körperlich fit für die MPU. Trainieren Sie mindestens drei- bis viermal pro Woche. Damit stärken Sie Ihr Herz- und Kreislaufsystem. Das Herz wird größer und stärker, Ihr Puls schlägt langsamer, der Blutdruck normalisiert sich.

Praxis-Tip: Diese körperliche Fitneß macht sich vor allem in Prüfungssituationen bemerkbar. Denn Nervosität und Aufregung führen dann nur zu einem leicht beschleunigten Herzschlag. Sind Sie trainiert, haben Sie nicht das Gefühl des völligen Kreislaufversagens – so als ob Ihnen das Herz aus dem Hals spränge. Sie spüren ein gestärktes, positives Körpergefühl, das Ihnen im Auftreten Sicherheit gibt.

Für die Unsportlicheren und Sport-Anfänger ist Power-Walking das richtige. Denn schnelles Gehen, nicht Laufen, hat den großen

Vorteil, daß Sehnen, Bänder und der Herz-Kreislauf-Apparat weniger belastet werden.

In der Woche drei- bis viermal 30 Minuten Jogging oder Power-Walking sind ideal. Der Nutzen:

- Mehr Energie (körperliche und seelische)
- Schneller Abbau von Nervosität
- Spontane seelische Hochgefühle
- Schlafverbesserung
- Höhere Gedächtnisleistung
- Gesteigerte Kreativität
- Erhöhte Konzentrationsfähigkeit
- Streß-Abbau und -Vorbeugung
- Mehr Selbstvertrauen
- Weniger Streitlust
- Innere Bereitschaft, mit Menschen in Kontakt zu treten
- Lebensfreude und innere Ausgeglichenheit werden langfristig erzeugt
- Depressionen hören auf

17. Kapitel: Entspannen Sie sich!

Neben der körperlichen Fitneß sollten Sie sich auch mit Entspannungsmethoden vertraut machen. Lernen Sie, sich zu entspannen, und zwar sowohl vor der Prüfung als auch danach! Welche Möglichkeit Sie wählen, ob Yoga, Meditation oder autogenes Training, bleibt Ihnen überlassen. Wichtig ist nur, daß Sie Ihre Ruhequelle finden und sich dieser bewußt werden. Wenn Sie das geschafft haben, können Sie sich spontan überall entspannen, sogar während der MPU. Denn dann reicht dann ein Gedanke wie beispielsweise: »Ich bin jetzt ganz ruhig, niemand will mir etwas Schlimmes, ich bin bei mir selbst und alles ist gut«, mit dem Sie gelernt haben, sich zu entspannen.

Viele Menschen haben in Streßsituationen das Gefühl, keine Luft mehr zu bekommen. Doch oft ist es nicht so, daß dem Körper zuwenig Sauerstoff angeboten wird, sondern zuviel. Durch schnelles, ständiges Atmen (Hyperventilation) wird die Lunge unnötig gebläht, was wiederum Auswirkungen auf benachbarte Organe wie auch auf das Herz hat. Diese werden beiseite gedrängt, können ihren Aufgaben nur noch unzulänglich nachkommen.

Merke: *Wichtig ist also, richtig zu atmen, den Streß, die Anspannung, die Angst regelrecht wegzupusten. Das geht mit sieben verschiedenen Atemübungen aus dem Hatha-Yoga, die wir Ihnen hier zeigen wollen. Sie können sich aber ebensogut mit Meditation oder autogenem Training helfen. Hauptsache, Sie finden Entspannung. Nehmen Sie sich eine kurze Auszeit, und finden Sie Ihre Mitte wieder.*

Bei jeder Atemübung ist Ruhe ganz besonders wichtig. Nicht ich atme, sondern es atmet mich! Der Atem geschieht von allein, man kann ihn nur in der einen oder anderen Weise steuern, indem man ihn beobachtet und bewußt erlebt und lenkt. Ideal ist es, das Atmen im Normalzustand zu erlernen, um das dann in der Streßsituation anwenden zu können.

Finden Sie Ihren Rhythmus, und atmen Sie fünf Minuten auf diese Weise. Sie sollten auf Dauer versuchen, immer mit dem Zwerchfell, also möglichst tief zu atmen. Denn die kurzen Atemzüge, die wir alle normalerweise machen, reichen für eine vernünftige Sauerstoffversorgung des Körpers gar nicht aus. Also:

- Lernen Sie, sich Ihrem Atem zu überlassen. Es atmet Sie, und nicht Sie atmen.
- Angst führt oft zur Hyperventilation.
- Hyperventilation fühlt sich an wie zuwenig Luft bekommen, resultiert aber aus zuviel Atmen.
- Wer Hatha-Yoga beherrscht, kann sich auf natürliche Weise entspannen.
- Fragen Sie die Volkshochschule in Ihrer Nähe nach möglichen Yoga-Kursen.

1. Benutzen Sie Ihr Zwerchfell

Füllt das Einatmen die beiden Lungenflügel bis in ihre Spitzen, so drücken diese den darunter sich wölbenden Zwerchfellmuskel nach unten, was wiederum die Weichteile in den Bauchraum schiebt: Der Bauch wölbt sich nach außen. Mit dem Ausatmen ist die Bewegung genau rückläufig.

Übt man diese sogenannte Zwerchfellatmung, dann legt man beide Hände locker unterhalb des Bauchnabels auf die Bauchdecke, die sich im Atemfluß deutlich dehnend und wieder nachgebend bewegen soll. Das ist sowohl im Liegen wie im Stehen oder Sitzen möglich.

Man soll nie schnell üben, sondern den Atemreiz von allein sich entfalten lassen, die Haltung ist eher beobachtend und fördernd als fordernd. Diese Zwerchfellatmung sollte zur hauptsächlichen Grundatmung werden.

Merke: *Gerade durch ihre Bewegung in den Bauchraum hinein wirkt diese Übung anregend für den Stoffwechsel, für die Verdauung, für die Entschlackung. Zugleich wirkt sie lösend und befreiend bis in die Seele hinein. Ein großes Aufatmen geht durch den ganzen Menschen.*

2. Machen Sie Ihren Brustkorb weit

70 Prozent aller Menschen atmen nur in einer reduzierten Form und verzichten dadurch ein Leben lang darauf, dem Organismus soviel Sauerstoff anzubieten, wie es möglich wäre. Das Atemvolumen ist eingeschränkt, die Lungen füllen sich nur im oberen und mittleren Bereich, die Bewegung läuft mehr in die Breite als in die Tiefe.

Bewußt eingesetzt werden kann diese Atmung zum Lösen von Verspannungen im Brustraum (Brustwirbelsäule), wobei es auf das völlige Loslassen im Ausatmen ankommt. Entspannung ist aber immer aus der erste Schritt raus aus Streß und Panik.

Praxis-Tip: *Man übt diese Trainingsseinheit wahlweise im Stehen, Sitzen oder Liegen, indem die beiden flachen Hände seitwärts so auf die Rippen gelegt werden, daß die kleinen Finger rechts und links in der Taille aufliegen. Dann füllt und dehnt sich der Brustkorb unter den Händen deutlich in die Breite, und es kann beim Ausatmen von den Händen nachgepreßt werden. Danach unbedingt warten, bis der nächste Einatemreiz von allein kommt.*

3. Hecheln Sie Angst und Schrecken weg

Frauen, die geboren haben, kennen diese Form der flachen Atmung aus der Geburtsvorbereitung. Hierbei wird möglichst schnell (zwischen zwei Preßwehen) viel Sauerstoff geholt, um für höchste Muskelarbeit zur Verfügung zu stehen. Dabei bewegt und füllt sich nur noch der obere Teil der Lungenflügel.

Man nennt diese kleine, flache Atmung auch die Angstatmung, die sich in entsprechender Situation von selbst einstellt: Man will sich ganz unbemerkbar machen, nichts soll sich mehr bewegen. Der Körper holt sich nur noch eine Notration an Sauerstoff.

Parallel dazu erstarrt der ganze Körper, verkrampft sich in Angst oder Schrecken. Im allgemeinen Sprachgebrauch sagt man: Mir bleibt die Luft weg. Denn einmal bewußt lösend durchatmen, die Lungen ganz füllen, so daß sie den ganzen Rumpf bewegen, das löst oft auch die Angst- und Schrecksituation.

Soll die hechelnde, kleinste Atmung geübt werden, dann legt man die beiden flachen Hände unter den Schlüsselbeinen auf die Brust, so daß die Fingerspitzen auf dem Brustbein liegen, und fühlt die Bewegung unter den Handflächen.

4. Durch die Nase atmen, um einzuschlafen
Das ist eine gezielt einsetzbare Atemtechnik, die einfache Konzentration verlangt. Alleine dadurch wirkt sie beruhigend. Gedankenwirrwarr gleitet in den Hintergrund, rhythmisches Gleichmaß entspannt das vegetative Nervenzentrum, die natürliche Müdigkeit kann sich entfalten. Der Übergang zum Schlaf wird einfach.

Deswegen wird dieses Atmen bei Schlafstörungen geübt, sowohl als Einschlaf- als auch Durchschlaftraining.

Man kann auf dem Rücken liegen, noch einfacher ist es in Seitenlage: Man beginnt vorzugsweise auf der rechten Seite (denn dann ist kein erhöhter Druck auf das Herz gegeben) und hat den rechten Arm bequem so abgewinkelt und aufgelegt, daß die Hand vor dem Gesicht ist.

Ohne Druck wird die Zeigefingerkuppe ganz leicht zwischen den Augenbrauen aufgelegt, während die Mittelfingerkuppe den untersten Rand des linken Nasenflügels berührt und die Daumenkuppe entsprechend den unteren Rand des rechten Nasenflügels.

Es bedarf fast keines Druckes, um nun im Wechsel mal die rechte, mal die linke Nasenhälfte zu verschließen und durch die jeweils andere aus- und auch wieder einzuatmen. Die Fingerkuppe ist dabei kaum zu spüren!

In der Vorstellung fließt der langsame Atem auf der einen Seite in die Nase, oben unter dem Zeigefinger hindurch und auf der anderen Seite aus der Nase, wo sodann der neue Atemzug von allein beginnt. Dieser scheinbare Weg ist eine suggestive Täuschung.

Praxis-Tip: *Der Punkt zwischen den Augenbrauen ist ein Reflexpunkt des vegetativen Nervensystems. Die Vorstellung des leicht massierenden Flusses durch diesen Punkt wirkt entspannend und beruhigend. Die Konzentration auf diesen Atemfluß läßt alles andere langsam zurücktreten und abfallen. Die Schwelle zum Schlaf ist erreicht.*

5. Ein kräftiges Ha macht wieder wach

Genau das Gegenteil bezweckt die Ha-Atmung. Sie wirkt nervenstärkend und -anregend und kann im Sitzen, besser noch im Stehen geübt werden.

Die Füße stehen hüftbreit auseinander fest auf dem Boden. Dann wird die Luft so kräftig und energisch durch die Nase eingezogen, daß die Nasenflügel leicht an die Nasenscheidewand gezogen werden und ein saugendes Geräusch entsteht. Ist ein großes Luftvolumen bis in die Lungenspitzen aufgebaut, dann wird der Mund geöffnet und die Luft mit einem kräftigen, hörbaren »Ha« ausgestoßen, wobei der Körper etwas nach vorne nachgibt und der Bauch eingezogen wird.

Erst wenn sich der nächste Einatmungswunsch von selbst meldet, beginnt man von vorn. Das ist etwa zehnmal zu wiederholen; es verscheucht Müdigkeit und steigert die Leistungskraft. Und beruhigt gleichzeitig aufgepeitschte Nerven.

6. Noch anregender: Hacken Sie mal Holz!
Dies wirkt noch belebender und kreislaufanregender als die Ha-Atmung. Es sollte nicht von Menschen mit hohem Blutdruck ausgeführt werden, ist aber ausgesprochen empfehlenswert bei niedrigem Blutdruck, leichter Müdigkeit, Neigung zu kalten Händen und Füßen.

Man steht mit hüftbreit auseinander gestellten Füßen leicht nach vorn entspannt. Ein Arm ist gehoben und einer gesenkt, beide in sich locker. Kräftig schwingen die Arme im Wechsel nach unten, während der jeweils andere gehoben wird: eine kraftvolle Bewegung wie beim Holzhacken.

Je nach Befinden übt man zehn bis 20 Sekunden lang, wobei der Pulsschlag sich heftig erhöht (bis zirka 140 Schläge pro Minute), um dann in wenigen Minuten wieder zum Ruhe-Rhythmus zurückzufinden (zirka 70 pro Minute). Ihren Atemrhythmus bestimmen Sie dieses Mal selbst. Mancher kann beim Einatmen nur zwei Schläge, andere vier und sechs ausführen. Auch hier sollten Sie keineswegs in Hektik ausbrechen, denn sonst droht die Gefahr der Hyperventilation.

7. Mehr Sauerstoff durch das Atemkreuz
Man kann es im Sitzen, Liegen oder Stehen üben; es dehnt, spannt und entspannt den ganzen Körper und gehört zu den besten täglichen Aufwachübungen.

Praxis-Tip: *Während des Einatmens werden beide gestreckten Arme langsam schräg vorwärts bis zu einem hohen V rechts und links des Kopfes gehoben und dann in den Schultergelenken so gedreht, daß der Daumen Richtung Füße zeigt und der Handteller nach hinten.*

Das Heben füllt die Lungenflügel bis nach unten, die Drehung der Arme weitet die Lungen zusätzlich in die Breite, so daß ein größtmögliches Volumen aufgenommen wird. Ein gesundes »Hallo-Wach«. Man geht den Tag mit geraden Schultern an und läßt sich nicht so schnell »kleinkriegen«.

Anhang

Verwarnungsgeldkatalog

lfd. Nr.	Tatbestand	Regelsatz in DM Grundtatbestand	Behinderung	Gefährdung	Sachbeschädigung
	Zuwiderhandlungen gegen § 24 StVG				
	a) Straßenverkehrsordnung Grundregeln				
1	Durch Außerachtlassung der im Verkehr erforderlichen Sorgfalt				
1.1	einen anderen mehr als nach den Umständen unvermeidbar belästigt	20			
1.2	einen anderen mehr als nach den Umständen unvermeidbar behindert	40			
1.3	einen anderen gefährdet	60			
1.4	einen anderen geschädigt soweit im folgenden nichts anderes bestimmt ist	75			
	Straßenbenutzung durch Fahrzeuge				
2	Vorschriftswidrig Gehweg, Seitenstreifen (außer auf Autobahnen oder Kraftfahrstraßen), Verkehrsinsel oder Grünanlage benutzt	10	20	40	
3	Gegen das Rechtsfahrgebot verstoßen durch Nichtbenutzen				
3.1	der rechten Fahrbahnseite	20	40		

lfd. Nr.	Tatbestand	Regelsatz in DM Grundtatbestand	Behinderung	Gefährdung	Sachbeschädigung
3.2	des rechten Fahrstreifens (außer auf Autobahnen oder Kraftfahrstraßen) und dadurch einen anderen behindert	40			
3.3	der rechten Fahrbahn bei zwei getrennten Fahrbahnen	50		75	
4	Schienenbahn nicht durchfahren lassen	10			
5	Als Radfahrer oder Mofafahrer Fahrbahn oder Radweg (Zeichen 237, 240, 241) nicht oder Fahrbahn, Radweg oder Seitenstreifen nicht vorschriftsmäßig benutzt	10			
	Geschwindigkeit				
6	Zulässige Höchstgeschwindigkeit überschritten mit				
6.1	Kraftfahrzeugen der in § 3 Abs. 3 Nr. 2 Buchstaben a oder b StVO genannten Art	Tabelle 1 a			
6.2	kennzeichnungspflichtigen Kraftfahrzeugen der in Nr. 6.1 genannten Art mit gefährlichen Gütern oder Kraftomnibussen mit Fahrgästen	Tabelle 1 b			
6.3	anderen als den in Nr. 6.1 oder 6.2 genannten Kraftfahrzeugen	Tabelle 1 c			
	Abstand				
7	Erforderlichen Abstand von einem vorausfahrenden Fahrzeug nicht eingehalten				

lfd. Nr.	Tatbestand	Regelsatz in DM			
		Grundtatbestand	Behinderung	Gefährdung	Sachbeschädigung
7.1	bei einer Geschwindigkeit bis 80 km/h	50		60	75
7.2	bei einer Geschwindigkeit über 80 km/h, sofern nicht der Abstand in Metern weniger als ein Viertel des Tachowertes betrug	75			
8	Als Vorausfahrender ohne zwingenden Grund stark gebremst			40	60
9	Den zum Einscheren erforderlichen Abstand von dem vorausfahrenden Fahrzeug außerhalb geschlossener Ortschaften nicht eingehalten	50			
	Überholen				
10	Innerhalb geschlossener Ortschaften rechts überholt	60			75
11	Mit nicht wesentlich höherer Geschwindigkeit als der zu Überholende überholt	60			75
12	Beim Überholen ausreichenden Seitenabstand zu einem anderen Verkehrsteilnehmer nicht eingehalten	60			75
13	Nach dem Überholen				
13.1	nicht sobald wie möglich wieder nach rechts eingeordnet	20			
13.2	beim Einordnen einen Überholten behindert	40			

lfd. Nr.	Tatbestand	Regelsatz in DM			
		Grundtatbestand	Behinderung	Gefährdung	Sachbeschädigung
14	Beim Überholtwerden Geschwindigkeit erhöht	60			
15	Als Führer eines langsameren Fahrzeugs Geschwindigkeit nicht ermäßigt oder nicht gewartet, um mehreren unmittelbar folgenden Fahrzeugen das Überholen zu ermöglichen	20			
16	Vorschriftswidrig links überholt, obwohl der Fahrer des vorausfahrenden Fahrzeuges die Absicht, nach links abzubiegen, angekündigt und sich eingeordnet hatte	50			60
	Fahrtrichtungsanzeiger				
17	Fahrtrichtungsanzeiger nicht wie vorgeschrieben benutzt	20			
	Vorbeifahren				
18	An einem haltenden Fahrzeug, einer Absperrung oder einem sonstigen Hindernis auf der Fahrbahn links vorbeigefahren, ohne ein entgegenkommendes Fahrzeug durchfahren zu lassen	40		60	75
	Benutzung von Fahrstreifen durch Kraftfahrzeuge				
19	Fahrstreifen gewechselt und dadurch einen anderen gefährdet	60			75

lfd. Nr.	Tatbestand	Regelsatz in DM Grundtatbestand	Behinderung	Gefährdung	Sachbeschädigung
	Vorfahrt				
20	Als Wartepflichtiger an eine bevorrechtigte Straße nicht mit mäßiger Geschwindigkeit heranfahren	20			
21	Vorfahrt nicht beachtet und dadurch einen Vorfahrtsberechtigten wesentlich behindert	50			
	Abbiegen, Wenden, Rückwärtsfahrten				
22	Abgebogen, ohne sich ordnungsgemäß oder rechtzeitig eingeordnet oder ohne vor dem Einordnen oder Abbiegen auf den nachfolgenden Verkehr geachtet zu haben	20		60	75
23	Als Linksabbieger auf längs verlegten Schienen eingeordnet und dadurch ein Schienenfahrzeug behindert	10			
24	Als auf der Fahrbahn abbiegender Radfahrer bei ausreichendem Raum nicht an der rechten Seite des in gleicher Richtung abbiegenden Fahrzeugs geblieben	10			
25	Als nach links abbiegender Radfahrer nicht abgestiegen, obwohl es die Verkehrslage erforderte, oder Radverkehrsführungen nicht gefolgt	10			
26	Abgebogen, ohne Fahrzeug durchfahren zu lassen	20			

lfd. Nr.	Tatbestand	Regelsatz in DM Grundtatbestand	Behinderung	Gefährdung	Sachbeschädigung
27	Beim Linksabbiegen nicht voreinander abgebogen	20			
	Einfahren und Anfahren				
28	Aus einem Grundstück, einem Fußgängerbereich (Zeichen 242, 243), einem verkehrsberuhigten Bereich (Zeichen 325, 326) auf die Straße oder von einem anderen Straßenteil oder über einen abgesenkten Bordstein hinweg auf die Fahrbahn eingefahren oder vom Fahrbahnrand angefahren und dadurch einen anderen gefährdet	60			75
29	Beim Fahren in eine oder aus einer Parklücke stehendes Fahrzeug beschädigt	40			
	Besondere Verkehrslagen				
30	Trotz stockenden Verkehrs in eine Kreuzung oder Einmündung eingefahren und dadurch einen anderen behindert	40			
30 a	Bei stockendem Verkehr auf einer Autobahn oder Außerortsstraße für die Durchfahrt von Polizei- oder Hilfsfahrzeugen eine vorschriftsmäßige Gasse nicht gebildet	40			
	Halten und Parken				
31	Unzulässig gehalten				
31.1	in den in § 12 Abs. 1 genannten Fällen	20	30		

lfd. Nr.	Tatbestand	Regelsatz in DM Grundtatbestand	Behinderung	Gefährdung	Sachbeschädigung
31.2	in »zweiter Reihe«	30	40		
32	Unzulässig geparkt (§ 12 Abs. 2) in den Fällen, in denen § 12 Abs. 1 Nr. 1 bis 7, Nr. 9 das Halten verbietet, oder auf Geh- und Radwegen	30	50		
32.1	länger als 1 Stunde	50	75		
33	Vor oder in amtlich gekennzeichneten Feuerwehrzufahrten geparkt (§ 12 Abs. 2)	75			
35	Unzulässig geparkt (§ 12 Abs. 2) in den in § 12 Abs. 3. Nr. 1 bis 7, 8 Buchstaben a, b oder d oder Nr. 9 genannten Fällen	20	30		
35.1	länger als 3 Stunden	40	60		
36	Unberechtigt auf Schwerbehinderten-Parkplatz geparkt (§ 12 Abs. 2)	75			
37	In einem nach § 12 Abs. 3a Satz 1 geschützten Bereich während nicht zugelassener Zeiten mit einem Kraftfahrzeug über 7,5 t zulässiges Gesamtgewicht oder einem Kraftzeuganhänger über 2 t zulässiges Gesamtgewicht regelmäßig geparkt (§ 12 Abs. 2)	60			
38	Mit Kraftfahrzeuganhänger ohne Zugfahrzeug länger als zwei Wochen geparkt (§ 12 Abs. 2)	40			

lfd. Nr.	Tatbestand	Regelsatz in DM Grundtatbestand	Behinderung	Gefährdung	Sachbeschädigung
39	In »zweiter Reihe« geparkt (§ 12 Abs. 2)	40	50		
39.1	länger als 15 Minuten	60	75		
39 a	Im Fahrraum von Schienenfahrzeugen				
39 a.1	gehalten	40	60		
39 a.2	geparkt (§ 12 Abs. 2)	50	75		
40	Vorrang des Berechtigten beim Einparken in eine Parklücke nicht beachtet	20			
41	Nicht platzsparend gehalten oder geparkt (§ 12 Abs. 2)	20			
	Einrichtungen zur Überwachung der Parkzeit				
42	An einer abgelaufenen Parkuhr, ohne vorgeschriebene Parkscheibe, ohne Parkschein oder unter Überschreiten der erlaubten Höchstparkdauer geparkt (§ 12 Abs. 2)	10			
42.1	bis zu 30 Minuten	10			
42.2	bis zu 1 Stunde	20			
42.3	bis zu 2 Stunden	30			
42.4	bis zu 3 Stunden	40			
42.5	länger als 3 Stunden	50			

lfd. Nr.	Tatbestand	Regelsatz in DM Grundtatbestand	Behinderung	Gefährdung	Sachbeschädigung
	Sorgfaltspflichten beim Ein- und Aussteigen				
43	Beim Ein- oder Aussteigen einen anderen Verkehrsteilnehmer gefährdet	20			50
44	Fahrzeug verlassen, ohne die nötigen Maßnahmen getroffen zu haben, um Unfälle oder Verkehrsstörungen zu vermeiden	30			50
	Abschleppen von Fahrzeugen				
45	Beim Abschleppen eines auf der Autobahn liegengebliebenen Fahrzeugs die Autobahn nicht bei der nächsten Ausfahrt verlassen oder mit einem außerhalb der Autobahn liegengebliebenen Fahrzeug in die Autobahn eingefahren	40			
46	Während des Abschleppens Warnblinklicht nicht eingeschaltet	10			
47	Kraftrad abgeschleppt	20			
	Warnzeichen				
48	Mißbräuchlich Schall- oder Leuchtzeichen gegeben und dadurch einen anderen belästigt oder Schallzeichen gegeben, die aus einer Folge verschieden hoher Töne bestehen	20			

lfd. Nr.	Tatbestand	Regelsatz in DM: Grundtatbestand	Behinderung	Gefährdung	Sachbeschädigung
49	Als Führer eines Omnibusses des Linienverkehrs oder eines gekennzeichneten Schulbusses Warnblinklicht bei Annäherung an eine Haltestelle oder für die Dauer des Ein- und Aussteigens der Fahrgäste entgegen der straßenverkehrsbehördlichen Anordnung nicht eingeschaltet	20			
50	Warnblinklicht mißbräuchlich eingeschaltet	10			
	Beleuchtung				
51	Vorgeschriebene Beleuchtungseinrichtungen nicht oder nicht vorschriftsmäßig benutzt, obwohl die Sichtverhältnisse es erforderten, oder nicht rechtzeitig abgeblendet oder Beleuchtungseinrichtungen in verdecktem oder beschmutztem Zustand benutzt	20		30	75
52	Nur mit Standlicht oder auf einer Straße mit durchgehender, ausreichender Beleuchtung mit Fernlicht gefahren oder mit einem Kraftrad am Tage nicht mit Abblendlicht gefahren	20		30	75
53	Bei erheblicher Sichtbehinderung durch Nebel, Schneefall oder Regen innerhalb geschlossener Ortschaften am Tage nicht mit Abblendlicht gefahren	50			75

lfd. Nr.	Tatbestand	Regelsatz in DM Grundtatbestand	Behinderung	Gefährdung	Sachbeschädigung
54	Haltendes mehrspuriges Fahrzeug nicht oder nicht wie vorgeschrieben beleuchtet oder kenntlich gemacht	40			75
	Autobahnen und Kraftfahrstraßen				
55	Autobahn oder Kraftfahrstraße mit einem Fahrzeug benutzt, dessen durch die Bauart bestimmte Höchstgeschwindigkeit weniger als 60 km/h betrug oder dessen zulässige Höchstabmessungen zusammen mit der Ladung überschritten waren	40			
56	An dafür nicht vorgesehener Stelle eingefahren	50			
57	Auf einer Autobahn oder Kraftfahrstraße gehalten	60			
59	Als Fußgänger Autobahn betreten oder Kraftfahrstraße an dafür nicht vorgesehener Stelle betreten	20			
60	An dafür nicht vorgesehener Stelle ausgefahren	50			
	Bahnübergänge				
61	Vor einem Bahnübergang Wartepflichten verletzt	20			
	Öffentliche Verkehrsmittel und Schulbusse				
62	Einem Omnibus des Linienverkehrs oder einem Schulbus das Abfahren von einer gekennzeichneten Haltestelle nicht ermöglicht	10		40	60

lfd. Nr.	Tatbestand	Regelsatz in DM Grundtatbestand	Behinderung	Gefährdung	Sachbeschädigung
62a	Nicht mit Schrittgeschwindigkeit gefahren (soweit nicht von Nummer 6 erfaßt)				
62a.1	an einem an einer Haltestelle haltenden Omnibus des Linienverkehrs, einer haltenden Straßenbahn oder einem haltenden gekennzeichneten Schulbus mit ein- oder aussteigenden Fahrgästen bei Vorbeifahrt rechts	30			
62a.2	an einem an einer Haltestelle haltenden Omnibus des Linienverkehrs oder gekennzeichneten Schulbus mit eingeschaltetem Warnblinklicht	30			
	Personenbeförderung, Sicherungspflichten				
63	Gegen eine Vorschrift über die Mitnahme von Personen auf oder in Fahrzeugen verstoßen	10			
63a	Als Kfz-Führer oder als anderer Verantwortlicher bei der Beförderung eines Kindes nicht für die vorschriftsmäßige Sicherung gesorgt (außer in KOM über 3,5 t)				
63a.1	bei einem Kind	60			
63a.2	bei mehreren Kindern	75			
64	Vorgeschriebenen Sicherheitsgurt während der Fahrt nicht angelegt	60			

lfd. Nr.	Tatbestand	Regelsatz in DM Grundtatbestand	Behinderung	Gefährdung	Sachbeschädigung
65	Amtlich genehmigten Schutzhelm während der Fahrt nicht getragen	30			
	Ladung				
66	Ladung oder Ladeeinrichtung nicht verkehrssicher verstaut oder gegen Herabfallen oder vermeidbaren Lärm nicht besonders gesichert	20			
67	Fahrzeug geführt, das zusammen mit der Ladung eine der höchstzulässigen Abmessungen überschritt oder dessen Ladung unzulässig über das Fahrzeug hinausragte	40			
68	Vorgeschriebene Sicherungsmittel nicht oder nicht ordnungsgemäß angebracht	50			
	Sonstige Pflichten des Fahrzeugführers				
69	Als Fahrzeugführer nicht dafür gesorgt, daß				
69.1	seine Sicht oder sein Gehör durch die Besetzung, die Ladung, ein Gerät oder den Zustand des Fahrzeugs nicht beeinträchtigt war	20			
69.2	das Fahrzeug, der Zug, die Ladung oder die Besetzung vorschriftsmäßig war oder die Verkehrssicherheit des Fahrzeugs durch die Ladung oder die Besetzung nicht litt	50			

lfd. Nr.	Tatbestand	Regelsatz in DM			
		Grundtatbestand	Behinderung	Gefährdung	Sachbeschädigung
69.3	das vorgeschriebene Kennzeichen stets gut lesbar war	10			
69.4	an einem Kraftfahrzeug, an dessen Anhänger oder an einem Fahrrad die vorgeschriebene Beleuchtungseinrichtung auch am Tage vorhanden oder betriebsbereit war	10			
70	das Fahrzeug oder Zug nicht auf dem kürzesten Weg aus dem Verkehr gezogen wurde, obwohl unterwegs die Verkehrssicherheit wesentlich beeinträchtigende Mängel aufgetreten waren, die nicht alsbald beseitigt werden konnten	20			
	Fußgänger				
71	Trotz vorhandenen Gehwegs oder Seitenstreifens auf der Fahrbahn oder außerhalb geschlossener Ortschaften nicht am linken Fahrbahnrand gegangen	10			
72	Fahrbahn ohne Beachtung des Fahrzeugverkehrs oder nicht zügig auf dem kürzesten Weg quer zur Fahrtrichtung oder an nicht vorgesehener Stelle überschritten			10	20
	Fußgängerüberweg				
73	Bei stockendem Verkehr auf einen Fußgängerüberweg gefahren	10			

lfd. Nr.	Tatbestand	Regelsatz in DM Grundtatbestand	Behinderung	Gefährdung	Sachbeschädigung
	Umweltschutz				
74	Bei Benutzung eines Fahrzeugs unnötigen Lärm oder vermeidbare Abgasbelästigungen verursacht	20			
75	Innerhalb einer geschlossenen Ortschaft unnütz hin- und hergefahren und dadurch einen anderen belästigt	40			
	Verkehrshindernisse				
76	Straße beschmutzt oder benetzt, obwohl dadurch der Verkehr gefährdet oder erschwert werden konnte	20			
77	Verkehrswidrigen Zustand nicht oder nicht rechtzeitig beseitigt oder nicht ausreichend kenntlich gemacht	20			
78	Gefährliches Gerät nicht wirksam verkleidet	10			
	Unfall				
79	Als Unfallbeteiligter den Verkehr nicht gesichert oder bei geringfügigem Schaden nicht unverzüglich beiseite gefahren	60			75
80	Unfallspuren beseitigt, bevor die notwendigen Feststellungen getroffen worden waren	60			

lfd. Nr.	Tatbestand	Regelsatz in DM Grundtatbestand	Behinderung	Gefährdung	Sachbeschädigung
	Warnkleidung				
81	Bei Arbeiten außerhalb von Gehwegen oder Absperrungen auffällige Warnkleidung nicht getragen	10			
	Weisungen der Polizeibeamten				
82	Weisung eines Polizeibeamten nicht befolgt	40			
	Wechsellichtzeichen und Grünpfeil				
83	Als Fußgänger rotes Wechsellichtzeichen nicht befolgt oder den Weg beim Überschreiten der Fahrbahn beim Wechsel von Grün auf Rot nicht zügig fortgesetzt	10		10	20
83a	Beim Rechtsabbiegen mit Grünpfeil				
83a.1	aus einem anderen als dem rechten Fahrstreifen abgebogen	30			
83a.2	den Fahrzeugverkehr der freigegebenen Verkehrseinrichtungen, ausgenommen den Fahrradverkehr auf Radwegfurten, behindert	75			
	Blaues und gelbes Blinklicht				
84	Blaues Blinklicht zusammen mit dem Einsatzhorn oder allein oder gelbes Blinklicht mißbräuchlich verwendet	40			

lfd. Nr.	Tatbestand	Regelsatz in DM Grundtatbestand	Behinderung	Gefährdung	Sachbeschädigung
85	Einem Einsatzfahrzeug, das blaues Blinklicht zusammen mit dem Einsatzhorn verwendet hatte, nicht sofort freie Bahn geschaffen	40			
	Vorschriftszeichen				
86	Unbedingtes Haltgebot (Zeichen 206) nicht befolgt	20			
87	Bei verengter Fahrbahn (Zeichen 208) dem Gegenverkehr Vorrang nicht gewährt	10		20	40
88	Eine durch Vorschriftszeichen vorgeschriebene Fahrtrichtung oder Vorbeifahrt nicht befolgt	20		30	50
89	Als anderer Verkehrsteilnehmer vorschriftswidrig Radweg (Zeichen 237) oder einen sonstigen Sonderweg (Zeichen 238, 239, 240, 241) benutzt oder als anderer Fahrzeugführer Fahrradstraße (Zeichen 244) vorschriftswidrig benutzt	20			
90	Fußgängerbereich (Zeichen 239, 242, 243) benutzt oder ein Verkehrsverbot (Zeichen 250, 251, 253 bis 255, 260) nicht beachtet	20			
90.1	mit Kraftfahrzeugen der in § 3 Abs. 3 Nr. 2 Buchstabe a oder b StVO genannten Art	40			
90.2	mit anderen Kraftfahrzeugen	20			

lfd. Nr.	Tatbestand	Regelsatz in DM			
		Grundtatbestand	Behinderung	Gefährdung	Sachbeschädigung
90.3	als Radfahrer	10			
91	Verkehrsverbot (Zeichen 262 bis 266) oder Verbot der Einfahrt (Zeichen 267) nicht beachtet	40			
92	In einem Fußgängerbereich, der durch Zeichen 239, 242, 243 oder 250 gesperrt war, geparkt (§ 12 Abs. 2)	60	75		
92.1	länger als 3 Stunden	75			
93	Als Radfahrer oder Führer eines motorisierten Zweiradfahrzeugs auf einem gemeinsamen Rad- und Gehweg auf einen Fußgänger nicht Rücksicht genommen	10			
94	Bei zugelassenem Fahrzeugverkehr in einem Fußgängerbereich (Zeichen 239, 242, 243) nicht mit Schrittgeschwindigkeit gefahren (soweit nicht von Nr. 6 erfaßt)	30			
95	Als Nichtberechtigter Sonderfahrstreifen für Omnibusse des Linienverkehrs (Zeichen 245) oder für Taxen (Zeichen 245 mit Zusatzschild) benutzt	20	60		
95a	Wendeverbot (Zeichen 272) nicht beachtet	40			
96	Vorgeschriebenen Mindestabstand (Zeichen 273) zu einem vorausfahrenden Fahrzeug unterschritten	20			

lfd. Nr.	Tatbestand	Regelsatz in DM Grund-tatbe-stand	Behin-derung	Gefähr-dung	Sach-beschä-digung
97	An der Haltlinie (Zeichen 294) nicht gehalten	20			
98	Fahrstreifenbegrenzung (Zeichen 295, 296) überquert oder überfahren oder durch Pfeile vorgeschriebene Fahrtrichtung (Zeichen 297) nicht gefolgt oder Sperrfläche (Zeichen 298) benutzt (außer Parken)	20			75
98.1	und dabei überholt	60			
99	Sperrfläche (Zeichen 298) zum Parken benutzt	50			
	Richtzeichen				
100	Als Fahrzeugführer in einem verkehrsberuhigten Bereich (Zeichen 325, 326)				
100.1	Schrittgeschwindigkeit nicht eingehalten (soweit nicht von Nr. 6 erfaßt)	30			
100.2	Fußgänger behindert	30			
101	In einem verkehrsberuhigten Bereich (Zeichen 325, 326) außerhalb der zum Parken gekennzeichneten Flächen geparkt (§ 12 Abs. 2)	20	30		
101.1	länger als 3 Stunden	40	60		
102	Auf dem linken von mehreren nach Zeichen 340 markierten Fahrstreifen auf einer Fahrbahn für beide Richtungen überholt	60			

lfd. Nr.	Tatbestand	Regelsatz in DM Grundtatbestand	Behinderung	Gefährdung	Sachbeschädigung
103	Als Führer eines Lkw mit einem zulässigen Gesamtgewicht von mehr als 3,5 t oder eines Zuges von mehr als 7 m Länge den linken von mindestens 3 m einer Richtung verlaufenden Fahrstreifen außerhalb einer geschlossenen Ortschaft vorschriftswidrig benutzt	30	40		
	Verkehrseinrichtungen				
104	Durch Absperrgerät abgesperrte Straßenfläche befahren	10			
	Ausnahmegenehmigung und Erlaubnis				
105	Genehmigungs- oder Erlaubnisbescheid nicht mitgeführt oder auf Verlangen nicht ausgehändigt	20			

lfd. Nr.	Tatbestand	Regelsatz in DM
	b) Straßenverkehrs-Zulassungs-Ordnung	
	Mitführen und Aushändigen von Papieren	
106	Vorgeschriebenes Ausweispapier, vorgeschriebene Urkunde über eine Erlaubnis oder sonstige Bescheinigung nicht mitgeführt oder auf Verlangen nicht ausgehändigt	20
	Einschränkung der Fahrerlaubnis	
107	Einer vollziehbaren Auflage nicht nachgekommen, unter der die Verwaltungsbehörde die Fahrerlaubnis erteilt hat	50

lfd. Nr.	Tatbestand	Regelsatz in DM
	Ablieferung und Vorlage des Führerscheins	
108	Führerschein nach Ablauf der Geltungsdauer oder nach Entziehung oder Einschränkung der Fahrerlaubnis oder nach Anordnung sonstiger Maßnahmen nicht oder nicht rechtzeitig abgeliefert oder vorgelegt	50
	Meldepflichten, Zurückziehen aus dem Verkehr	
109	Gegen die Meldepflicht bei Änderung der tatsächlichen Verhältnisse, gegen die Antrags- oder Anzeigepflicht bei Standortänderung, Veräußerung oder Erwerb des Fahrzeugs oder gegen die Anzeige- oder Vorlagepflicht bei Dauerstillegung des Fahrzeugs oder gegen die Pflicht, das Kennzeichen entstempeln zu lassen, verstoßen oder Verwertungsnachweis oder Verbleibserklärung nicht oder nicht vorschriftsmäßig vorgelegt oder abgegeben	30
	Amtliche oder rote Kennzeichen an Fahrzeugen	
110	Einer Vorschrift über amtliche oder rote Kennzeichen oder über Kurzzeitkennzeichen an Fahrzeugen zuwidergehandelt mit Ausnahme des Fehlens der vorgeschriebenen Kennzeichen	20
	Prüfungs-, Probe-, Überführungsfahrten	
111	Gegen die Pflicht zur Verwendung von Fahrzeugscheinheften oder über die Vornahme von Eintragungen in diese Hefte oder über die Ablieferung von roten Kennzeichen oder Fahrzeugscheinheften verstoßen	10
112	Gegen die Pflicht zum Führen, Aufbewahren oder Aushändigen von Aufzeichnungen über Prüfungs-, Probe- oder Überführungsfahrten verstoßen	50
	Untersuchung der Kraftfahrzeuge und Anhänger	
113	Als Halter Fahrzeug zur Haupt- oder Zwischenuntersuchung oder zur Sicherheitsprüfung nicht vorgeführt bei einer Fristüberschreitung von mehr als	
113.1	2 bis 4 Monaten	30
113.2	4 bis zu 8 Monaten	50
114	Fahrzeug zur Nachprüfung der Mängelbeseitigung nicht rechtzeitig vorgeführt	30

lfd. Nr.	Tatbestand	Regelsatz in DM
	Versicherungskennzeichen	
115	Einer Vorschrift über Versicherungskennzeichen an Fahrzeugen zuwidergehandelt	10
	Vorstehende Außenkanten	
116	Kraftfahrzeug oder Fahrzeugkombination in Betrieb genommen, obwohl Teile, die den Verkehr mehr als unvermeidbar gefährdeten, über dessen Umriß hervorragten	40
	Überprüfung mitzuführender Gegenstände	
117	Mitzuführende Gegenstände auf Verlangen nicht vorgezeigt oder zur Prüfung nicht ausgehändigt	10
	Unterfahrschutz	
118	Kraftfahrzeug, Anhänger oder Fahrzeug mit austauschbarem Ladungsträger ohne vorgeschriebenen Unterfahrschutz in Betrieb genommen	50
	Schleppen von Fahrzeugen	
119	Fahrzeug unter Verstoß gegen eine Vorschrift über das Schleppen von Fahrzeugen in Betrieb genommen	50
	Achslast, Gesamtgewicht, Anhängelast hinter Kraftfahrzeugen	
120	Kraftfahrzeug, Anhänger oder Fahrzeugkombination in Betrieb genommen, obwohl die zulässige Achslast, das zulässige Gesamtgewicht oder die zulässige Anhängelast hinter einem Kraftfahrzeug überschritten war	
120.1	bei Kraftfahrzeugen mit einem zulässigen Gesamtgewicht über 7,5 t oder Kraftfahrzeugen mit Anhängern, deren zulässiges Gesamtgewicht 2 t übersteigt	Tabelle 2 a
120.2	bei anderen Kraftfahrzeugen bis 7,5 t zulässiges Gesamtgewicht	Tabelle 2 b
121	Als Halter die Inbetriebnahme eines Kraftfahrzeugs, eines Anhängers oder einer Fahrzeugkombination angeordnet oder zugelassen, obwohl die zulässige Achslast, das zulässige Gesamtgewicht oder die zulässige Anhängelast hinter einem Kraftfahrzeug überschritten war	

lfd. Nr.	Tatbestand	Regelsatz in DM
121.1	bei Kraftfahrzeugen mit einem zulässigen Gesamtgewicht über 7,5 t oder Kraftfahrzeugen mit Anhängern, deren zulässiges Gesamtgewicht 2 t übersteigt	Tabelle 2 a
121.2	bei anderen Kraftfahrzeugen bis 7,5 t zulässiges Gesamtgewicht	Tabelle 2 b
	Feuerlöscher in Kraftomnibussen	
122	Kraftomnibus unter Verstoß gegen eine Vorschrift über mitzuführende Feuerlöscher in Betrieb genommen	30
123	Als Halter die Inbetriebnahme eines Kraftomnibusses unter Verstoß gegen eine Vorschrift über mitzuführende Feuerlöscher angeordnet oder zugelassen	40
	Erste-Hilfe-Material in Kraftfahrzeugen	
124	Unter Verstoß gegen eine Vorschrift über mitzuführendes Erste-Hilfe-Material	
124.1	einen Kraftomnibus	30
124.2	ein anderes Kraftfahrzeug	10
	in Betrieb genommen	
125	Als Halter die Inbetriebnahme unter Verstoß gegen eine Vorschrift über mitzuführendes Erste-Hilfe-Material	
125.1	eines Kraftomnibusses	50
125.2	eines anderen Kraftfahrzeugs	50
	angeordnet oder zugelassen	
	Bereifung	
126	Kraftfahrzeug oder Anhänger, die unzulässig mit Diagonal- und mit Radialreifen ausgerüstet waren, in Betrieb genommen	30
127	Als Halter die Inbetriebnahme eines Kraftfahrzeugs oder Anhängers, die unzulässig mit Diagonal- und mit Radialreifen ausgerüstet waren, angeordnet oder zugelassen	60

lfd. Nr.	Tatbestand	Regelsatz in DM
127a	Mofa in Betrieb genommen, dessen Reifen keine ausreichenden Profilrillen oder Einschnitte oder keine ausreichende Profil- oder Einschnittiefe besaß	50
127b	Als Halter die Inbetriebnahme eines Mofas angeordnet oder zugelassen, dessen Reifen keine ausreichenden Profilrillen oder Einschnitte oder keine ausreichende Profil- oder Einschnittiefe besaß	75
	Mitführen von Anhängern hinter Kraftrad oder Personenkraftwagen	
128	Kraftrad oder Personenkraftwagen unter Verstoß gegen eine Vorschrift über das Mitführen von Anhängern in Betrieb genommen	50
	Einrichtungen zur Verbindung von Fahrzeugen	
129	Abschleppstange oder Abschleppseil nicht ausreichend erkennbar gemacht	10
	Abgasuntersuchung	
130	Als Halter die Frist für die Abgasuntersuchung von mehr als 2 bis zu 8 Monaten überschritten	30
	Geräuschentwicklung und Schalldämpferanlage	
131	Kraftfahrzeug, dessen Schalldämpferanlage defekt war, in Betrieb genommen	40
132	Weisung, den Schallpegel im Nahfeld feststellen zu lassen, nicht befolgt	20
	Lichttechnische Einrichtungen	
133	Kraftfahrzeug oder Anhänger unter Verstoß gegen eine allgemeine Vorschrift über lichttechnische Einrichtungen in Betrieb genommen	10
134	Kraftfahrzeug oder Anhänger in Betrieb genommen unter Verstoß gegen eine Vorschrift über	
134.1	Scheinwerfer für Fern- oder Abblendlicht	30
134.2	Begrenzungsleuchten oder vordere Richtstrahler	30
134.3	seitliche Kenntlichmachung oder Umrißleuchten	30

lfd. Nr.	Tatbestand	Regelsatz in DM
134.4	zusätzliche Scheinwerfer oder Leuchten	30
134.5	Schluß-, Nebelschluß-, Bremsleuchten oder Rückstrahler	30
134.6	Warndreieck, Warnleuchte oder Warnblinkanlage	30
134.7	Ausrüstung oder Kenntlichmachung von Anbaugeräten oder Hubladebühnen	30
	Geschwindigkeitsbegrenzer	
134a	Als Halter den Geschwindigkeitsbegrenzer in den vorgeschriebenen Fällen nicht prüfen lassen, wenn seit fällig gewordener Prüfung nicht mehr als ein Monat vergangen ist	50
134b	Bescheinigung über die Prüfung des Geschwindigkeitsbegrenzers nicht mitgeführt oder nicht ausgehändigt	20
	Einrichtungen an Fahrrädern	
135	Fahrrad unter Verstoß gegen eine Vorschrift über die Einrichtungen für Schallzeichen in Betrieb genommen	10
136	Fahrrad oder Fahrrad mit Beiwagen unter Verstoß gegen eine Vorschrift über Schlußleuchten oder Rückstrahler in Betrieb genommen	10
	Ausnahmen	
137	Urkunde über eine Ausnahmegenehmigung nicht mitgeführt oder auf Verlangen nicht ausgehändigt	20
	Auflagen bei Ausnahmegenehmigungen	
138	Als Fahrzeugführer, ohne Halter zu sein, einer vollziehbaren Auflage einer Ausnahmegenehmigung nicht nachgekommen	30
	c) Verordnung über internationalen Kraftfahrzeugverkehr	
139	An einem ausländischen Kraftfahrzeug oder Kraftfahrzeuganhänger das Kennzeichen oder das Nationalitätszeichen nicht oder nicht wie vorgeschrieben geführt	10

lfd. Nr.	Tatbestand	Regelsatz in DM
140	Zulassungsschein, Führerschein, Fahrausweis oder die Übersetzung des ausländischen Zulassungsscheins oder Fahrausweises nicht mitgeführt oder auf Verlangen nicht ausgehändigt	20
141	Als Fahrzeugführer, ohne Halter zu sein, einer vollziehbaren Auflage einer Ausnahmegenehmigung nicht nachgekommen	30

Tabelle 1: Geschwindigkeitsüberschreitungen

a) Kraftfahrzeuge der in § 3 Abs. 3 Nr. 2 Buchstaben a oder b StVO genannten Art			
lfd. Nr.	Überschreitung in km/h	Regelsatz in DM bei Begehung innerhalb geschlossener Ortschaften*	Regelsatz in DM bei Begehung außerhalb geschlossener Ortschaften*
6.1.1	bis 10	40	30
6.2.1	11-15	60	50
b) kennzeichnungspflichtige Kraftfahrzeuge der in Buchstabe a genannten Art mit gefährlichen Gütern oder Kraftomnibusse mit Fahrgästen			
lfd. Nr.	Überschreitung in km/h	Regelsatz in DM bei Begehung innerhalb geschlossener Ortschaften*	Regelsatz in DM bei Begehung außerhalb geschlossener Ortschaften*
6.1.1	bis 10	60	40
6.1.2	11-15	75	60
c) andere als die im Buchstaben a oder b genannten Kraftfahrzeuge			
lfd. Nr.	Überschreitung in km/h	Regelsatz in DM bei Begehung innnerhalb geschlossener Ortschaften	Regelsatz in DM bei Begehung außerhalb geschlossener Ortschaften
6.3.1	bis 10	30	20
6.3.2	11-15	50	40
6.3.3	16-20	75	60

* (außer bei Überschreitung für mehr als 5 Minuten Dauer oder in mehr als zwei Fällen nach Fahrtantritt)

Tabelle 2: Überschreiten der zulässigen Achslast oder des zulässigen Gesamtgewichts von Kraftfahrzeugen, Anhängern, Fahrzeugkombinationen sowie der Anhängelast hinter Kraftfahrzeugen

a) bei Kraftfahrzeugen mit einem zulässigen Gesamtgewicht über 7,5 t sowie Kraftfahrzeugen mit Anhängern, deren zulässiges Gesamtgewicht 2 t übersteigt		
lfd. Nr.	Überschreitung in %	Regelsatz in DM
120.1	für Inbetriebnahme	
	2 bis 5	60
121.1	für Anordnen oder Zulassen der Inbetriebnahme	
	2 bis 5	75

b) bei anderen Kraftfahrzeugen bis 7,5 t für Inbetriebnahme, Anordnen oder Zulassen der Inbetriebnahme		
lfd. Nr.	Überschreitung in %	Regelsatz in DM
120.2.1 oder 121.2.1	mehr als 5 bis 10	20
120.2.2 oder 121.2.2	mehr als 10 bis 15	60
120.2.3 oder 121.2.3	mehr als 15 bis 20	75

Bußgeldkatalog

lfd. Nr.	Tatbestand	Regelsatz in DM/ Fahrverbot
	A. Zuwiderhandlungen gegen § 24 StVG	
	a) Straßenverkehrsordnung	
	Straßenbenutzung durch Fahrzeuge	
1	Gegen das Rechtsfahrgebot verstoßen	
1.1	bei Gegenverkehr, beim Überholtwerden, an Kuppen, in Kurven oder bei Unübersichtlichkeit und dadurch einen anderen gefährdet	80
1.2	auf Autobahnen oder Kraftfahrstraßen und dadurch einen anderen behindert	80
2	Als Führer eines kennzeichnungspflichtigen Kraftfahrzeugs mit gefährlichen Gütern bei Sichtweite unter 50 m durch Nebel, Schneefall oder Regen oder bei Schneeglätte oder Glatteis sich nicht so verhalten, daß die Gefährdung eines anderen ausgeschlossen war, insbesondere, obwohl nötig, nicht den nächsten geeigneten Platz zum Parken aufgesucht	150
	Geschwindigkeit	
3	Mit zu hoher, nicht angepaßter Geschwindigkeit gefahren trotz angekündigter Gefahrenstelle, bei Unübersichtlichkeit, an Straßenkreuzungen, Straßeneinmündungen, Bahnübergängen oder bei schlechten Sicht- oder Wetterverhältnissen (z. B. Nebel, Glatteis)	100
3a	Festgesetzte Höchstgeschwindigkeit bei Sichtweite unter 50 m durch Nebel, Schneefall oder Regen überschritten	100, soweit sich nicht aus Tabelle 1a ein höherer Regelsatz ergibt
3a.1	um mehr als 20 km/h mit einem Kraftfahrzeug der in § 3 Abs. 3 Nr. 2 Buchstaben a oder b StVO genannten Art	Tabelle 1a
3a.2	um mehr als 15 km/h mit kennzeichnungspflichtigen Kraftfahrzeugen der in Nr. 3a.1 genannten Art mit gefährlichen Gütern oder Kraftomnibussen mit Fahrgästen	Tabelle 1a

lfd. Nr.	Tatbestand	Regelsatz in DM/ Fahrverbot
3a.3	um mehr als 30 km/h mit anderen als den in Nr. 3a.1 oder 3a.2 genannten Kraftfahrzeugen	Tabelle 1c soweit sich nicht aus Tabelle 1a höhere Regelsätze oder Fahrverbote ergeben
4	Als Fahrzeugführer ein Kind, einen Hilfsbedürftigen oder älteren Menschen gefährdet, insbesondere durch nicht ausreichend verminderte Geschwindigkeit, mangelnde Bremsbereitschaft oder unzureichenden Seitenabstand beim Vorbeifahren oder Überholen	120
5	Zulässige Höchstgeschwindigkeit überschritten mit	
5.1	Kraftfahrzeugen der in § 3 Abs. 3 Nr. 2 Buchstaben a oder b StVO genannten Art	Tabelle 1a
5.2	kennzeichnungspflichtigen Kraftfahrzeugen der in 5.1 genannten Art mit gefährlichen Gütern oder Kraftomnibussen mit Fahrgästen	Tabelle 1a
5.3	anderen als den in Nr. 5.1 oder 5.2 genannten Kraftfahrzeugen	Tabelle 1a
	Abstand	
6	Erforderlichen Abstand von einem vorausfahrenden Fahrzeug nicht eingehalten bei einer Geschwindigkeit von	
6.1	mehr als 80 km/h	Tabelle 2a
6.2	mehr als 130 km/h	Tabelle 2 b
7	Mit Lastkraftwagen (zulässiges Gesamtgewicht über 3,5 t) oder Kraftomnibus bei einer Geschwindigkeit von mehr als 50 km/h auf einer Autobahn Mindestabstand von 50 m von einem vorausfahrenden Fahrzeug nicht eingehalten	100
	Überholen	
8	Außerhalb geschlossener Ortschaft rechts überholt	100

lfd. Nr.	Tatbestand	Regelsatz in DM/ Fahrverbot
9	Überholt, obwohl nicht übersehen werden konnte, daß während des ganzen Überholvorgangs jede Behinderung des Gegenverkehrs ausgeschlossen war, oder bei unklarer Verkehrslage	100
9.1	und dabei Verkehrszeichen (Zeichen 276, 277) nicht beachtet oder Fahrstreifenbegrenzung (Zeichen 295, 296) überquert oder überfahren oder der durch Pfeile vorgeschriebenen Fahrtrichtung (Zeichen 297) nicht gefolgt	150
9.1.1	mit Gefährdung oder Sachbeschädigung	250 **1 Monat**
10	Überholt unter Nichtbeachten von Verkehrszeichen (Zeichen 276, 277)	80
10a	Mit einem Kraftfahrzeug mit einem zulässigen Gesamtgewicht über 7,5 t überholt, obwohl die Sichtweite durch Nebel, Schneefall oder Regen weniger als 50 m betrug	150
10a.1	mit Gefährdung oder Sachbeschädigung	250 **1 Monat**
11	Zum Überholen ausgeschert und dadurch nachfolgenden Verkehr gefährdet	80
	Vorfahrt	
12	Vorfahrt nicht beachtet und dadurch einen Vorfahrtberechtigten gefährdet	100
	Abbiegen	
13	Abgebogen, ohne Fahrzeug durchfahren zu lassen und dadurch einen anderen gefährdet	80
13a	Beim Linksabbiegen nicht voreinander abgebogen und dadurch einen anderen gefährdet	80
14	Beim Abbiegen auf einen Fußgänger keine besondere Rücksicht genommen und ihn dadurch gefährdet	80
14a	Beim Abbiegen in ein Grundstück, beim Wenden oder Rückwärtsfahren einen anderen Verkehrsteilnehmer gefährdet	100

lfd. Nr.	Tatbestand	Regelsatz in DM/ Fahrverbot
	Liegenbleiben von Fahrzeugen	
15	Liegengebliebenes mehrspuriges Fahrzeug nicht oder nicht wie vorgeschrieben abgesichert, beleuchtet oder kenntlich gemacht und dadurch einen anderen gefährdet	80
	Beleuchtung	
16	Bei erheblicher Sichtbehinderung durch Nebel, Schneefall oder Regen außerhalb geschlossener Ortschaften am Tage nicht mit Abblendlicht gefahren	80
	Autobahnen und Kraftfahrstraßen	
17	An dafür nicht vorgesehener Stelle eingefahren und dadurch einen anderen gefährdet	100
18	Beim Einfahren Vorfahrt auf der durchgehenden Fahrbahn nicht beachtet	100
19	Gewendet, rückwärts oder entgegen der Fahrtrichtung gefahren	
19.1	in einer Ein- oder Ausfahrt	100
19.2	auf der Nebenfahrbahn oder dem Seitenstreifen	200
19.3	auf der durchgehenden Fahrbahn	300 **1 Monat**
20	Auf Autobahnen oder Kraftfahrstraßen geparkt (§ 12 Abs. 2 StVO)	80
21	Seitenstreifen zum Zweck des schnelleren Vorwärtskommens benutzt	100
	Bahnübergänge	
22	Mit einem Fahrzeug den Vorrang eines Schienenfahrzeugs nicht beachtet oder Bahnübergang unter Verstoß gegen die Wartepflicht in § 19 Abs. 2 StVO überquert	100

lfd. Nr.	Tatbestand	Regelsatz in DM/ Fahrverbot
	Öffentliche Verkehrsmittel und Schulbusse	
23	An einer Haltestelle (Zeichen 224) haltendem Omnibus des Linienverkehrs, haltender Straßenbahn oder haltendem gekennzeichneten Schulbus mit ein- oder aussteigenden Fahrgästen bei Vorbeifahrt rechts Schrittgeschwindigkeit oder ausreichenden Abstand nicht eingehalten oder, obwohl nötig, nicht angehalten und dadurch einen Fahrgast	
23.1	behindert	80, soweit sich nicht aus Nr. 5 ein höherer Regelsatz ergibt
23.2	gefährdet	100, soweit sich nicht aus Nr. 5, ein höherer Regelsatz ergibt
23a	Omnibus des Linienverkehrs oder gekennzeichneten Schulbus mit eingeschaltetem Warnblinklicht bei Annäherung an eine Haltestelle überholt	80
24	An einer Haltestelle (Zeichen 224) haltendem Omnibus des Linienverkehrs oder gekennzeichnetem Schulbus mit eingeschaltetem Warnblinklicht bei Vorbeifahrt Schrittgeschwindigkeit oder ausreichenden Abstand nicht eingehalten oder, obwohl nötig, nicht angehalten und dadurch einen Fahrgast	
24.1	behindert	80, soweit sich nicht aus Nr. 5 ein höherer Regelsatz ergibt
24.2	gefährdet	100, soweit sich nicht aus Nr. 5, ein höherer Regelsatz ergibt

lfd. Nr.	Tatbestand	Regelsatz in DM/ Fahrverbot
	Sicherung von Kindern	
24a	Als Kfz-Führer Kind ohne jede Sicherung befördert oder als anderer Verantwortlicher nicht für eine Sicherung eines Kindes in einem Kfz gesorgt (außer in Kraftomnibussen über 3,5 t zulässige Gesamtmasse) oder als Führer eines Kraftrades Kind befördert, obwohl es keinen Schutzhelm trug	
24a.1	bei einem Kind	80
24a.2	bei mehreren Kindern	100
	Ladung	
25	Ladung oder Ladeeinrichtung nicht verkehrssicher verstaut oder gegen Herabfallen nicht besonders gesichert und dadurch einen anderen gefährdet	100
	Sonstige Pflichten des Fahrzeugführers	
26	Als Fahrzeugführer nicht dafür gesorgt, daß das Fahrzeug, der Zug, die Ladung oder die Besetzung vorschriftsmäßig war, wenn dadurch die Verkehrssicherheit wesentlich beeinträchtigt war oder die Verkehrssicherheit des Fahrzeugs durch die Ladung oder die Besetzung wesentlich litt	100
	Fußgängerüberwege	
27	An einem Fußgängerüberweg, den ein Bevorrechtigter erkennbar benutzen wollte, das Überqueren der Fahrbahn nicht ermöglicht oder nicht mit mäßiger Geschwindigkeit herangefahren oder an einem Fußgängerüberweg überholt	100
	Übermäßige Straßenbenutzung	
28	Als Veranstalter erlaubnispflichtige Veranstaltung ohne Erlaubnis durchgeführt	80
29	Ohne Erlaubnis Fahrzeug oder Zug geführt, dessen Maße oder Gewichte die gesetzlich allgemein zugelassenen Grenzen tatsächlich überschritten oder dessen Bauart dem Führer kein ausreichendes Sichtfeld ließ	80

lfd. Nr.	Tatbestand	Regelsatz in DM/ Fahrverbot
	Sonntagsfahrverbot	
30	Verbotswidrig an einem Sonntag oder Feiertag gefahren	80
31	Als Halter das verbotswidrige Fahren an einem Sonntag oder Feiertag angeordnet oder zugelassen	400
	Verkehrshindernisse	
32	Gegenstand auf eine Straße gebracht oder dort liegengelassen, obwohl dadurch der Verkehr gefährdet oder erschwert werden konnte	80
	Zeichen der Polizeibeamten	
33	Zeichen oder Haltegebot eines Polizeibeamten nicht befolgt	100
	Wechsellichtzeichen, Dauerlichtzeichen und Grünpfeil	
34	Als Fahrzeugführer in anderen als den Fällen des Rechtsabbiegens mit Grünpfeil rotes Wechsellichtzeichen oder rotes Dauerlichtzeichen nicht befolgt	100
34.1	mit Gefährdung oder Sachbeschädigung	250 1 Monat
34.2	bei schon länger als 1 Sekunde andauernder Rotphase eines Wechsellichtzeichens	250 1 Monat
34.2.1	mit Gefährdung oder Sachbeschädigung	400 1 Monat
34a	Beim Rechtsabbiegen mit Grünpfeil	
34a.1	vor dem Rechtsabbiegen mit Grünpfeil nicht angehalten	100
34a.2	den Fahrzeugverkehr der freigegebenen Verkehrsrichtungen, ausgenommen den Fahrradverkehr auf Radwegfurten, gefährdet	120
34a.3	den Fußgängerverkehr oder den Fahrradverkehr auf Radwegfurten der freigegebenen Verkehrsrichtungen	
34a.3.1	behindert	120
34a.3.2	gefährdet	150

lfd. Nr.	Tatbestand	Regelsatz in DM/ Fahrverbot
	Vorschriftszeichen	
35	Unbedingtes Haltegebot (Zeichen 206) nicht befolgt oder trotz Rotlicht nicht an der Haltlinie (Zeichen 294) gehalten und dadurch einen anderen gefährdet	100
36	Als Fahrzeugführer in einem Fußgängerbereich (Zeichen 239, 242, 243) einen Fußgänger gefährdet	
36.1	bei zugelassenem Fahrzeugverkehr (Zeichen 239, 242 mit Zusatzschild)	80
36.2	bei nicht zugelassenem Fahrzeugverkehr	100
37	Eine für kennzeichnungspflichtige Kraftfahrzeuge mit gefährlichen Gütern (Zeichen 261) oder für Kraftfahrzeuge mit wassergefährdender Ladung (Zeichen 269) gesperrte Straße befahren	200
38	Kraftfahrzeug trotz Verkehrsverbot bei Smog oder zur Verminderung schädlicher Luftverunreinigungen (Zeichen 270) geführt	80
	Richtzeichen	
39	Als Fahrzeugführer in einem verkehrsberuhigten Bereich (Zeichen 325, 326) einen Fußgänger gefährdet	80
40	Auf dem linken von mehreren nach Zeichen 340 markierten Fahrstreifen auf einer Fahrbahn für beide Richtungen überholt und dadurch einen anderen gefährdet	80
	Verkehrszeichen und Verkehrseinrichtungen	
41	Einer den Verkehr verbietenden oder beschränkenden Anordnung, die öffentlich bekanntgemacht wurde, zuwidergehandelt	80
42	Mit Arbeiten begonnen, ohne zuvor Anordnungen eingeholt zu haben, diese Anordnungen nicht befolgt oder Lichtzeichenanlagen nicht bedient	150
	Ausnahmegenehmigung und Erlaubnis	
43	Vollziehbare Auflage einer Ausnahmegenehmigung oder Erlaubnis nicht befolgt	80

lfd. Nr.	Tatbestand	Regelsatz in DM/ Fahrverbot
	b) Fahrerlaubnis-Verordnung FeV **Fahrerlaubnis zur Fahrgastbeförderung**	
44	Ohne erforderliche Fahrerlaubnis zur Fahrgastbeförderung einen oder mehrere Fahrgäste in einem in § 48 Abs. 1 FeV genannten Fahrzeug befördert	150
45	Als Halter die Fahrgastbeförderung in einem in § 48 Abs. 1 FeV genannten Fahrzeug angeordnet oder zugelassen, obwohl der Fahrzeugführer die erforderliche Fahrerlaubnis zur Fahrgastbeförderung nicht besaß	150
	c) Straßenverkehrs-Zulassungs-Ordnung StVZO	
	Betriebsverbot und -beschränkungen	
46	Als Halter oder Eigentümer einem Verbot, ein Fahrzeug in Betrieb zu setzen, zuwidergehandelt oder Beschränkungen nicht beachtet	100
47	Betriebsverbot wegen Verstoßes gegen die Pflichten beim Erwerb des Fahrzeugs nicht beachtet	80
48	Betriebsverbot oder -beschränkung wegen Fehlens einer gültigen Prüfplakette oder Prüfmarke nicht beachtet	80
	Zulassungspflicht	
49	Kraftfahrzeug oder Kraftfahrzeuganhänger ohne die erforderliche Zulassung oder Betriebserlaubnis oder außerhalb des auf dem Saisonkennzeichen angegebenen Zulassungszeitraums auf einer öffentlichen Straße in Betrieb gesetzt	100
	Untersuchung der Kraftfahrzeuge und Anhänger	
50	Als Halter Fahrzeug zur Hauptuntersuchung oder zur Sicherheitsprüfung nicht vorgeführt bei einer Fristüberschreitung des Vorführtermins um mehr als 8 Monate	80
	Verantwortung für den Betrieb der Fahrzeuge	
51	Als Halter die Inbetriebnahme eines Kraftfahrzeugs oder Zuges angeordnet oder zugelassen, obwohl	

lfd. Nr.	Tatbestand	Regelsatz in DM/ Fahrverbot
51.1	der Führer zur selbständigen Leitung nicht geeignet war	100
51.2	das Fahrzeug, der Zug, die Ladung oder die Besetzung nicht vorschriftsmäßig war und dadurch die Verkehrssicherheit wesentlich beeinträchtigt war, insbesondere unter Verstoß gegen eine Vorschrift über	150
51.2.1	Lenkeinrichtungen	150
51.2.2	Bremsen	150
51.2.3	Einrichtungen zur Verbindung von Fahrzeugen	150
51.3	die Verkehrssicherheit des Fahrzeugs durch die Ladung oder die Besetzung wesentlich litt	150
	Führung eines Fahrtenbuchs	
52	Fahrtenbuch nicht ordnungsgemäß geführt, nicht ausgehändigt oder nicht für die vorgeschriebene Dauer aufbewahrt	100
	Abmessungen von Fahrzeugen und Fahrzeugkombinationen	
53	Kraftfahrzeug, Anhänger oder Fahrzeugkombination in Betrieb genommen, obwohl die höchstzulässige Breite, Höhe oder Länge überschritten war	100
54	Als Halter die Inbetriebnahme eines Kraftfahrzeugs, Anhängers oder einer Fahrzeugkombination angeordnet oder zugelassen, obwohl die höchstzulässige Breite, Höhe oder Länge überschritten war	150
	Kurvenlaufeigenschaften	
54a	Kraftfahrzeug oder Fahrzeugkombination in Betrieb genommen, obwohl die vorgeschriebenen Kurvenlaufeigenschaften nicht eingehalten waren	100
54b	Als Halter die Inbetriebnahme eines Kraftfahrzeugs oder einer Fahrzeugkombination angeordnet oder zugelassen, obwohl die vorgeschriebenen Kurvenlaufeigenschaften nicht eingehalten waren	150

lfd. Nr.	Tatbestand	Regelsatz in DM/ Fahrverbot
	Achslast, Gesamtgewicht, Anhängelast hinter Kraftfahrzeugen	
55	Kraftfahrzeug, Anhänger oder Fahrzeugkombination in Betrieb genommen, obwohl die zulässige Achslast, das zulässige Gesamtgewicht oder die zulässige Anhängelast hinter einem Kraftfahrzeug überschritten war	
55.1	bei Kraftfahrzeugen mit einem zulässigen Gesamtgewicht über 7,5 t oder Kraftfahrzeugen mit Anhängern, deren zulässiges Gesamtgewicht 2 t übersteigt	Tabelle 3 a
55.2	bei anderen Kraftfahrzeugen bis 7,5 t zulässiges Gesamtgewicht	Tabelle 3 b
56	Als Halter die Inbetriebnahme eines Kraftfahrzeugs, eines Anhängers oder einer Fahrzeugkombination angeordnet oder zugelassen, obwohl die zulässige Achslast, das zulässige Gesamtgewicht oder die zulässige Anhängelast hinter einem Kraftfahrzeug überschritten war	
56.1	bei Kraftfahrzeugen mit einem zulässigen Gesamtgewicht über 7,5 t oder Kraftfahrzeugen mit Anhängern, deren zulässiges Gesamtgewicht 2 t übersteigt	Tabelle 3 a
56.2	bei anderen Kraftfahrzeugen bis 7,5 t zulässiges Gesamtgewicht	Tabelle 3 b
57	Gegen die Pflicht zur Feststellung der zugelassenen Achslasten oder Gesamtgewichte oder über das Um- oder Entladen bei Überlastung verstoßen	100
	Besetzung von Kraftomnibussen	
58	Kraftomnibus in Betrieb genommen und dabei mehr Personen befördert, als im Fahrzeugschein Plätze ausgewiesen waren	100
59	Als Halter die Inbetriebnahme eines Kraftomnibusses angeordnet oder zugelassen, obwohl mehr Personen befördert wurden, als im Fahrzeugschein Plätze ausgewiesen waren	150

lfd. Nr.	Tatbestand	Regelsatz in DM/ Fahrverbot
	Bereifung und Laufflächen	
60	Kraftfahrzeug (außer Mofa) oder Anhänger in Betrieb genommen, dessen Reifen keine ausreichende Profilrillen oder Einschnitte oder keine ausreichende Profil- oder Einschnittiefe besaß	100
61	Als Halter die Inbetriebnahme eines Kraftfahrzeugs (außer Mofa) oder Anhängers angeordnet oder zugelassen, dessen Reifen keine ausreichende Profilrillen oder Einschnitte oder keine ausreichende Profil- oder Einschnittiefe besaß	150
	Sonstige Pflichten für den verkehrssicheren Zustand des Fahrzeugs	
62	Fahrzeug in Betrieb genommen, das sich in einem Zustand befand, der die Verkehrssicherheit wesentlich beeinträchtigte, insbesondere unter Verstoß gegen eine Vorschrift über	100
62.1	Lenkeinrichtungen	100
62.2	Bremsen	100
62.3	Einrichtungen zur Verbindung von Fahrzeugen	100
	Stützlast	
63	Kraftfahrzeug mit einem einachsigen Anhänger in Betrieb genommen, dessen zulässige Stützlast um mehr als 50 % über- oder unterschritten wurde	80
	Abgasuntersuchung	
64	Als Halter die Frist für die Abgasuntersuchung um mehr als acht Monate überschritten	80
	Geschwindigkeitsbegrenzer	
64a	Kraftfahrzeug in Betrieb genommen, das nicht mit dem vorgeschriebenen Geschwindigkeitsbegrenzer ausgerüstet war oder den Geschwindigkeitsbegrenzer auf unzulässige Geschwindigkeit eingestellt oder nicht benutzt, auch wenn es sich um ein ausländisches Kfz handelt	100

lfd. Nr.	Tatbestand	Regelsatz in DM/ Fahrverbot
64b	Als Halter die Inbetriebnahme eines Kraftfahrzeugs angeordnet oder zugelassen, das nicht mit dem vorgeschriebenen Geschwindigkeitsbegrenzer ausgerüstet war oder dessen Geschwindigkeitsbegrenzer auf eine unzulässige Geschwindigkeit eingestellt war oder nicht benutzt wurde	150
64c	Als Halter den Geschwindigkeitsbegrenzer in den vorgeschriebenen Fällen nicht prüfen lassen, wenn seit fällig gewordener Prüfung mehr als ein Monat vergangen ist	80
	Amtliches Kennzeichen	
64d	Fahrzeug in Betrieb genommen, obwohl das vorgeschriebene amtliche oder rote Kennzeichen oder das Kurzzeitkennzeichen fehlte	80
64e	Kennzeichen mit Glas, Folien oder ähnlichen Abdekkungen versehen	100
	Auflagen bei Ausnahmegenehmigungen	
65	Als Halter einer vollziehbaren Auflage einer Ausnahmegenehmigung nicht nachgekommen	100
	d) Ferienreise-Verordnung	
66	Kraftfahrzeug trotz eines Verkehrsverbots innerhalb der Verbotszeiten länger als 15 Minuten geführt	80
67	Als Halter die Führung eines Kraftfahrzeugs trotz eines Verkehrsverbots innerhalb der Verbotszeiten länger als 15 Minuten zugelassen	200
	B. Zuwiderhandlungen gegen § 24a StVG	
	0,8-Promille-Grenze	
68	Kraftfahrzeug geführt mit einer Atemalkoholkonzentration von 0,4 mg/l oder mehr oder mit einer Blutalkoholkonzentration von 0,8 Promille oder mehr oder mit einer Alkoholmenge im Körper, die zu einer solchen Atem- oder Blutalkoholkonzentration führt	500 1 Monat
68.1	bei Eintragung von bereits einer Entscheidung	1 000 3 Monate

lfd. Nr.	Tatbestand	Regelsatz in DM/ Fahrverbot
68.2	bei Eintragung von bereits mehreren Entscheidungen nach § 24a StVG, §§ 316 oder 315c Abs. 1 Nr. 1 Buchstabe a StGB im Verkehrszentralregister	1 500 3 Monate
	0,5-Promille-Grenze	
69	Kraftfahrzeug geführt mit einer Atemalkoholkonzentration von 0,25 mg/l bis weniger als 0,4 mg/l oder mit einer Blutalkoholkonzentration von 0,5 Promille bis weniger als 0,8 Promille oder mit einer Alkoholmenge im Körper, die zu einer solchen Atem- oder Blutalkoholkonzentration führt	200
	Berauschende Mittel	
70	Kraftfahrzeug unter der Wirkung eines in der Anlage zu § 24a Abs. 2 StVG genannten berauschenden Mittels geführt	500 1 Monat
70.1	bei Eintragung von bereits einer Entscheidung	1 000 3 Monate
70.2	bei Eintragung von bereits mehreren Entscheidungen nach § 24a, §§ 316 oder 315c Abs. 1 Nr. 1 Buchstabe a StGB im Verkehrszentralregister	1 500 Fahrverbot 3 Monate

Tabelle 3: Überschreitung der festgesetzten Höchstgeschwindigkeit bei Sichtweite unter 50 m durch Nebel, Schneefall oder Regen

Es gelten die nachfolgenden Regelsätze und Fahrverbote, soweit sich nicht bei Anwendung der Tabelle 1a (Anhang – zu Nr. 5 der Anlage) höhere Regelsätze oder strengere Fahrverbote ergeben.

a) Kraftfahrzeuge der in § 3 Abs. 3 Nr. 2 Buchstaben a oder b StVO genannten Art

Lfd. Nr.	Überschreitung in km/h	Regelsatz in DM bei Begehung innerhalb geschlossener Ortschaften	Regelsatz in DM bei Begehung außerhalb geschlossener Ortschaften	Fahrverbot in Monaten bei Begehung innerhalb geschlossener Ortschaften	Fahrverbot in Monaten bei Begehung außerhalb geschlossener Ortschaften
3a.1.1	21–25	120	100	–	–
3a.1.2	26–30	180	120	–	–
3a.1.3	31–40	250	200	1	–
3a.1.4	41–50	300	250	1	1
3a.1.5	über 50	400	350	2	1

b) kennzeichnungspflichtige Kraftfahrzeuge der in Buchstabe a genannten Art mit gefährlichen Gütern oder Kraftomnibusse mit Fahrgästen

Lfd. Nr.	Überschreitung in km/h	Regelsatz in DM bei Begehung innerhalb geschlossener Ortschaften	Regelsatz in DM bei Begehung außerhalb geschlossener Ortschaften	Fahrverbot in Monaten bei Begehung innerhalb geschlossener Ortschaften	Fahrverbot in Monaten bei Begehung außerhalb geschlossener Ortschaften
3a.2.1	16–20	150	120	–	–
3a.2.2	21–25	200	150	–	–
3a.2.3	26–30	250	200	1	–
3a.2.4	31–40	350	300	1	1
3a.2.5	41–50	400	350	2	1
3a.2.6	über 50	450	400	3	2

c) andere als die in Buchstaben a oder b genannten Kraftfahrzeuge

Lfd. Nr.	Überschreitung in km/h	Regelsatz in DM	Fahrverbot in Monaten bei Begehung innerhalb geschlossener Ortschaften	Fahrverbot in Monaten bei Begehung außerhalb geschlossener Ortschaften
3a.3.1	31-40	150	–	–
3a.3.2	41–50	200	1	–
3a.3.3	51–60	300	1	1
3a.3.4	über 60	400	1	1

Tabelle 4: Geschwindigkeitsüberschreitungen

a) Kraftfahrzeuge der in § 3 Abs. 3 Nr. 2 Buchstaben a oder b StVO genannten Art					
Lfd. Nr.	Über-schreitung in km/h	Regelsatz in DM bei Begehung innerhalb geschlossener Ortschaften	Regelsatz in DM bei Begehung außerhalb geschlossener Ortschaften	Fahrverbot in Monaten bei Begehung innerhalb geschlossener Ortschaften	Fahrverbot in Monaten bei Begehung außerhalb geschlossener Ortschaften
5.1.1	bis 15*	100	80	–	–
5.1.2	16–20	100	80	–	–
5.1.3	21–25	120	100	–	–
5.1.4	26–30	180	120	–	–
5.1.5	31–40	250	200	1	–
5.1.6	41–50	300	250	1	1
5.1.7	über 50	400	350	2	1
b) kennzeichnungspflichte Kraftfahrzeuge der in Buchstabe a genannten Art mit gefährlichen Gütern oder Kraftomnibusse mit Fahrgästen					
Lfd. Nr.	Über-schreitung in km/h	Regelsatz in DM bei Begehung innerhalb geschlossener Ortschaften	Regelsatz in DM bei Begehung außerhalb geschlossener Ortschaften	Fahrverbot in Monaten bei Begehung innerhalb geschlossener Ortschaften	Fahrverbot in Monaten bei Begehung außerhalb geschlossener Ortschaften
5.2.1	bis 15*	150	120	–	–
5.2.2	16–20	150	120	–	–
5.2.3	21–25	200	150	–	–
5.2.4	26–30	250	200	1	–
5.2.5	31–40	350	300	1	1
5.2.6	41–50	400	350	2	1
5.2.7	über 50	450	400	3	1
c) andere als die in Buchstaben a oder b genannten Kraftfahrzeuge					
5.3.1	21-25	100	80	–	–
5.3.2	26-30	120	100	–	–
5.3.3	31-40	200	150	1	–
5.3.4	41-50	250	200	1	1
5.3.5	51-60	350	300	1	1
5.3.6	über 60	450	400	2	1

* für mehr als 5 Minuten Dauer oder in mehr als zwei Fällen nach Fahrtantritt

Tabelle 5: Nichteinhalten des Abstands von einem vorausfahrenden Fahrzeug

Lfd. Nr.		Regelsatz in DM	und Fahrverbot
	Der Abstand von einem vorausfahrenden Fahrzeug betrug in Metern		
6.1	a) bei einer Geschwindigkeit von mehr als 80 km/h		1
6.1.1	weniger als 5/10 des halben Tachowerts	80	
6.1.2	weniger als 4/10 des halben Tachowerts	100	
6.1.3	weniger als 3/10 des halben Tachowerts	150	
6.1.4	weniger als 2/10 des halben Tachowerts	200	1 Monat, soweit die Geschwindigkeit mehr als 100 km/h beträgt
6.1.5	weniger als 1/10 des halben Tachowerts	250	1 Monat, soweit die Geschwindigkeit mehr als 100 km/h beträgt
6.2	b) bei einer Geschwindigkeit von mehr als 130 km/h		
6.2.1	weniger als 5/10 des halben Tachowerts	100	
6.2.2	weniger als 4/10 des halben Tachowerts	150	
6.2.3	weniger als 3/10 des halben Tachowerts	200	
6.2.4	weniger als 2/10 des halben Tachowerts	250	1 Monat
6.2.5	weniger als 1/10 des halben Tachowerts	300	1 Monat

Tabelle 6: Überschreiten der zulässigen Achslast oder des Gesamtgewichts

Beim Überschreiten der zulässigen Achslast oder des zulässigen Gesamtgewichts von Kraftfahrzeugen, Anhängern, Fahrzeugkombinationen sowie der Anhängelast hinter Kraftfahrzeugen sind folgende Bußgelder vorgesehen:

a) bei Kraftfahrzeugen mit einem zulässigen Gesamtgewicht über 7,5 t oder Kraftfahrzeugen mit Anhängern, deren zulässiges Gesamtgewicht 2 t übersteigt		
Lfd. Nr.	für Inbetriebnahme, Überschreiten in %	Regelsatz in DM
55.1.1	mehr als 5	100
55.1.2	mehr als 10	120
55.1.3	mehr als 15	150
55.1.4	mehr als 20	200
55.1.5	mehr als 25	300
55.1.6	mehr als 30	400
Lfd. Nr.	für Anordnen oder Zulassen der Inbetriebnahme, Überschreiten in %	Regelsatz in DM
56.1.1	mehr als 5	150
56.1.2	mehr als 10	250
56.1.3	mehr als 15	300
56.1.4	mehr als 20	400
56.1.5	mehr als 25	450
b) bei anderen Kraftfahrzeugen bis 7,5 t zulässiges Gesamtgewicht		
Lfd. Nr.	für Inbetriebnahme, Anordnen oder Zulassen der Inbetriebnahme, Überschreiten in %	Regelsatz in DM
55.2.1 oder 56.2.1	mehr als 20	100
55.2.2 oder 56.2.2	mehr als 25	150
55.2.3 oder 56.2.3	mehr als 30	250

Tabelle 7: Erhöhung der Regelsätze bei Hinzutreten einer Gefährdung oder eines Sachschaden

Die im Bußgeldkatalog vorgesehenen Regelsätze erhöhen sich beim Hinzutreten einer Gefährdung oder eines Sachschadens, soweit diese Merkmale nicht bereits im Grundtatbestand enthalten sind, wie folgt:

Bei einem Regelsatz für den Grundtatbestand von DM	mit Gefährdung auf DM	mit Sachschaden auf DM
80	100	120
100	120	150
120	150	180
150	200	250
180	220	270
200	250	300
250	300	350
300	350	450
350	400	450
400	450	450

Enthält der Grundtatbestand bereits eine Gefährdung, führt ein Sachschaden zu folgender Erhöhung des Bußgelds:

Bei einem Regelsatz für den Grundtatbestand von DM	mit Sachschaden auf DM
80	100
100	120
120	150
150	200

Register

Econ & List

Peter Zeuke

So greifen Sie dem Staat in die Tasche

240 Seiten

TB 21337-7

Originalausgabe

Trotz knapper werdender öffentlicher Mittel: Es ist viel Geld in den Kassen, auf das Bürger ein Recht haben – unter bestimmten Bedingungen. Kaum jemand hat jedoch einen Überblick über die verschiedenen Leistungen, die es bei Behörden, Institutionen und Wohlfahrtsverbänden gibt.

Ob es sich um die Befreiung von Kindergartenkosten, Zuschüsse für den beruflichen Wiedereinstieg von Müttern, Wohngeld, Beihilfen zur Wohnungsmodernisierung, Unterstützung der beruflichen Bildung, Existenzgründungsdarlehen, Befreiung von Zuzahlung zu Medikamenten oder Hilfen in Notlagen handelt: in diesem Buch finden Sie die Informationen, die Ihnen helfen, Ihre Ansprüche zu erkennen und durchzusetzen.

»Ein guter Leitfaden und ein brauchbares Nachschlagewerk. Der Leser erhält fundierte Einstiegsinformationen.«

Finanztest